中国管理会计蓝皮书

(2014～2018)

中国总会计师协会　编

中国财经出版传媒集团
经济科学出版社
Economic Science Press

图书在版编目（CIP）数据

中国管理会计蓝皮书．2014—2018/中国总会计师协会编．
—北京：经济科学出版社，2020.2（2023.12 重印）
ISBN 978-7-5218-1296-1

Ⅰ.①中…　Ⅱ.①中…　Ⅲ.①管理会计-研究报告-
中国-2014-2018　Ⅳ.①F234.3

中国版本图书馆 CIP 数据核字（2020）第 023324 号

责任编辑：于海汛
责任校对：杨晓莹
责任印制：李　鹏

中国管理会计蓝皮书（2014～2018）
中国总会计师协会　编
经济科学出版社出版、发行　新华书店经销
社址：北京市海淀区阜成路甲 28 号　邮编：100142
总编部电话：010-88191217　发行部电话：010-88191522
网址：www.esp.com.cn
电子邮件：esp@esp.com.cn
天猫网店：经济科学出版社旗舰店
网址：http://jjkxcbs.tmall.com
北京季蜂印刷有限公司印装
787×1092　16 开　19.75 印张　350000 字
2020 年 2 月第 1 版　2023 年 12 月第 4 次印刷
ISBN 978-7-5218-1296-1　定价：60.00 元
（图书出现印装问题，本社负责调换。电话：010-88191510）

《中国管理会计蓝皮书（2014～2018）》
指导委员会、编委会

总　序

中国总会计师协会组织编写《中国管理会计蓝皮书（2014～2018）》，我之前已经听说，并认为这是一件非常重要的专业工作。

浏览全书的印象，管理会计在中国的五年大发展，突出特点在于“政—产—学—研”紧密配合完成。这里说的政，指财政部、国资委、工信部等国家主管机关；产，指国有和民营各类规模企业的积极参与；学和研，指大学、科研单位、职业团体的各方专业力量。“政、产、学、研”这四个方面为解决管理领域问题的通力合作，在欧美发达国家并不多见，或者说很难做到。而这恰恰是我们国家的优势。有政府引领、学界的研究、协会推动、企业实践、协同创新，再加上开放交流，我们就能取得成功，这也可以说是重要的、有价值的中国经验。

一般认为，管理会计是微观层面的事务，其实不尽然。我曾经当过国有企业厂长、省经贸厅长，审计长。以我从事微观、中观、宏观各级管理工作的切身体会，只要存在市场经济、存在资源约束和资源配置，管理会计就有用武之地，就适用于经济运行的所有各层次系统。中国经济社会经过40年的改革开放，宏观层面逐渐建立起社会主义市场经济机制，微观层面多种类型企业并存、竞争发展。在这样的变革发展进程中，管理会计发挥作用的天地越来越大。

中国总会计师协会是由全国企业、行政事业单位总会计师组成的全国性专业组织，是总会计师与政府、社会联系沟通的桥梁。2014年8月中国总会计师协会举办“中国管理会计系列讲座”，启动新时代中国特色管理会计发展之路，主持举办双年论坛、季度沙龙，以及管理会计名师大讲堂分别于南方北方试点管理会计创新平台，都非常有力地配合政府推动管理会计专项工作。2017年创办《中国管理会计》杂志，更是搭建起理论联系实际的新平台。

当前国际形势风云变幻，中国经济也进入新的发展阶段，由高速增长转向高质量发展。应该说，通过管理改善和管理创新来实现提质增效的大势已经形成，管理会计将大有作为。

《中国管理会计蓝皮书（2014～2018）》的推出，正是一次由国家经济向高质量转型发展引起的公司管理会计普遍推广、升级运用的好机会，也是重大挑战。从长远来说，提升管理会计软实力，是管理创新的重要方面，是服务经济社会高效运行的重要抓手。实施精益化管理，完成向高质量转型发展，管理会计已经成为各级管理者必须掌握的重要方法论。

我们有理由相信，只要坚持不懈的努力，管理会计理论创新必将取得新成果，管理会计方法在行业应用上必将成效显著，管理会计工具在推动我国经济社会发展中必将做出卓有成效的贡献。

2020年1月13日

目　录

第一篇　引领构建

第二篇　指引应用

第三篇　创新探索

第四篇　研究与交流

附　　录

中国管理会计蓝皮书总报告

——管理会计助力新时代中国经济高质量发展

《中国管理会计蓝皮书（2014～2018）》编委会

从发展历程来看，管理会计是随着经济社会环境、企业生产模式以及管理科学和技术水平不断提高而逐步发展起来的。在我国，虽然现代的管理会计相关理论引入较晚，但我国实践古已有之，《史记》中所描述的理财活动已不乏有管理会计的精髓及理论和实践。随着社会经济的发展，管理会计应用的积极因素在逐步积累和酝酿。国家宏观层面的经济转型升级，国家治理体系和治理能力现代化，会计改革发展规律都对管理会计提出迫切要求，急需从国家顶层设计上，全面规划管理会计体系建设。因此，全面推进管理会计体系建设，助力新时代中国经济高质量转型发展，是时代的要求和历史的必然。

2014年我国开启全面建设管理会计体系，在政府主导推动下，产学研协同发力，从财政部《关于全面推进管理会计体系建设的指导意见》出台，到管理会计指引体系基本建立；从会计改革与发展“十三五”规划强调大力推广管理会计应用，到党中央国务院决定全面实施预算绩效管理制度；从应用指引的分领域应用推广，到典型行业的个性化创新实践；从本土化优秀案例经验总结，到“大智移云”等新信息技术实质性落地，各行业协会、各大高校和各企事业单位广泛掀起了推广应用管理会计的热潮。过去5年我国管理会计体系建设成果斐然，我国管理会计处于最佳战略机遇期，管理会计有效助力了我国新时期经济转型和高质量发展。

一、国家规划引领管理会计体系建设，推进治理体系和治理能力现代化

从发展历程来看，管理会计是随着经济社会环境、企业生产模式、管理科学

和信息技术不断进步而逐步发展起来的。在我国，虽然现代管理会计相关理论引入较晚，但具体实践早已有之，不乏成功探索和有益尝试。随着社会经济的发展，管理会计应用的积极因素在逐步积累和酝酿。国家宏观层面的经济转型升级，国家治理体系和治理能力现代化，会计改革发展规律都对管理会计提出迫切要求，急需通过国家层面的顶层设计，全面规划管理会计体系建设。

（一）楼继伟部长全面动员新时期管理会计体系建设

2014 年在我国管理会计发展历程中是极其不寻常的一年。这一年，时任财政部部长楼继伟于 2 月 20 日在中国总会计师协会第五次全国会员代表大会上做了题为“服务市场服务经济全面开创行业发展新局面”的重要讲话，指出“加快推进管理会计改革，是财政部门贯彻落实全面深化改革重大决定、推进国家治理体系和治理能力现代化的重要举措”。同年 7 月 31 日，在中国总会计师协会组织的“中国管理会计系列讲座”第一讲中，楼继伟部长做了题为“加快发展中国特色管理会计，促进我国经济转型升级”的讲座，高屋建瓴地阐明了全面深化会计改革、加快发展管理会计、促进我国经济转型升级的总目标，切实有力地加快了中国特色管理会计的改革与发展步伐。

（二）财政部发布全面推进管理会计体系建设的指导意见

在全面总结会计改革与发展成功经验的基础上，财政部根据管理会计在我国各种单位的应用状况与经济发展需求，着手研究和起草管理会计改革与发展的顶层设计方案，并于 2014 年 10 月 26 日发布了《关于全面推进管理会计体系建设的指导意见》（以下简称《指导意见》），明确提出“建立与我国社会主义市场经济体制相适应的管理会计体系。力争在 3～5 年内，在全国培养出一批管理会计师；力争通过 5～10 年左右努力，基本建成中国特色的管理会计体系，使我国管理会计迈入世界先进行列”。《指导意见》提出建设理论体系、指引体系、人才队伍、信息化加咨询服务的“4＋1”有机体系，全面系统规划了未来我国管理会计体系建设。在政府层面的高度重视和大力推动下，2014 年成为中国特色管理会计元年，2014～2018 年成为我国管理会计发展的黄金五年。

（三）政府出台管理会计指引体系和预算绩效管理制度

2015 年开始，财政部组织全国学术界和实务界管理会计科研力量，组成产学研团队，以管理会计专项课题的形式，开展课题研究。在充分调研、专家讨论、面向全社会征求意见的基础上，陆续发布《管理会计基本指引》和《管理会计应用指引》系列文件，初步建成管理会计示范案例库，标志着我国管理会计指引体系的正式建立。2016 年 10 月 8 日，财政部发布《会计改革与发展“十三五”规划纲要》要求推进管理会计广泛应用。2018 年 7 月 6 日中共中央、国务院审议通过《关于全面实施预算绩效管理的意见》，对全面实施预算绩效管理做出顶层设计和重大部署。5 年来，相关部门领导殷切关怀我国管理会计体系建设，时任财政部部长肖捷和时任财政部部长刘昆分别对着力推动中国管理会计体系建设和加快预算绩效管理做出重要部署。

（四）行业协会作为重要力量，出色发挥桥梁纽带作用

作为推动我国管理会计体系建设的重要力量，行业协会发挥了重要的桥梁纽带作用。2014 年以来，中国总会计师协会在财政部领导下，提出新理念，出台新机制，推出新举措，推进新工程，夯实新基础，解决了许多过去想解决而未能解决的难题，办成了许多过去想办而没有办成的大事，推动了中国管理会计发生历史性变革，取得了开创性的、全方位的成果。一是创办《中国管理会计》杂志，助力企业决策、公共管理和社会治理效率的提升；举办“中国管理会计论坛”和“中国管理会计沙龙”，高起点高质量搭建“政、产、学、研”交流平台。二是研究发布《中国总会计师（CFO）能力框架》和《中国管理会计职业能力框架》团体标准，全面服务人才队伍建设。三是制定评审办法，全国范围内遴选首批 21 位特级管理会计师。四是推动管理会计师专业能力培训、编写“管理会计课程系列教材”，大力培养管理会计人才队伍。中国会计学会管理会计专业委员会每年举办专题研讨会和年会，围绕管理会计理论体系构建和实践创新发展、管理会计工具方法等问题展开研讨，为开创我国管理会计创新发展之路建言献策。

二、各应用领域管理会计指引全面落地，典型行业应用成果显著

为了更好地建设具有中国特色的管理会计体系，财政部于 2016 年发布《管理会计基本指引》，并在充分参考课题研究成果、广泛调研的基础上，总结提炼了企业普遍应用且较为成熟的管理会计工具方法，在 2017 年和 2018 年先后发布《管理会计应用指引第 100 号——战略管理》的 34 项管理会计应用指引中，涵盖战略管理、预算管理、成本管理、营运管理、投融资管理、绩效管理、风险管理和其他等 8 大领域，为我们勾勒出管理会计在单位发挥作用的范围边界。在应用指引系列文件的指导下，理论界和实务界掀起了对管理会计工具方法的研究和应用热潮，本着“管理会计在管理中的应用”这一理念，围绕不同应用领域，各单位和各行业都不同程度地开展管理会计工具方法的创新应用。

（一）管理会计全面服务“八大应用领域”的创新实践

1. 战略管理领域

目前管理会计已发展到强调战略性价值创造的阶段，应用管理会计工具的实质是对企业获取资源和耗用资源的过程进行反映、计量和管理，其目的之一就是要不断完善企业战略。从战略管理视角，管理会计工具的整合应用就是要在单位战略管理的不同阶段，发挥管理会计工具的协同作用，更好地服务战略管理。例如，海尔集团自成立以来经历了品牌化、多元化、国际化、全球化、网络化五个战略阶段。在海尔集团的不同战略阶段及战略制定、监控和评价等不同战略管理环节，战略管理领域的方案落到实处，各种管理会计工具都发挥了独特的作用。

2. 预算管理领域

目前预算管理已是大中型企业中应用最普遍、成熟度最高的管理会计工具之一。近 5 年来，预算管理的发展趋势和经典案例包括：一是支撑战略管理，神华集团基于计划测算关键价值指标，实现计划与集团战略的匹配；二是实现闭环管理，国投集团建立“分业务、多维度”的从定额到考核的闭环预算管理体系；三

是有效配置资源，厦门航空建立“战略—资源—绩效”管控体系，实现资源的高周转利用；四是融合业务财务，中国有色集团建设全业务流程预算管控平台，实现业务财务有效融合；五是整合风险控制，中铁大桥局按照预算偏离度设置预警风险等级和范围，实现预算监控和风险防范有效结合；六是信息化技术赋能，国家电网建立公司级预算管理信息平台，提高了预算编制和预算执行控制效率。

3. 成本管理领域

2014～2018年间，企业面临着宏观经济周期性放缓和市场竞争日趋激烈的双重压力，更加注重成本管理，成本管理发展趋势发生如下变化：成本管理思维由“生产导向型”向“市场导向型”转变，成本管理目标从追求经济效益向提升核心竞争力转变，成本管理范围由制造成本拓展到生命周期成本，成本管理控制环节由企业内部向企业外部上下游关联企业延伸。不同成本管理方法在企业实践中创新应用更加丰富，例如，一是碧桂园公司有效应用目标成本法，以市场需求为导向提升成本管理水平；二是中车株洲电机应用作业成本法，有效支撑成本管理和决策；三是中国电科构建基于精益成本管理的信息化管理平台，为管理层决策提供精确数据支撑；四是重庆建设摩托推行质量成本管理，提升了企业的核心竞争力；五是中航工业成飞公司立足内部价值链和生产经营流程，实施以经济增加值为导向的全价值链成本管理；六是春秋航空有效实施战略成本管理，对企业内外部价值链进行有效整合；七是顺丰速运建立基于流程优化的内部供应链和外部的供应链成本管理模式，有效降低运维成本。

4. 营运管理领域

营运管理旨在保障价值增值活动的有序进行，是现代企业管理科学中最为活跃的一个分支。营运管理的主流工具方法包括成本性态分析、本量利分析、敏感性分析、边际分析以及存货经济批量分析等，这些工具在我国单位中应用相对普遍，发挥了基础性的作用。例如，重庆大江工业面对日趋激烈的市场竞争，为了更好地进行经营决策，选用本量利分析工具，预测各板块主要产品在保本、保利条件下应实现的销售量或销售额，为公司提供降低经营风险的方法和手段，并通过敏感性分析和边际利润的测算，为公司的全面预算、生产决策、定价决策和投资项目等相关决策提供量化支撑。

5. 投融资管理领域

目前我国经济进入新常态，如何对投融资进行科学管理、适应经济发展的需求，已经成为一个重要的时代命题。投融资领域的工具方法包括贴现现金流法、项目管理、情景分析和约束资源优化等，这些工具方法在服务投融资管理，提升决策质量方面发挥了巨大作用。例如，广西林业集团灵活运用贴现现金流法、项目管理、情景分析和约束资源优化等管理会计工具，制定和完善系统性和前瞻性的战略规划，应用情景分析法，制定符合资源要素长期和短期适配、投资周期与效益对等的战略规划，逐步完善企业的投融资制度体系，提高了投融资效率，解决了国储林项目投融资管理中存在的问题。

6. 绩效管理领域

为了促进企业加强绩效管理，激发和调动员工积极性，增强价值创造力，财政部制定并发布绩效管理相关应用指引。2019 年国资委发布《中央企业工资总额管理办法》和《中央企业负责人经营业绩考核办法》，明确提出实施分类考核，突出效率效益、创新驱动、实业主业、服务保障考核导向，为我国央企绩效管理实践指明方向。学术界业绩考核主要分为组织层面的企业业绩评价和对个体层面的高管绩效评价两个方面。在组织层面的企业业绩评价研究上，聚焦在企业特征的企业业绩评价和以 EVA 为主导的企业业绩评价。在个体层面的高管绩效评价上，相关研究主要聚焦股权激励和高管晋升激励对企业业绩的影响。

7. 风险管理领域

风险管理领域应用的管理会计工具方法包括风险矩阵、风险清单等。风险管理的以往研究已经形成了以下基本共识：一是流动性为重点的财务风险是最为核心的内容；二是风险管理主要衡量企业战略目标、经营目标、报告目标和合规性目标的实现程度；三是风险管理需要灵敏的风险预警系统支撑。例如，兵器工业集团边界管控是中国企业风险管理的最新创新，以融合防范财务风险和提高财务资源配置效率为起点，以“负面清单”为管理思路，明确突破财务结构边界，厘清集团与成员单位的管控责任边界，提高财务绩效。

8. 其他领域

其他领域主要是企业管理会计报告和管理会计信息系统两方面。在企业管理会计报告方面，管理会计报告作为管理会计信息的直接输出方式，是对企业管理会计信息最真实最综合的反应。例如，兵器装备集团总部管理会计报告体系、中交建集团多维度可视化管理会计报告、东阿阿胶专业化经营会计报表、海尔“共赢增值表”等都是企业管理会计报告的最新探索成果。在管理会计信息系统方面，管理会计信息系统适用于已经具备一定的信息系统应用基础的企业，以及新建企业信息系统、并有意同时建设管理会计信息系统的企业。例如，中国铁塔结合自身的营运特点，以财务共享为平台，在业财一体、自动核算、单塔核算、一点支付和一点出报五个方面助力企业数字化转型。

（二）管理会计的“小同大异”集中体现于个性化行业应用

由于管理会计具有“小同大异”的特点，即使同一种管理会计工具方法，在不同企业导入都需要适应性改良，对于不同行业，管理会计应用指引的落地体现出个性化和行业化的特征。例如：

在金融企业。金融企业管理会计平台融合管理理念、数据和技术于一体，定位为企业级价值管理平台，从最初的对成本的精细化管理，逐渐演进为包含精细化成本管理、外部定价支持、资源合理分配，最终发展为全公司级资产负债管理等综合性、统一性的管理策略。金融企业管理会计应用帮助企业满足了监管合规要求，并在利率市场化环境下助力了差异化经营目标的实现。

在工业信息领域。2014 年以来，工业和信息化部以提升工信业企业竞争力为导向，以案例集（库）建设为基础，以管理会计发展水平评估工作为核心，以管理会计推广应用研究为重点，以建立推广应用工作联盟为支撑，搭建经验交流平台，整合专家资源，开展跨界交流活动，形成完善的工作体系，逐步推进和深化工信业领域的管理会计应用和推广工作。

在行政事业单位。管理会计在我国行政事业单位应用中，医院行业应用较为成熟，但仍然存在着制度、思维、人才和信息化等诸多不完善之处。中国总会计师协会将通过率先在我国三级公立医院中遴选一批具有示范效应的“中国管理会计实践创新平台”单位，积极探索中国医院管理会计的发展模式，使之具有全国范围内的推广应用价值和国际学术交流价值。

三、政府主导，“政、产、学、研”协同发力，企业管理会计创新实践百花齐放

新时代全面深化改革的春风，推动了中国特色管理会计的发展步入黄金期。

在政府相关部门的强力引领和推动下，中国管理会计事业成果斐然。财政部引领构建中国特色管理会计体系顶层设计，“政、产、学、研”协同发展，以中国总会计师协会为代表的行业协会发挥出重要的桥梁纽带作用，企业、行业协会、科研院所等陆续结成产学研联盟，中国特色管理会计创新实践全面开花。各个行业不同性质的龙头企业都在积极创新探索管理会计应用，管理会计的理论已经融入到企业的各个层面与环节，既指导最基础的作业与行为，又助力于愿景、战略与文化的顶层。同时，针对“大智移云”“业财融合”的应用调查问卷分析，更好地为企业开展技术应用和促进业财融合提供参考和建议。

（一）中国总会计师协会搭建中国管理会计实践创新平台

为进一步提升我国管理会计实践创新水平，构建产学研合作保障机制，形成基于我国实践的可复制可推广经验，中国总会计师协会于 2017 年开展了中国管理会计实践创新平台建设工作。平台建设的宗旨是挖掘鲜活的中国企业管理会计实践，在具体原理和实施模式上形成规范化框架，使之具有全国范围内的推广价值和国际学术交流价值，建立管理会计理论研究与实践探索的长效机制。中国总会计师协会于 2017 年 5 月将“全国首批”实践创新平台授予兵器装备集团和国网江苏电力两家单位。两家单位在近 2 年的时间里，充分挖掘内外部资源，坚持产学研结合，与高校研究团队深入合作，平台建设工作取得阶段性成果。其中兵器装备集团创建基于战略、资源、风险与价值的 SRRV 价值创造型财务管理体系。其核心内容是建立并完善以企业发展战略（strategy）为牵引、以优化配置资源（resource）为核心、以有效管理风险（risk）为重点、以持续创造价值（value）为目标；国网江苏电力公司侧重从项目投资全流程管理，着重于资产组管理创新实践的探索和提炼。下一步两家单位将有条不紊地开展创新平台建设的二期工作，进一步提升实践成果的理论高度和推广价值。

（二）各企业管理会计实践优秀成果全面开花

一是宝钢股份构建全流程财务一体化价值管理体系，通过价值链管理，打造“业财深度融合”的管理会计体系。二是腾讯建立以用户体验为中心的结果导向型 KPI 考核和激励机制，开启新商业模式下业绩考核机制。三是美的集团基于价值管理迭代创新，聚焦内生式增长，以数字化赋能业务流程和管理流程，有效提升全球营运与管控能力。四是华新水泥在“传统工业＋互联网”的创新战略指引下，探索数字化转型，促进财务人员向决策支持及价值管理转型。五是广东移动内部市场化运作与内部结算实践探索，提升资源配置与管理的效率和效益。六是中国工商银行 MOVA 系统创新实践，实现对前台营销管理、中台业务核算和后台考核激励的优化集成，实现系统功能与管理应用的良性互动，为全行深化精细管理、优化资源配置和转变经营机制提供支持。

（三）财务共享和“大智移云”等信息技术将加速管理会计创新

一是财务共享中心在中国企业进入大规模应用阶段。2017 年，ACCA、中兴新云和 GE 全球营运中心三家机构对中国财务共享服务的应用现状，调查结论反映了共享服务模式在中国的实践应用和成熟程度，总结了成熟营运的财务共享服务中心的特点，为中国企业未来推进财务共享服务提供了有益的启示和指导。二是大数据将推动管理会计“从精细到互联”。大数据与管理会计融合将促进管理会计工具方法应用创新，推动管理会计信息的量化和集成，为企业经营者提供及时、准确、高效的管理会计信息，从而发挥管理会计服务战略、支撑决策的作用，推动企业的转型升级。三是“大智移云”等信息技术将深刻影响中国企业管理会计应用。由上海国家会计学院和 CGMA 联合进行一项调查结果显示，相关技术在企业中的应用并不如想象中普及，技术已应用并不代表对技术熟悉，业界对技术的冲击有清晰的意识，但信息技术的发展正步入一个崭新的阶段，将会对财务未来的工作流程、组织、信息系统乃至财务的整体运作模式产生巨大的冲击。调查报告提出加强应用落地、促进企业管理提升和数字化转型、多方联动协同推进等建议。

四、管理会计理论研究成果丰硕，国内外交流合作取得新成就

过去 5 年，中国管理会计理论研究如火如荼，既产生了一批前沿的学术成果，也产生了极具中国情境的管理会计实操研究新主张。中国管理会计理论研究无论从“质”还是“量”上都有了飞跃，研究论文在国内外顶级期刊发表数量明显增多，研究质量进一步提升。财政部、行业协会高效积极地开展形式多样的国际交流合

作。中国总会计师协会年度论坛和季度沙龙有声有色，北京、上海、厦门三家国家会计学院和地方财政等相关单位组织了一系列别开生面的管理会计研究和交流活动。

（一）中国管理会计的研究成果开始走向世界

中国经济和企业影响力的持续增强，推动更多中国情境下管理会计议题的研究。国内管理会计研究总体分为管理会计一般问题和应用领域两个方向，管理会计一般问题主要聚焦于管理会计的职能、组织、应用以及信息和报告等方面，管理会计应用领域方向的研究基本覆盖了基本指引和各项应用指引的所有工具方法。国内研究呈现水平稳步提高、研究问题更具多元化的特征，并将案例研究与理论推演有机结合。在国际权威期刊方面，近年的国际顶级管理会计研究提倡运用中国经济发展过程中的特殊情境去解决管理会计长期关心但又难以着手的研究问题，目前这类最新研究成果逐步开始推向全世界，为全球经济发展提供强有力的理论支持。中国管理会计问题本身的重要性和研究的吸引力在全球管理会计学术领域得到了极大的提升，中国管理会计研究议题是未来继续在国际学术界发力的重要领域。

（二）开展广泛的国际交流合作，发展中国特色管理会计事业

过去5年，我国不断加强与国际会计组织交流合作，借鉴其先进经验与做法，并在消化吸收后立足中国国情，探索具有中国特色的创新性实践，切实推动中国特色管理会计体系的建设和管理会计人才的培养，与此同时，广泛的交流合作也促进了中国管理会计的国际影响力和话语权不断提升。2014～2018年，中华人民共和国财政部、国家会计学院和中国总会计师协会等行业协会与英国皇家特许管理会计师公会（CIMA）、国际注册专业会计师协会（AICPA | CIMA）、美国管理会计师协会（IMA）、澳洲会计师公会（CPA Australia）、英格兰及威尔士特许会计师协会（ICAEW）等国际会计组织，在管理会计能力框架、人才培养、学术交流等方面开展了广泛的交流合作。

（三）中国总会计师协会创办中国管理会计年度论坛和季度沙龙两大交流平台

为响应社会各界对管理会计交流的迫切需求，促进中国管理会计事业的快速

发展，中国总会计师协会创办了“中国管理会计论坛”和“中国管理会计沙龙”两大交流平台。截至2018年年底，共举办三届“中国管理会计论坛”，累计超过1200多名业界高层人士参加交流研讨；已经举办九期“中国管理会计沙龙”，聚焦管理会计在我国企事业单位运用中的焦点、热点、难点问题，现场参加人数达到1500人以上。通过定期举办这两项活动，加强企业（包括国企、民企、外企）和行政事业单位与高校等学术机构交流管理会计应用，促进企业间的互动创新、学术与实践的融合创新，进一步推动和提升管理会计实践水平。年度论坛和季度沙龙已经成为推动中国管理会计发展的具有标志性意义的交流平台，形成品牌效应。

（四）国家会计学院和地方财政等部门成为管理会计宣传推广“重要阵地”

上海国家会计学院联合上海财经大学等高校、中国会计报等专业媒体和CIMA等国外行业协会，遍邀中国本土以及海外专家学者共同探讨管理会计的全球经验与中国实践，举办一系列管理会计领域的国际化学术与实务论坛，推动了管理会计的发展。厦门国家会计学院，发挥学院高端培训的特长和两岸会计交流的纽带作用，从学术交流、学科建设等多个维度探索管理会计面向实践、面向未来的发展方向，逐步发展成为管理会计领域融合人才培养、理论研讨、实践交流、应用推广等多功能的综合性平台。北京国家会计学院积极参加财政部管理会计课题研究和案例库建设工作，并通过举办“国会大讲堂”系列活动，助力财务转型升级。地方财政等部门在财政部的顶层设计与支持下，积极行动，开展具有特色的管理会计学术活动。浙江搭建产学研一体化平台，专家与企业组成团队共同推进试点企业管理会计应用；山西建立信息交流机制，组织管理会计专家团队全程免费深入企业开启“会诊帮扶计划”，帮助企业提升解决问题能力，为中国管理会计的发展提供了鲜活的地方样本和规律性经验。

进入新时代，中国经济已由高速增长转向高质量发展阶段，通过管理改善和管理创新来实现提质增效的大势已经形成，中国特色的管理会计大有作为。从长远来看，管理会计是管理创新的重要方面，是服务经济社会高效运行的重要抓手，管理会计已经成为各级管理者必须掌握的重要原理和方法。

中国经济的发展越来越引起国际社会的普遍关注，中国管理会计必须加快国际化步伐，不断创新具有中国情境特征的管理会计理论和实践。未来，会计界尤其是管理会计界要更多地考虑和关注企业经济活动所产生的外部性问题，企业决策也要将环境成本、社会责任、碳排放纳入综合考量范围，预计管理会计将在全球经济与国家、社会、环境治理方面发挥更加积极的作用。

我们相信，再通过5～10年的不懈努力，到2029年新中国成立80周年之际，将全面实现中国会计的高质量转型升级，充分展现中国传统文化的深厚底蕴，服务单位高质量发展，贡献中国智慧，让中国管理会计在全球经济治理体系中发出有力的时代强音。

让我们拥抱管理会计的金色年华！让我们共同做中国管理会计发展的见证者、实践者、推广者！

第一篇　引领构建

党的十八届三中全会开启了全面深化改革、系统整体设计推进改革的新时代。如何尽快贯彻落实全面深化改革的时代精神，会计改革与发展面临着重大的战略抉择。加快发展管理会计，是推动企业建立并完善现代企业制度、增强核心竞争力和价值创造力的需要，是推进国家治理体系和治理能力现代化的根本路径，也是助力新时代中国经济高质量发展的必然选择。

新时代全面深化改革的春风，推动 2014 年成为中国特色管理会计发展的元年。这一年，时任财政部部长楼继伟发表了全面推进管理会计体系建设的两次重要讲话，同年 10 月财政部发布了《关于全面推进管理会计体系建设的指导意见》，全面系统规划了中国管理会计体系建设的宏伟蓝图。接下来的 5 年，在政府相关部门的强力引领和推动下，中国管理会计事业成果斐然，步入黄金发展期。财政部先后印发《管理会计基本指引》和《管理会计应用指引第 100 号——战略管理》等 34

项管理会计应用指引系列文件；《会计改革与发展“十三五”规划纲要》大力推进管理会计广泛应用；2018 年，中共中央、国务院审议通过的《关于全面实施预算绩效管理的意见》是党中央、国务院对全面实施预算绩效管理做出的顶层设计和重大部署。中国管理会计体系的顶层设计逐渐构筑完备。在财政部大力推动下，各团体、高校、企业不同程度地开展管理会计理论研究和实践应用，管理会计发展进入新的阶段。

在财政部引领构建中国特色管理会计体系顶层设计、推动政府引领下“政、产、学、研”协同发展的过程中，以中国总会计师协会、中国会计学会为代表的行业协会发挥了重要的桥梁纽带作用。2014 年以来，中国总会计师协会在财政部领导下通过创办杂志、举办论坛、创新平台、能力框架、课题研究、案例编选、专业培训等多项工作，使中国管理会计发生历史性变革。中国会计学会管理会计专业委员会每年举办专题研讨会和年会，围绕管理会计理论体系构建和实践创新发展、管理会计工具与方法运用等问题展开研讨，为积极开创我国管理会计发展之路建言献策。

未来，在政府相关部门的引领和支持下，在中国总会计师协会等行业协会的大力推动下，相信中国特色管理会计事业的发展一定会大放异彩！

政府引领新时期我国管理会计体系建设

从发展历程来看，管理会计是随着经济社会环境、企业生产模式以及管理科学和技术水平不断提高而逐步发展起来的。在我国，管理会计相关实践早已有之，不乏成功探索和有益尝试。例如，新中国成立之初，以成本为核心的内部责任会计，包括班组核算、经济活动分析和资金成本归口分级管理等；20 世纪 70 年代末期到 80 年代末的以企业内部经济责任制为基础的责任会计体系；90 年代后的成本性态分析、盈亏临界点与本量利依存关系、经营决策经济效益的分析评价等，都属于管理会计的范畴。

一、蓄势与酝酿

2014 年之前，由于历史条件等种种原因，特别是缺乏国家层面的顶层设计和强有力推动，以致管理会计在我国未能得到有效普及和推广应用。在服务经济社会发展，对单位经营情况和支出效益进行深入分析，制定战略规划、经营决策、过程控制和业绩评价等方面尚未发挥其应有的作用。但随着社会经济的发展，管理会计应用的积极因素在逐步积累和酝酿。国家宏观层面的经济转型升级，国家治理体系和治理能力现代化，会计改革发展规律都对管理会计提出迫切要求，急需从国家顶层设计上，全面规划管理会计体系建设。

（一）推动经济转型升级迫切需要管理会计

党的十一届三中全会以后，我国国民经济进入持续高速发展，计划经济体制向市场经济体制的转变，始终得到会计改革与发展的着力支持与有效服务。党的十八届三中全会以后，如何尽快贯彻落实全面深化改革的时代精神，会计改革与发展工作面临着重大的战略抉择。同时，世界经济进入增速减缓、结构转型、竞争加剧的时期；我国经济正处于增长速度换档期、结构调整阵痛期和前期刺激政策消化期“三期”叠加阶段，只有加快推进管理会计应用，推动企业建立、完善现代企业制度，实现管理升级，增强核心竞争力和价值创造力，进而促进经济转型升级；推动更加科学、全面地衡量企业绩效，加快形成企业自主经营、公平竞争的市场环境，充分发挥市场在资源配置中的决定性作用。

（二）建立现代财政制度、推进国家治理体系和治理能力现代化迫切需要管理会计

当前，中国特色社会主义进入新时代，党和国家不断提高领导经济工作的能力和水平，推进治理体系和治理能力现代化。财政是国家治理的基础和重要支柱，管理会计是加强财政管理的一项基础性工作。要发挥好大国财政职能作用，必须具备国际先进的管理能力和宏观调控水平。管理会计重在利用有关信息参与决策、规划未来、控制和评价经济活动，其理念和方法对财政管理具有较大的借鉴意义。通过运用管理会计，有助于关注和重视政府管理中不同环节、不同岗位之间的相互衔接，加强规则制定、流程控制，提高政府管理效能；有助于推进行政事业单位加强预算绩效管理、决算分析和评价工作，推动建立与实现现代化相适应的现代财政制度，进而推进国家治理体系和治理能力现代化。

（三）会计改革与发展迫切需要管理会计

改革开放以来，我国不断完善会计管理体制和机制，健全会计法规制度，推进注册会计师行业建设和准则国际趋同，探索构建中国特色的会计理论体系，会计工作服务经济社会发展取得了显著成效。但总体上看，我国在会计标准建设、会计理论研究和会计实务方面，主要侧重于鉴证类会计和记账类会计，两者都是为外部相关单位和人员提供并解释历史信息的财务会计。相比之下，管理会计作为国际上 20 世纪中后期脱颖而出的两大会计分支之一，在我国会计改革与发展中相对滞后。因此，要在全面深化改革的新时代全面深化会计改革，就要加快推进管理会计改革。全面推进管理会计体系建设，是顺应会计科学发展的必然选择，是实现中国特色会计体系的自我超越和自我完善的必要举措，是推动中国会计工作转型升级的重点所在。

二、2014 年成为中国特色管理会计元年

2014 年在我国管理会计发展历程中，是极其不寻常的一年，这一年时任财政部部长楼继伟发表了全面推进管理会计体系建设的两次重要讲话，同年 10 月财政部发布了《关于全面推进管理会计体系建设的指导意见》（以下简称《指导意见》），全面系统规划了未来我国管理会计体系建设。2014 年成为中国特色管理会计元年，2014 ~ 2018 年成为我国管理会计发展的黄金 5 年。

（一）楼继伟部长发表两次重要讲话

党的十八届三中全会结束之后，时任财政部党组书记、部长楼继伟于 2014 年 2 月 20 日在中国总会计师协会第五次全国会员代表大会上作了题为“服务市场　服务经济　全面开创行业发展新局面”的重要讲话，楼继伟部长明确指出，当时我国的会计工作与全面深化改革的总精神相比，与建立现代财政制度总部署相比，与建立现代企业制度、推进预算单位绩效管理和加强事业单位治理的新期待相比，仍有广阔的提升空间，打造中国经济“升级版”也迫切要求尽快改革和加强会计工作。加快推进管理会计改革，是财政部门贯彻落实全面深化改革重大决定、推进国家治理体系和治理能力现代化的重要举措，对于推动企业完善现代企业制度、推进行政事业单位预算绩效管理、决算评价和加强事业单位治理具有重要作用，是深化财税体制改革、建立现代财政制度的重要内容，也是深化会计改革，推动会计人才上水平、工作上层次、事业上台阶的重要方向。

2014 年 7 月 31 日，中国总会计师协会在北京国家会计学院组织“中国管理会计系列讲座”第一讲，楼继伟部长做了题为《加快发展中国特色管理会计，促进我国经济转型升级》的讲座。楼部长在讲座中系统阐述了管理会计的发展历史和职能作用，客观评价了管理会计在我国发展现状和存在问题，明确提出了加快发展中国特色管理会计的目标、任务和要求。楼继伟部长明确提出了六点要求。一是财政部要与中央有关部门通力合作，共同倡导管理会计强化预算绩效和价值创造的功能，在各单位掀起学习和应用管理会计的热潮。二是中国总会计师协会要发挥好桥梁和纽带作用，通过在杂志开辟专栏、组织会员交流等多种途径，主动融入管理会计改革实践。三是企业和行政事业单位要切实加强基础建设，把管

理会计嵌入自身管理和发展中，增强实施管理会计的自信心和内动力。推动本单位管理会计工作的发展。四是专家学者要对实务界中的典型案例进行具体分析、深入调研，将西方管理会计理论与我国实际相结合，形成符合我国国情的管理会计理论，增强管理会计理论与实践的相融性、系统性、针对性和有效性。高等院校要与企业合作建立管理会计人才实践培训基地，不断优化管理会计人才培养模式。五是广大会计从业人员特别是总会计师、CFO 等高级会计人才要加强学习，提高素质，将现有的业务专长向纵深发展，不断增强适应力和竞争力。六是加强国际交流与合作，以开放的胸襟和国际视野，学习借鉴国际先进理念和方法，积极参与会计国际事务和国际规则的制定，提升我国管理会计的国际影响力和话语权。在北京参加“全国财政厅（局）长座谈会”的厅（局）长、中国总会计师协会秘书处、18 个分会负责人、在京中国总会计师协会会员约 600 人现场聆听了楼部长讲座；全国各省、市、自治区、计划单列市的财政厅（局）、财政专员办和新疆生产建设兵团共设立了 73 个视频分会场，各地方总会计师协会会员和财政干部近 9000 人在分会场聆听了讲座。这场讲座在全国受众多达万人，阐明了全面深化会计改革、加快发展管理会计、促进我国经济转型升级的总目标，高屋建瓴、因势利导、切实有力地启动并加快了中国特色管理会计的改革与发展进程。

（二）财政部发布《指导意见》全面规划管理会计建设

在全面总结会计改革与发展成功经验的基础上，财政部根据管理会计在我国会计工作中的单位应用状况与经济发展需求，抓紧研究和起草管理会计改革与发展的顶层设计方案，并于 2014 年 10 月 26 日发布了《指导意见》。《指导意见》明确提出，“中国管理会计体系建设的目标是，建立与我国社会主义市场经济体制相适应管理会计体系。力争在 3～5 年内，在全国培养出一批管理会计师；力争通过 5～10 年左右努力，基本建成中国特色的管理会计体系，使我国管理会计迈入世界先进行列。”《指导意见》按照理论、指引、人才、信息化加咨询服务的“4＋1”有机体系开展。其中，“理论体系”是基础，解决目前对管理会计认识不一，缺乏公认的定义和框架等问题；“指引体系”是保障，与时俱进地拓展和开发管理会计工具方法，为管理会计的实务应用提供指导示范；“人才队伍”是关键，是该体系中发挥主观能动性的核心，是体现“坚持人才带动，整体推进”原则的重点；“信息系统”是支撑，通过现代化的信息化手段，充分实现会计和业务的有机融合，支撑管理会计的应用和发展；“咨询服务”是保障四大任务顺利实施推进的外部市场服务，为单位（包括企业和行政事业单位，下同）提供更为科学、规范的管理会计实务解决方案。

三、2014～2018年是推动我国管理会计发展的黄金5年

在管理会计建设上，我国政府相关部门发挥了主导作用，财政部从加强服务、节约社会资源等考虑出发，充分发挥支持、引导、鼓励、推动等作用，立足行业管理职能，贯彻落实《指导意见》组织、协调工作和应用指引研究发布工作，切实履行了主导职责。在政府的强有力推动下，过去5年我国管理会计事业成果斐然，2014～2018年是推动我国管理会计发展的黄金5年。

（一）财政部顺利完成管理会计指引体系建设任务

2015年开始，财政部组织全国学术界和实务界管理会计科研力量，形成政、产、学、研团队，以管理会计专项课题的形式，组织前期研究。在调研、专家讨论、面向全社会征求意见的基础上，印发《管理会计基本指引》和《管理会计应用指引第100号——战略管理》等34项管理会计应用指引系列文件，标志着我国管理会计应用指引体系的正式建立。另外，与应用指引配套，财政部积极推进管理会计案例库建设，初步形成指引配套性强且具备较强典型性、示范性和规范性的管理会计案例库，为广大企事业单位应用管理会计提供了最佳实践样板。

（二）规划“十三五”时期管理会计推广工作

2016年10月8日，财政部印发《会计改革与发展“十三五”规划纲要》。《纲要》的主要任务之一即推进管理会计广泛应用。具体规划内容包括：一是加强管理会计指引体系建设。制定发布系列分行业产品成本核算制度，推动企业切实改进和加强成本管理。二是推进管理会计广泛应用。认真抓好管理会计指引体系实施，采取政策宣讲、经验交流、成果推广、人员培训、理论研讨等多种形式和措施，深入推动管理会计广泛应用。三是提升会计工作管理效能。以深入实施管理会计指引体系为抓手，积极推动企业和其他单位会计工作转型升级，进一步

发挥会计工作等各方面的职能作用。四是加强管理会计理论研究、教学教材改革，支持管理会计创新中心建设。五是加强管理会计国际交流与合作，不断提高我国在国际管理会计界的地位和影响力。通过这些举措有力推进管理会计在我国企事业单位的广泛应用，促进企业提高管理水平和经济效益，促进行政事业单位提高理财水平和预算绩效，更好地为经济社会发展服务。

（三）党中央、国务院决定全面实施政府预算绩效管理

党的十九大报告指出："建立全面规范透明、标准科学、约束有力的预算制度，全面实施绩效管理。"2018 年 7 月 6 日中共中央、国务院审议通过的《关于全面实施预算绩效管理的意见》是党中央、国务院对全面实施预算绩效管理做出的顶层设计和重大部署，对于深化预算管理制度改革、推进国家治理体系和治理能力现代化具有重要意义。全面实施预算绩效管理是推进国家治理体系和治理能力现代化的内在要求，是深化财税体制改革、建立现代财政制度的重要内容，是优化财政资源配置、提升公共服务质量的关键举措。为解决当前预算绩效管理存在的突出问题，加快建成全方位、全过程、全覆盖的预算绩效管理体系。

（四）相关部委领导对管理会计建设殷切关怀

2014 年以来，财政部及国家有关部门领导对我国管理会计工作给予了亲切关怀和大力支持，历任财政部部长楼继伟、肖捷、刘昆同志都十分重视我国管理会计事业的改革与发展，大力倡导并积极推动我国管理会计体系建设工作。

一是肖捷部长着力推动中国管理会计体系建设。2017 年，时任财政部党组书记、部长肖捷亲自为《中国管理会计》杂志创刊号题序《加快构建中国特色管理会计体系》。他指出要进一步提高对管理会计重要性的认识，不断加强管理会计工作，激发管理活力，增强企业价值创造力，推进行政事业单位加强预算绩效管理、决算分析和评价，发挥好财政在国家治理中的基础和重要支柱作用。财政部门应切实履行"领导、引导、指导、督导"职责，锐意进取，通过抓典型案例、定业务规范、建框架结构，加快构建中国特色管理会计体系。二是刘昆部长要求加快预算绩效管理。2018 年 3 月 25 日，财政部党组书记、部长刘昆出席中国发展高层论坛 2018 年会时表示，要建立全面规范透明、标准科学、约束有力的预算制度，全面实施绩效管理，立足于已确立的预算制度主体框架，进一步提

升预算的全面性、规范性和透明度，推进预算科学精准编制，增强预算执行刚性约束，提升财政资源配置效率。2018 年 12 月 27 日，刘昆部长在全国财政工作会议工作报告中要求，全面实施预算绩效管理，加快建成全方位、全过程、全覆盖的预算绩效管理体系，建立中国特色社会主义现代财政体系。三是其他相关领导关怀。包括：2014 年 10 月 11 日，时任财政部党组成员、副部长胡静林出席了中国总会计师协会主办的第一届“中国管理会计论坛”，并作了题为《管理会计在中国：回顾与展望》的主题演讲。他指出要志于心，立于行，加快构建中国特色的管理会计体系。2014 年 11 月 26 日，时任财政部党组成员、部长助理余蔚平在《关于全面推进管理会计体系建设的指导意见》发布会上发表了题为“全面发展中国特色管理会计　加快推进我国经济转型升级”的讲话。他指出全面推进管理会计体系建设，是顺应会计科学发展的必然选择，是实现中国特色会计体系的自我超越和自我完善的必要举措，是推动中国会计工作转型升级的重点所在。2016 年 11 月 3 日，财政部会计司司长高一斌出席了中国总会计师协会主办的第二届“中国管理会计论坛”，并做了主旨演讲。他指出，管理会计的发展与应用需要各方的共同努力，理论界与实务界要坚持实践创新、重视人才培养、加强理论指导，建立健全“产、学、研”相结合的模式。2017 年，时任财政部部长助理赵鸣骥为《中国管理会计》杂志提供专稿——《深入推进管理会计发展　积极促进会计转型升级》。他指出，当前我国经济发展进入新常态，财税体制改革进入新阶段，迫切要求会计管理部门、各单位和广大财务工作者顺应时势，大力发展会计管理。2017 年 7 月 30 日，时任财政部部长助理许宏才出席《中国管理会计》杂志创刊发布会并致辞。他指出现阶段的主要任务是围绕管理会计理论指引、人才队伍、信息化和资源服务的“4 + 1”体系，主导建立若干家管理会计创新中心，推动管理会计研究运用转化。2018 年 9 月 21 日，时任财政部部长助理许宏才出席了中国总会计师协会主办的第三届“中国管理会计论坛”，并在致辞中提出：要构建管理会计发展生态圈，助力数字经济强国战略。2018 年 9 月 21 日，高一斌司长出席了中国总会计师协会主办的第三届“中国管理会计论坛”，并围绕新技术对会计行业的挑战和影响，提出了会计行业尤其是管理会计发展的应对之策。

四、2014 年之后我国管理会计发展的主要特征

全面推进管理会计体系建设，推动单位实现管理升级，增强核心竞争力和价

值创造力，进而促进经济转型升级，推动建立现代财政制度、推进国家治理体系和治理能力现代化，推动中国会计工作转型升级，是一项系统工程，涉及财政部门和其他相关监管部门、单位、科研院校、有关社会团体、会计服务机构和广大会计人员等相关各方，是各方的共同使命。因此，需要在财政部门领导和具体指导下，明确职责、齐心协力，多方联动，共同推动管理会计发展。2014 年之后我国管理会计发展的主要特征充分体现了以下特征：

（一）“政、产、学、研”协同发力

《指导意见》发布以来，特别是《管理会计基本指引》和各项管理会计应用指引发布后，在财政部大力推动下，我国各社会团体、高校、企业都在不同程度地开展管理会计的研究和应用，管理会计发展进入新的阶段。各行业协会、主流媒体、咨询公司和培训机构等组织了形式多样的管理会计研讨会及论坛，推动管理会计理论探讨和实践交流；各大中央企业和民营企业根据《指导意见》和《管理会计基本指引》，结合自身实际，已经开展或准备启动管理会计体系建设，管理会计理论创新百家争鸣，管理会计实践应用方兴未艾。

（二）建立政府引领下“政、产、学、研”结合机制

在政府的主导推动下，高校、科研院所和单位等相关各方在平等自愿的基础上，形成管理会计产学研联盟，结合我国会计发展实际和单位管理实践，共同开展管理会计体系建设研究工作。比如，中国总会计师协会推动“中国管理会计实践创新平台”建设，首批授予兵器装备集团和江苏电网两家平台单位，通过产学研结合方式推动我国管理会计实践形成可复制可推广的经验；工信部企业文化发展中心推动“管理会计联盟”，组织工信行业企业开发管理会计优秀案例，都是我国在政府引领下产学研结合的有益尝试。在管理会计产学研联盟构建过程中，相关各方应当结合各自优势和需求，积极投入、优势互补、整合优势资源。

（三）管理会计理论和实务的迭代创新

从管理会计发展历程看，管理会计理论是随着经济社会环境、企业生产经营模式以及管理科学和科技水平的不断发展而逐步发展起来的，又反作用于实践，

推动实践的发展。管理会计理论的每一次重大创新都是在实践基础上产生、在实践基础上升华的，成为指导企业、政府开展管理活动的重要行动指南，推动实务界乃至整个社会经济发生重大革新。2014 年开始的管理会计体系建设，财政部始终强调理论和实践结合，管理会计应用指引本身也是理论和实践高度结合的成果。五年来我国涌现出众多管理会计理论和实践的迭代创新成果。比如，中国工商银行的 MOVA 系统、海尔集团“第四张表”、兵器装备集团提出 SRRV（战略、资源、风险与价值）体系、中化集团 6S 体系等都是理论和实践迭代创新的优秀实践。

（四）行业协会发挥了重要的桥梁纽带作用

中国总会计师协会、中国会计学会为代表的行业协会是推动我国管理会计体系建设的重要力量。中国总会计师协会作为全国会计人员自愿结成的社会组织，是现代市场体系的一个组成部分。2014 年以来，中国总会计师协会提出新理念，出台新机制，推出新举措，推进新工程，夯实新基础，解决了许多过去想解决而未能解决的难题，办成了许多过去想办而没有办成的大事，推动了中国管理会计发生历史性变革。一是高起点、高质量、迅速搭建起《中国管理会计》杂志的“政、产、学、研”平台；二是举办中国管理会计论坛和中国管理会计沙龙；三是聚焦管理会计能力建设，研究发布《中国总会计师（CFO）能力框架》和《中国管理会计职业能力框架》社团标准。四是制定管理办法，遴选首批特级管理会计师；五是开展管理会计师专业能力培训，组织编写“管理会计系列教材”。

中国会计学会管理会计专业委员会自 2014 年以来积极配合财政部关于全面推进管理会计体系建设的工作部署，充分发挥学会的专业优势，每年定期举办专题研讨会和年会，来自全国高校、科研院所、实务界的专家学者围绕管理会计理论体系构建、管理会计实践创新发展、管理会计工具方法运用、管理会计创新与发展的趋势，以及管理会计教育改革和发展等问题展开广泛交流与研讨，为积极开创我国管理会计发展之路建言献策。

五、未来已来

2018 年 12 月的中央经济工作会议公报指出：“我国经济运行主要矛盾仍然

是供给侧结构性的，必须坚持以供给侧结构性改革为主线不动摇，更多采取改革的办法，更多运用市场化、法治化手段，在‘巩固、增强、提升、畅通’八个字上下功夫。”这是当前和今后一个时期深化供给侧结构性改革、推动经济高质量发展的总方针。我国管理会计要为全面深化经济改革和国民经济的高质量发展服务，首先自身就要以全面深化改革和高质量发展为目标。

要深入贯彻落实“巩固、增强、提升、畅通”的全面深化改革方针，科学有效地全面深化会计改革、加快管理会计发展、建设世界一流现代会计，为新时代的高质量发展做出更大的会计专业贡献，就要进一步拓展改革视野和开放思路。我国管理会计的改革与开放，既要加强国际交流与合作，学习借鉴国际最新的先进理念和方法，又要立足中国实践、植根中国智慧、服务改革发展，更要创新理论方法，发出中国声音。

我们相信，再通过5年的不懈努力，我国将基本形成中国特色管理会计理论体系，基本建成管理会计指引体系，为推动中国经济转型升级服务，为提高单位资金使用效益服务，实现我国管理会计跨越式发展，在较短时间内接近或进入世界先进行列。到2029年新中国成立80周年之际，我们定能全面完成现代中国会计的高质量转型升级，一定能充分展现中国传统文化的深厚底蕴，贡献中国智慧，服务创新发展、绿色发展和高质量发展，让中国管理会计在全球经济治理体系中发出时代的强音。

中国总会计师协会管理会计活动综述（2014～2018）

中国总会计师协会秘书处

2014～2018年，中国总会计师协会在财政部领导和有关部门的关心指导下，在各级财政部门和有关行业主管部门的大力支持下，根据《关于全面推进管理会计体系建设的指导意见》等系列文件，结合《管理会计基本指引》中理论、指引、人才、信息化加咨询服务的“4+1”有机体系开展各项工作，充分发挥协会的桥梁和纽带作用，积极构建“政、产、学、研”一体化平台。通过创办“中国管理会计论坛”，积极搭建中国管理会计领域“政、产、学、研”交流互动平台；创刊《中国管理会计》杂志，有力推动管理会计理论与实践的交流与合作；举办“中国管理会计沙龙”，有效促进管理会计学术与实践的融合创新研究；发布《中国总会计师（CFO）能力框架》《中国管理会计职业能力框架》，聚焦管理会计能力建设；创建“中国管理会计创新实践平台”，推动管理会计方法创新实践；开展管理会计课题研究和案例编选，推动中国特色管理会计理论研究；开展管理会计师人才梯队建设，推动管理会计人才队伍培养；加强管理会计的国际交流与合作，为推动我国会计改革与发展，促进会计人才队伍转型升级，助力我国管理会计事业高质量发展发挥了重要作用，取得了全方位、开创性的丰硕成果。

一、创办中国管理会计论坛，搭建中国管理会计领域“政、产、学、研”交流互动平台

2013年11月，党的十八届三中全会提出：“全面深化改革的总目标是完善和发展中国特色社会主义制度、推进国家治理体系和治理能力现代化”。2014年

2月，时任财政部党组书记、部长楼继伟在中国总会计师协会第五次全国会员代表大会上作了题为“服务市场　服务经济　全面开创行业发展新局面”的讲话；同年7月，楼继伟部长在中国总会计师协会组织举办的“中国管理会计系列讲座”第一讲做了题为“加快发展中国特色管理会计，促进我国经济转型升级”的讲座。在党的十八届三中全会会议精神指引下，楼继伟部长的两次重要讲话为我国管理会计的改革、转型和发展指明了方向，创造了极为有利的前提条件。

2014年10月，中国总会计师协会为探索中国管理会计发展之路，助力管理会计理论和实践经验的传播和创新发展，提升企业决策、公共管理和社会治理的能力，举办首届“中国管理会计论坛”，积极搭建管理会计领域最具影响力的“政、产、学、研”交流互动平台。

（一）2014中国管理会计论坛：当代管理会计的趋势与挑战

2014年10月11日，中国总会计师协会与中欧国际工商学院共同主办，中国资产评估协会、中国财经出版传媒集团、中国财经报社和中国财政杂志社协办的首届“中国管理会计论坛”在北京隆重举行。论坛围绕中国管理会计行业的发展现状及未来趋势等话题展开高端对话，内容丰富，观点新颖，交流充分，对管理会计行业的发展影响深远。财政部主管部门的代表、地方总会计师协会及行业分会的代表、企业界的代表、国际同业组织的代表以及国内外研究机构和院校的专家400余人参加了论坛。

时任财政部副部长胡静林出席本届论坛并发表重要讲话。他认为，加快构建中国特色管理会计体系有四个关键：一是以理论建设为基础，二是以标准建设为保障，三是以人才培养为关键，四是以信息化建设为支撑。中国总会计师协会会长刘红薇出席了本届论坛并致辞。她指出，管理会计为中国企业迎接挑战提供了强有力的工具和方法，将管理会计从理论探讨和学术研究引入到企业和行政事业单位实践是中国总会计师协会的使命和责任。

中欧国际工商学院教授许定波、中欧国际工商学院教授张维炯、海尔集团首席CFO谭丽霞、宝钢集团副总裁陈缨、中欧国际工商学院教授黄钰昌、中国兵器装备集团总会计师李守武、中国航空工业集团总会计师顾惠忠、新华人寿首席CFO陈国钢、清华大学教授于增彪、美的集团首席CFO袁利群、厦门大学教授毛付根，以及北京大学经济学院特聘教授陈立齐等管理会计企业界和学术界的知名专家、学者均作了精彩演讲和点评。

（二）2016 中国管理会计论坛：投资战略与价值

2016 年 11 月 3 日，中国总会计师协会、中国财政学会和中国兵器装备集团公司共同举办“2016 中国管理会计论坛”。论坛参与者围绕企业战略投资和管理会计实践创新展开热烈讨论。演讲分别从我国管理会计发展形势、政策支持、企业实践、理论创新等方面进行全面探讨，为我国管理会计改革与发展指明了方向。来自财政部主管部门、地方总会计师协会及行业分会、企业界和国际同业组织的代表们与国内外研究机构和院校的专家学者 400 余人参加了本次论坛。

时任财政部党组成员、部长助理赵鸣骥作了主题为《适应经济新常态：推进管理会计新发展》的演讲。他认为大力加强管理会计工作，对于推动建立现代财政制度，建立完善现代企业制度，以及推动行政事业单位增强成本意识，防范内部风险，提高财政资金使用效益，都具有十分重要的意义。中国总会计师协会会长刘红薇，财政部会计司司长高一斌，中国财政科学研究院党委书记兼院长、中国财政学会秘书长刘尚希出席了本届论坛并发表讲话。

中国兵器装备集团公司董事长唐登杰，中欧国际工商学院教授许定波，中国投资有限责任公司首席风险官赵海英，杉杉控股董事局主席郑永刚，中国铁塔股份有限公司总经理佟吉禄，中国五矿集团公司总会计师沈翎，国网江苏省电力公司南通供电公司总会计师陈启忠，南京大学会计与财务研究院院长杨雄胜等我国管理会计企业界和学术界的专家、教授作了精彩演讲和点评。

（三）2018 中国管理会计论坛：“大智移云”中的管理会计

2018 年 9 月 21 日，中国总会计师协会和《中国管理会计》杂志主办，上海国家会计学院、中国石油天然气集团有限公司、中国财经出版传媒集团、浪潮集团、中税网控股、中通诚资产评估有限公司协办的“2018 中国管理会计论坛”在北京隆重举行。本届论坛聚焦“大智移云”等新一代信息技术背景下，管理会计如何助力创新驱动，可持续性成长展开热烈讨论。来自财政部、国务院国资委等政府机构，实务界高管和学术界专家 400 余人参加了论坛。

时任第十二届全国人大财政经济委员会副主任委员黄奇帆出席了本届论坛，并对“大智移云”背景下的经济社会发展新特征、新趋势进行了深入的分析和阐述。时任财政部党组成员、部长助理许宏才，中国总会计师协会会长刘红薇，财政部会计司司长高一斌，国资委财务监管局局长郯红兵出席了本届论坛并发表讲话。

蚂蚁金服集团财务融资部总监边卓群、海尔集团金融控股有限公司副总裁刘钢、中欧国际工商学院教授许定波、亚马逊财务总监刘宪娜、浪潮集团执行总裁王兴山、北京工商大学副校长谢志华、复旦大学管理学院教授吕长江、上海国家会计学院院长李扣庆、重庆大学教授刘星、厦门大学教授傅元略、保利集团总会计师傅俊元等我国管理会计企业高管和学术界的知名教授作了精彩演讲和点评。

中国管理会计论坛每两年举办一次，截至2018年年底成功举办三届，累计吸引超过1200名业内高管、专家、教授齐聚一堂，交流研讨我国管理会计改革与发展的成功经验。短短的几年间，中国管理会计论坛成为探索中国管理会计发展之路，助力企业决策、公共管理和社会治理能力提升，推动中国管理会计发展的具有标志性意义的平台，成为国内管理会计领域颇具影响力的业界盛会。

二、创办《中国管理会计》杂志，推动中国管理会计理论与实践创新发展

（一）《中国管理会计》杂志创刊

为深入推进中国管理会计体系建设，促进管理会计理论与实践融合发展，服务中国经济高质量发展，2017年7月经中国国家新闻出版广电总局批准出版，由财政部主管、中国总会计师协会和经济科学出版社主办的《中国管理会计》杂志创刊。2017年7月30日，《中国管理会计》杂志创刊发布会在北京隆重举行，政府相关机构、学术界、企业界代表共400余人见证了《中国管理会计》杂志创刊号的发布。时任财政部部长肖捷亲自为杂志创刊号题序《加快构建中国特色管理会计体系》，财政部前部长、时任全国社会保障基金理事会理事长楼继伟题写发刊词。时任财政部党组成员、部长助理许宏才，中国总会计师协会会长刘红薇，时任国家新闻出版广电总局新闻报刊司司长李军，时任国资委总会计师沈莹、时任财政部会计司副司长舒惠好等领导和嘉宾出席发布会并致辞。

《中国管理会计》杂志作为国内首个以管理会计学术研究和实践应用案例分析、经验交流为主要内容的专业期刊，将在整合学术界和企业界资源、促进中国

管理会计理论与实务的健康发展、推进我国与国际管理会计经验交流等方面做出重要贡献。

（二）《中国管理会计》杂志核心内容

《中国管理会计》杂志是中国大陆第一本管理会计刊物，是中国管理会计发展的里程碑。杂志创办一年半以来，站在管理会计发展的前沿，以推动管理会计理论和实践经验的传播与创新为己任，记载了中国特色管理会计理论前沿、政策探索与实践创新的多方发展轨迹。截至 2018 年底，中文版已出版发行了 6 期，英文版也即将出版。每一期杂志均围绕一个主题，范围涵盖顶层设计、制度建设、系统框架、难点突破、技术创造、经验分享、成功案例、国际前沿等诸多方面，内容涉及战略管理、预算管理、成本管理、营运管理、投融资管理、绩效管理、风险管理等领域。精选国外和国内知名专家、学者和企业家的学术和实践文章，力求从深度、广度、时效性和指导性上进行全覆盖；鼓励学者与企业家联合创作，使其成为引领与链接管理会计理论与实践的高端刊物。

（三）2017 ~ 2018 年杂志出版运行情况

高质量的办刊使杂志的声望与影响力越来越大，截至 2018 年年底，累计发行量已达到 2 万余册且仍在持续快速增长中。与纸刊同步，《中国管理会计》杂志的官网和微信公众号持续推出重点文章，吸引了大量的读者访问，微信公众号关注人数已近万人，网站的累计访问量已达万次以上。

未来，在各级政府部门和社会各界人士的支持下，《中国管理会计》杂志将继续推动管理会计理论和实践的融合发展，致力于成为政、产、学、研沟通效率高、学术与案例文章质量好的交流平台，成为中国管理会计成果与国际交流、展示的平台，成为服务经济社会发展的平台，助力企业决策、公共管理和社会治理效率的提升，推动中国经济高质量增长。

三、举办“中国管理会计沙龙”，促进管理会计学术与实践的融合创新

为促进企业和行政事业单位与高校及学术机构交流管理会计应用，促进理论

与实践的融合创新、企业与企业之间的互动创新，提升管理会计实践水平，由中国总会计师协会管理会计分会于 2017 年搭建了管理会计领域理论与实践的互动交流平台——中国管理会计沙龙。“中国管理会计沙龙”每季度举办一期，在“政、产、学、研”之间搭建起交流互动平台，与会者积极围绕不同单位在管理会计实践中遇到的难点、热点问题展开深入研讨，通过主题发言、嘉宾点评、交流互动等多种形式，为学者提供实践案例，为实践者现场答疑解惑。每一期“中国管理会计沙龙”的主题都力求与《中国管理会计》杂志当期的主题文章相对应，形成理论与实践相得益彰的紧密融合。

截至 2018 年底，“中国管理会计沙龙”已成功举办 9 期，9 期沙龙的主题分别是：“全面预算的整合与创新”“基于‘报告’的管理会计信息化探索”“标准成本的应用与创新”“医院管理会计的应用与创新”“管理会计应用指引：新起点、新挑战”“金融风险与管理会计”“财务智能化背景下管理会计实践探索”“管理会计在新销售中的应用创新”“管理会计在医院的应用创新”。参加现场交流人员累计达到 1500 人以上，中国总会计师协会管理会计分会微信公众平台关注人数达到近万人，通过微信传播的数量更是数以万计，取得了良好的社会反响。

四、高度重视管理会计能力建设，发布《中国总会计师（CFO）能力框架》和《中国管理会计职业能力框架》

（一）中国总会计师（CFO）能力框架

总会计师（CFO）是各行政事业单位、企业单位治理体系中的关键因素之一。总会计师队伍建设需要坚持德才兼备、以德为先，需要坚持事业为上、公道正派，需要培养专业精神与专业能力，需要认同与尊崇中国传统文化、传统思想价值体系，需要不断增强总会计师适应新时代中国特色社会主义发展要求的能力，切实提高竞争软实力。中国总会计师协会是国内唯一以总会计师为主要成员的全国性社团组织，研究制定《中国总会计师（CFO）能力框架》是职责所在。

2017 年 12 月，中国总会计师协会副会长李守武直接负责成立研究项目组，由国内理论界和实务界专家组成团队，历时 1 年半左右时间，在全面收集国内外相关研究文献和研究报告，充分考虑信息技术革命对企业组织形态、商业模式、管理方式带来的重大变革，总会计师面临新时代新的挑战，系统性梳理各项总会计师（CFO）能力要素的基础上，采用归纳分类和实证研究相结合的方式，研究和发布了《中国总会计师（CFO）能力框架》。《中国总会计师（CFO）能力框架》将总会计师履职能力归纳为道德遵从能力、专业能力、组织能力、商业能力四大类 23 个能力要素，其中道德遵从能力是根本能力，专业能力是基础能力，组织能力是必要能力，商业能力是前瞻能力。总会计师作为单位的价值工程师和价值整合者，应具备以上四大能力，为“价值创造、管控风险”的目标服务。

《中国总会计师能力框架》的发布，为有效提升中国总会计师的履职能力指出了方向和路径，具有重要的现实意义。能力框架将在辅助总会计师系统性提升能力、推动国家总会计师相关制度修订、指导财会专业人员职业成长、满足教学科研培训需求等方面发挥作用。

（二）中国管理会计职业能力框架

在推进管理会计工作的过程中，中国总会计师协会发现两个问题：一是管理会计人才短缺，二是缺少衡量管理会计人才的标准，这种情况成为制约管理会计进入各企业、行政事业单位并发挥作用的因素。为使企业、行政事业单位在培养、衡量管理会计人才时能有一套符合我国国情，具有中国特色的人才标准作为参照，为培养管理会计人才和部分财会人员转岗提供帮助，同时作为促进落实财政部发布的关于管理会计体系建设的系列制度并作为系列制度的有益补充，在中国总会计师协会常务副会长李林池带领下，依据《管理会计基本指引》和《管理会计应用指引》等系列文件，在深入调查研究，广泛吸取国内管理会计研究和实践成果、国外经验并听取各方面专家意见的基础上，编制了《中国管理会计职业能力框架》，并作为国家团体标准进行发布。《中国管理会计职业能力框架》将管理会计应具备的职业能力分为专业能力和综合能力两大类，专业能力包括财务会计能力和管理筹划能力，综合能力包括创新能力和领导力，职业能力应建立在职业道德与行为规范基础之上。管理会计职业能力级别为初级、中级、高级、特级 4 个等级的能力要求。

《中国管理会计职业能力框架》作为国家团体标准的发布是推动我国管理会计人才评价体系，夯实管理会计教育培训体系的基础，将为培养我国管理会计人才和部分财务人员转岗到管理会计岗位提供指导和帮助。

五、加强管理会计人才培养，推进中国本土管理会计人才梯队建设

为落实《会计改革与发展“十三五”规划纲要》中提出“力争到2020年培养3万名精于理财、善于管理和决策的管理会计人才”的总体目标，根据财政部《指导意见》中“4+1”体系要求，并结合《中国管理会计职业能力框架》团体标准，中国总会计师组织开展了初级和中级管理会计师专业能力培训工作，并于2018年首次开展特级管理会计师评审工作，为推动中国本土的管理会计人才梯队建设，促进我国会计人员转型升级和管理会计人才队伍职业能力提升做出贡献。

（一）开展管理会计师专业能力培训，组织编写“管理会计系列教材”

中国总会计师协会自2017年开展初级和中级管理会计师专业能力培训工作以来，有3万多人经过系统培训并通过考试，取得管理会计师初级和中级专业能力证书。为落实项目相关课程体系及系列教材编撰工作，中国总会计师协会多次召开管理会计师初、中、高级教材编写专家会议，研究制定“管理会计系列教材”编撰方案，教材涵盖管理会计概论、预算实务、成本管理、风险管控、职业道德等管理会计职业能力要求的核心内容。

（二）开展特级管理会计师评审工作，注重发挥引领和示范作用

在初、中级管理会计师专业能力认证工作取得积极进展的基础上，中国总会计师协会于2018年首次开展特级管理会计师评审工作。为此，中国总会计师协会制定《特级管理会计师评审办法（暂行）》（以下简称《评审办法》），就评审条件、评审程序、评审机制进行了具体的制度安排。根据《评审办法》，中国总会计师协会成立特级管理会计师评委会，评委会总指导和主任由中国总会计师协会总顾问楼继伟担任，执行主任由刘红薇会长担任，评委会成员在管理会计专家库中遴选产生，专家库由来自政府机关、行业组织、理论界和实务界的100名权

威专家组成。《评审办法》提出特级管理会计师要同时满足基本条件、任职资历、能力要求、工作业绩、单位规模五个参评条件，并且注重申请人的实践成果，要求必须有管理会计案例等送审作品。

经过各级组织推荐、申报、初审及专家初评、复评等环节，最终评出首批21位特级管理会计师。他们对管理会计有着深刻的理论研究并“因地制宜”的根据各自企业的实际情况成功付诸实践，为各自单位的战略发展、管理体系建设做出卓越贡献，在管理会计领域影响力突出，在推动管理会计实践中发挥引领和示范作用。为此，中国总会计师协会将首批21位特级管理会计师的相关材料报送相关人才和业务主管部门并得到了积极而充分的肯定。

同时，中国总会计师协会将21位特级管理会计师和专家教授进行强强组合，对特级管理会计师所在单位案例进一步从理论与实践上进行总结提升，创新发展具有中国特色的管理会计理论、工具和方法。未来，这21个产学研强强组合将为我国管理会计体系建设贡献中国智慧。

六、推动管理会计发展，创建“中国管理会计实践创新平台”

为积极探索“政、产、学、研”一体化的中国管理会计发展模式，中国总会计师协会决定创建“中国管理会计实践创新平台”，计划在“十三五”期间，以中国现有企事业单位以及行业管理会计实践探索为基础，先选择6~10个单位作为中国管理会计实践创新平台单位试点，通过创新平台的建设及有序运行，树标杆、可复制、可推广，服务于我国实体经济，促进企业转型升级，增强企业价值创造力。

2017年6月，中国兵器装备集团公司和国家电网江苏省电力公司成为平台首批实践试点单位，对外经贸大学和南京大学会计与财务管理研究院成为平台科研支持单位。两个平台都是集战略规划、投资决策、价值创造、机制激励、绩效管理等为一体的实践平台。中国兵器装备集团围绕我国企业管理会计体系建设所进行的创新探索，对建设适合中国国情的企业管理会计基本制度具有很强示范和指导意义；国家电网江苏电力公司以企业价值创造基本细胞——VCU为基本出发点和核心抓手，包括效益战略思维、管理流程落地、成果目标导向三个层面，力争形成对企业利用信息化创新管理会计实务提供借鉴的适用模式。

管理会计创新实践在我国行政事业单位中的应用是构建具有中国特色管理会计体系中的重要组成部分。2019 年，中国总会计师协会在国内三甲医院、高等院校等事业单位建立了更多管理会计实践创新平台，总结提炼我国行政事业单位开展管理会计的最佳实践和创新做法，为更多单位提供有益借鉴，并向国际上推广成功经验。

七、各分会、地方协会协同发力，共同推进管理会计体系建设

（一）成立管理会计分会，大力推进管理会计事业发展

2015 年 6 月 5 日，中国总会计师协会在北京召开管理会计分会成立大会。会议由中国航空工业集团总会计师顾惠忠主持。中国总会计师协会会长刘红薇出席大会，她在讲话中指出：管理会计分会要在财政部和中国总会计师协会的领导下，根据经济社会发展要求，突出实务导向，积极全面融入财政部统一领导的管理会计体系建设，科学谋划管理会计发展战略，积极促进政府、社会、会员协同机制，以管理会计能力建设为依托，以管理会计人才培养为重点，大力发展中国管理会计事业，打造中国会计工作的升级版，促进中国经济快速发展。会议审议通过分会组织办法等议案，选举产生了分会第一届理事会负责人，中国兵器装备集团总会计师李守武当选第一届理事会会长。

2015 年，管理会计分会开展行政事业单位管理会计案例征集活动，得到全国各地方总会计师协会（研究会）、行业分会及会员单位的积极响应，中国总会计师协会从报送的 112 篇管理会计案例中精选出 17 篇案例结集出版《中国管理会计案例选辑》（第一辑）。2018 年 8 月，管理会计分会又与教育部联合编辑出版《行政事业单位管理会计案例》（第二辑），该书成为教育部直管高校管理会计案例专辑。

2018 年 1 月，管理会计分会组织专家编写《管理会计都干啥——漫画解读财政部管理会计系列文件》，中国总会计师协会会长刘红薇、中国总会计师协会副会长兼管理会计分会会长李守武分别为本书作序。该书内容深入浅出、通俗易懂，形式生动有趣，有效推动了财政部管理会计系列文件的宣传和推广，受到广

泛好评。中国财政经济出版社将其列入会计人员转型和继续教育丛书。

截至2018年底，管理会计分会会员人数由成立时60个发起单位会员发展到会员及准会员1万多人。管理会计分会微信公众号成为传播管理会计理念和知识、宣传扩大分会影响力、发布会员服务等信息的重要平台，微信关注人数近万人。分会还定期组织开展“中国管理会计沙龙”等专项活动，在会员和企事业单位中产生良好反响。

（二）行业分会开展管理会计研究和培训等工作，推动会员单位加强管理会计应用实践

中国总会计师协会在石油、铁道、航天等17个国民经济主要行业设立行业分会。在中国总会计师协会的积极倡导和业务指导下，行业分会积极开展管理会计课题研究，提升管理会计理论研究水平。例如，纺织分会组织研究《大数据环境下管理会计报表模式研究》《管理会计的信息系统建设》等课题，研究成果在纺织行业进行推广和实践，得到专家的好评；航空工业分会收集整理航空工业集团公司所属单位管理会计案例近300篇，组织编写《中航工业管理会计探索实践及研究成果索引集》《航空工业集团管理会计案例集（2018年版）》。积极开展管理会计培训，推动管理会计人才培养。例如，水利水电分会举办“全国水利水电管理会计”“全国水利水电管理会计指引”等培训班，为推动管理会计在全国水利行业各单位应用提供支持。

（三）积极响应财政部号召，各地总会计师协会大力推动管理会计应用工作开展

全国19个地方省（自治区、直辖市）总会计师协会作为中国总会计师协会单位会员，2014年以来积极响应财政部关于全面推进管理会计体系建设的号召，密切配合中国总会计师协会关于大力发展管理会计事业的工作部署，在各省开展了大力推动管理会计的研究与实践活动，取得了积极成果，为本省乃至全国管理会计体系建设做出了应有贡献。湖北省总会计师协会在省财政厅的统一组织下，组织参加财政部“管理会计征文活动”并将优秀论文结集出版《〈总会计师论坛〉2016年卷——管理会计优秀论文集》，使广大会员、特别是总会计师从中得到启发与借鉴。

为推广管理会计应用在各会员单位得以积极有效实施，各地方总会计师协会充分发挥协会的桥梁纽带作用，组织开展以管理会计为主题的论坛、研讨会和讲座等活动，为会员提供专业交流借鉴平台。地方总会计师协会举办的活动包括：安徽省总会计师协会举办“2014 现代企业管理会计改革创新发展论坛”，陕西省总会计师（财务总监）协会举办主题为“管理会计实践分享”的“三秦会计大讲堂”，青海省总会计师协会举办 2017 年“内部控制与管理会计专题学术论坛”等，使广大地方协会会员受益匪浅。

八、开展管理会计领域的国际交流与合作

2014 年以来，中国总会计师协会关注国际管理会计理论与实践的最新发展动态，通过加强与国际会计组织之间的交流，不断加深彼此了解，深入谋划在管理会计领域开展国际合作，相互交流借鉴管理会计先进理念和方法，积极搭建管理会计对外交流平台，为推动国际管理会计的先进做法与中国实际相结合，建立具有中国特色的管理会计体系做出积极贡献。

（一）加强与国际会计组织的交流，开展管理会计国际合作

2014 年以来，中国总会计师协会重视加强与英、美等国家的管理会计师公会、会计师公会等国际会计组织之间开展交流，积极寻求双方在管理会计理论与实践成果等方面的交流与合作，取得积极进展。

中国总会计师协会领导多次与来访的英国皇家管理会计师公会（CIMA）会长、首席执行官等负责人进行会谈并取得积极成果，双方签署合作备忘录并积极寻求两会在管理会计领域开展交流合作。中国总会计师协会会长刘红薇多次会见到访的国际会计师公会（AIA）会长布莱德利先生和首席执行官菲利普先生。2017 年 11 月，刘会长在北京会见到访的国际会计师公会（AIA）会长一行时指出，双方可以考虑在管理会计课题研究、管理会计案例分析、高端管理会计人才培养等方面积极开展合作。刘红薇会长还与来访的美国管理会计师协会（IMA）总裁兼首席执行官杰弗里·汤姆森先生就如何推动中国管理会计发展等问题进行沟通，表示将在资源共享、人才培养、管理会计能力框架和评价体系的构建等方面加强交流与合作。

中国总会计师协会通过与国际会计组织负责人进行会谈，有助于双方加深彼此了解，以及在管理会计方面的信息交流，为双方进一步开展管理会计相关领域的合作奠定良好基础。

（二）宣传中国管理会计发展成果，得到国际同行高度认同

近2年，中国总会计师协会领导通过出席国内外举办的管理会计高峰论坛、会计组织年会等活动，在国际舞台上大力宣传近5年来我国管理会计改革与发展所取得的丰硕成果，得到了国际同行的高度赞赏，有力提升了中国在全球管理会计界的影响力。

2016年6月8日，刘红薇会长在北京出席CIMA与中欧国际工商学院共同举办的北亚管理会计领袖峰会时指出，管理会计在中国取得的发展成就得益于中国财政部的顶层设计，各高校与研究单位的努力推广，企业开展的管理会计实践与创新，学术界在企业实践的基础上总结与提炼，以及中国总会计师协会等机构根据财政部楼继伟部长的要求，把推动、建设、发展中国特色的管理会计作为工作的重中之重，并在推进中国管理会计的研究与实践方面发挥了很大的作用，得到与会嘉宾的一致认同，对中国在推动管理会计取得的积极进展表示高度赞赏。

2018年5月25日，刘红薇会长在出席首届世界会计论坛暨第十三届中国CFO大会致辞时强调，经济发展迫切需要企业提高整体效能，加强管理会计工作能够激发管理活力，增强价值创造力，真正实现国家、企业、个人的价值增殖，从三个层次不同维度体现“量变”到“质变”。中国总会计师协会愿同各方会计领域领军人物增进交流、加强合作，共同学习世界与中国先进管理会计理论与实践经验，积极探索管理会计本土化与国际化的融合之路，总结中国经验，携手开创世界管理会计事业更加美好的明天。

同年10月，刘红薇会长应AIA会长之邀出席AIA在英国伦敦举办的90周年年会，并在年会上发表了题为“深化合作、互利共赢、积极推动会计人才国际化发展”的主旨演讲。在会上她向与会者介绍了中国管理会计近几年取得的发展和创新，希望双方探索管理会计在各国本土化与国际化的融合之路，得到AIA高层的积极回应和与会代表广泛关注和高度评价。

（三）注重借鉴国际先进做法，推进中国管理会计体系建设

2016年1月，中国总会计师协会与CIMA中国联合编撰的《CGMA管理会计

能力框架》（中文版）在北京隆重发布，这是双方签署合作备忘录后共同合作取得的一项积极成果。中国总会计师协会会长刘红薇，中国总会计师协会副会长兼管理会计分会会长、中国兵器装备集团公司副总经理兼总会计师李守武，皇家特许管理会计师公会（CIMA）全球执行董事安德鲁·哈丁（Andrew Harding）先生出席联合发布会。发布《CGMA 管理会计能力框架》（中文版），有助于中国借鉴国际上其他国家的经验，为建立适合中国国情的管理会计制度体系，推动管理会计在中国进一步发展做出积极贡献。

2018 年，时隔两年后，中国总会计师协会发布了《中国管理会计职业能力框架》，成为中国广泛借鉴国际先进做法并善于结合自身特点，构建一套符合我国国情且具有中国特色管理会计人才框架体系的有力举措，为推进中国特色管理会计体系建设做出积极贡献，为世界管理会计发展贡献中国智慧。

中国会计学会管理会计专业委员会年度活动综述（2014～2018）

刘运国　杨世信

2014～2018年，中国会计学会管理会计专业委员会（以下简称管理会计专委会）配合财政部关于全面推进管理会计体系建设的工作部署，充分发挥学会的专业优势，通过每年定期举办年会和专题会等年度活动，积极搭建学术界与实务界管理会计交流平台。年会活动期间，来自全国高校、科研院所、实务界的专家学者围绕管理会计理论体系构建、管理会计实践创新发展、管理会计工具与方法运用，以及管理会计教育改革与发展等问题展开深入研讨，取得诸多共识，为积极开创我国管理会计发展之路建言献策。

一、各年度活动回顾

（一）2014年专题会和年会

2014年专题会于2014年7月16日在北京召开。会议明确了管理会计专委会2014～2018年的工作重点。同年11月15～16日，2014年年会在中国人民大学召开。本次年会以“经营模式转变与管理会计研究”为主题，收到来自学术界和实务界的应征论文70篇，论文集收录17篇，其中理论研究6篇，教育研究5篇，实践研究6篇。

中国人民大学副校长伊志宏，中国会计学会副会长、管理会计专业委员会主任委员、中航工业集团党组成员、总会计师顾惠忠，时任财政部会计司司长、中国会计学会副会长杨敏，时任国务院国资委考核与评价局副局长廖家声分别致词，来自高校、科研院所、实务界的100多位专家学者出席本次年会。中国兵器装备集团公司副总经理、总会计师李守武，中央财经大学会计学院院长孟焰，中国人民大学王化成，上海财经大学潘飞等分别做了精彩的主题演讲。

（二）2015年年会

2015年学术年会暨首届中国管理会计高层论坛于2015年11月27～28日在南京理工大学隆重召开。本次年会暨首届高层论坛围绕“互联网+”、大数据与管理会计变革等诸多议题展开了全面、深入的讨论；共收到论文120余篇，论文集收录65篇。南京理工大学副校长付梦印、管理会计专业委员会主任委员顾惠忠、工业和信息化部财务司司长王新哲、财政部会计司副司长欧阳宗书分别致词，来自高校、科研院所、实务界的299位专家学者出席本次年会，15位专家学者做了主题演讲，6个分会场共30位嘉宾分别进行了专题报告。

（三）2016年专题会与年会

2016年专题会于2016年7月22日在兰州成功召开。本次专题会以“中国特色管理会计——理论与实践”为主题，共收到应征论文70余篇，论文集收录52篇，论文涉及管理会计创新、供给侧改革与成本管控、业绩评价等多个管理会计主题。共有7位专家做了主题报告演讲，3位专家学者报告论文成果，7位学者参加了圆桌论坛。

2016年年会于2016年11月4～5日在上海师范大学成功召开。本次年会以“管理会计与中国企业的市场化、智能化、多元化和国际化”为主题；共收到应征论文120余篇，论文集收录论文40篇；论文涉及管理会计理论体系、指引解读、智能化制度设计、战略与风控等多个管理会计主题。出席本次年会的有中国会计学会副会长杨敏，中国会计学会副会长、中国会计学会管理会计专业委员会主任委员顾惠忠，中国会计学会管理会计专业委员会副主任委员、清华大学于增彪，上海财经大学潘飞，美国管理会计师协会总裁兼首席执行官杰弗里·汤姆森，中国商用飞机有限责任公司总会计师田民，上海国家会计学院院长李扣庆，来自60余所高校和26所科研学术机构的学者以及40余家企业代表和15家期刊出版单位代表参会。

（四）2017 年专题会与年会

2017 年专题会于 2017 年 8 月 25 日在大连成功召开。本次专题会围绕“财务共享、供应链管理与业财融合”的主题展开了深入讨论；专题会包括 3 场业界报告、3 场学界报告和 1 场产学研论坛，共计 91 位专家学者代表参加。

2017 年年会暨纪念余绪缨教授诞辰 95 周年学术研讨会于 2017 年 10 月 27 ~ 28 日在厦门大学成功召开。本次年会围绕“管理会计发展的新动能——创新、协同和效益”的主题深入讨论，共收到应征论文 119 篇，论文集收录论文 44 篇。厦门大学副校长李建发，中国会计学会副会长、中国会计学会管理会计专业委员会主任委员顾惠忠，清华大学于增彪教授，厦门大学管理学院院长叶建明为本次年会致辞，暨南大学胡玉明教授、清华大学于增彪教授、厦门大学傅元略教授、浪潮通软副总裁魏代森、厦门航空财务部总经理冯雁凌、东北财经大学刘凌冰教授、厦门大学陈亚盛教授等做了主题报告。

（五）2018 年专题会与年会

2018 年专题研讨会于 2018 年 7 月 21 日在哈尔滨成功召开。专题会围绕“国际合作项目中业财融合的应用与探索”“新经济与管理会计”“区域经济发展中的管理会计”“管理会计学术研究的现实思考”“商能并重，学识贯通，高素质会计人才培养模式探索与实践”“管理会计工具整合与企业价值创造”等主题进行了深入研讨。哈尔滨商业大学副校长程伟，中国会计学会管理会计专委会主任委员顾惠忠，黑龙江省财政厅总会计师姜玉成，财政部会计司制度二处处长高大平等领导嘉宾分别致辞。

2018 年年会于 11 月 2 ~ 3 日在广州隆重举行。本次年会围绕“中国管理会计新时代、新机遇、新挑战”主题，来自全国管理会计领域的 160 多家单位的 300 余位业界同仁与会代表以习近平新时代中国特色的社会主义思想为指导，共同见证和探讨中国管理会计的改革与发展。财政部会计司副司长舒惠好，中国会计学会副会长、管理会计专委会主任委员顾惠忠，中国南方航空集团公司总会计师肖立新，中国南方电网有限责任公司总会计师文利民，中山大学副校长杨清华等嘉宾出席年会。

二、中国管理会计实践

（一）服务国家战略

在中国特色社会主义新时代，如何在推进供给侧结构性改革，“一带一路”倡议，军民融合、产融结合的重大战略以及经济结构的转型升级过程中更大地发挥会计的作用，为全面建成小康社会、实现中华民族伟大复兴的中国梦贡献力量，成为当前会计理论研究与实务创新的重大课题。

财政部大力推进管理会计体系建设，为管理会计提供了难得的发展机遇。国家对管理会计的高度重视，激发了从政府部门到民间，从企业界到教育界、学术界掌握和应用管理会计理念、方法的学习、宣传和实践的热情，使管理会计理论的研究和实践形成了良好的互动机制，促进了管理会计在国内的进一步推广和应用。最后，国家重大战略实施以及新一轮科技与产业革命加快孕育，为创新应用管理会计理念和手段提供了有利的支撑。

国家宏观政策不仅影响产业格局以及资源配置，也牵引着企业具体经济行为；另外，也只有企业能够提供可靠、完整、及时的会计数据，才能验证、保障国家宏观政策的有效落地。全面推进管理会计体系建设，是推动经济转型升级的迫切需要，也是建立现代财政制度、推进国家治理体系和治理能力现代化的内在要求，更是会计改革与发展的重要方向。以理论指导改革实践，是会计行业实现科学发展的强劲动力，而中国会计发展改革的生动实践，尤其是对于管理会计的日益重视和强调，也为会计理论研究提供了丰富的素材和宝贵的案例。

（二）服务企业战略

当前企业面临严峻的不确定性环境，企业战略根据不同环境动态调整尤显重要。为适应日益复杂且动态变化的环境，需要理解竞争过程，预测竞争对手的行为，挖掘自身竞争优势，了解自身竞争战略的各种不同选择，并分析某一既定战略的潜在影响。而要使战略得到落实，就必须依靠管理控制系统、预算管理、绩效评价等管理会计工具。管理会计应该紧紧围绕企业的战略，促进战略的科学制定与完善，推动战略的有效落地，加强战略后评价，进而促进企业的科学发展，提升企业的核心竞争力与价值创造能力。管理会计要参与企业战略定位的制定、帮助企业落实发展战略、协助研究行业发展周期、设法降低战略实现成本。要在实践中妥善处理好管理会计发展与应用中的几个关系：传统财务会计与管理会计的关系；管理会计理论与实践的关系；管理会计的跨界问题。

（三）服务价值创造

价值创造是管理会计的本质特征。在企业追寻价值的过程中，必须借助于一个有效的价值测量、控制和管理系统，这个系统就是管理会计。系统内部的任何管理会计工具运用是否有效，均取决于是否能够支持企业持续地进行价值创造。中信银行宁波分行戴媛结合中信银行管理会计应用的真实案例，指出管理会计已融入商业银行日常经营管理，并将发挥愈加强大的价值创造作用，今后管理会计会在商业银行客户关系管理、企业绩效管理、作业成本法应用、预测会计方面有更加深入的发展。

管理会计不仅能够提升一个组织的盈利能力，更广义的来看，能够通过增强组织透明度，减少组织内耗，实现机构的效率提升。因此，除了企业和营利组织以外，管理会计对政府、高校等非营利组织的运营效率和价值创造也有重要的促进作用。

三、构建中国管理会计理论体系

（一）机遇与挑战

过去三十多年经济的快速发展，财务会计的理论研究和实践都得到充分的重视与发展。相比而言，管理会计的理论研究和实践运用远远落后于财务会计。财政部发布《关于全面推进管理会计体系建设的指导意见》对中国管理会计理论体系、指引体系、人才培养和信息化等做了顶层规划，为理论界加快研究中国特色的管理会计理论体系、总结中国管理会计实践经验指明了方向，也为实务界加快推进管理会计应用实施奠定了基础。

中国企业实践的管理会计研究仍然以描述性为主，并未上升到理论层面，现有相关文献中约50%的文章没有理论来源。因此，很有必要就我国的管理会计理论体系建设问题进行研究，进一步推动管理会计在我国的发展。厦门大学傅元略教授指出，管理会计以往属于“冷门地带”，博士、教授层面的管理会计研究人员很少，且研究主题也很发散，问题的关键就是在于一个致命弱点：没有一套自圆其说的基础理论，未来相关学者应更多地致力于提炼一套基于中国企业实践的管理会计理论。中国管理会计研究之“根本”在于“研究问题本土化，研究方法与研究范式国际化”，学者们务必扎根中国，耐得住寂寞，具有“以专业应对嘈杂，以专注应对喧嚣”的心态，不忘初心，“把论文写在祖国的大地上”。

在复杂组织变革的环境下，管理会计研究的“时间”应拉长，“空间”应拉大。管理会计要适应新商业模式的出现，适应信息化架构时代的要求以及管理会计应重视财务因素与非财务因素的综合运用；并基于复杂组织架构的相关理论，分析了管理会计提升企业核心能力的途径和管理会计视角下企业核心能力模型。

（二）构建中国特色的管理会计理论框架

“管理会计：管理还是会计”？会计从一开始就是管理会计，而不是从财务会计中分离出了管理会计，比如，复式簿记中的平行登记法就是典型的内部控制。管理会计为管理提供信息，但本身并不是管理，更不能取代管理。就本质而言，管理会计还是会计。只有明确了管理会计的本质，才能确定管理会计的边界，从而构建合理的管理会计理论体系。当然，管理会计具有“双重属性”，不仅在后台管理活动中发挥组织控制功能，而且应该嵌入前台业务活动中，体现管理会计对业务活动的信息提供与决策支持，并在此基础上构建基于价值链、基于业务活动的管理会计报告。

财务会计是辅佐投资人的会计，管理会计是辅佐管理者的会计（而非会计管理）。管理会计的研究与实践之所以难以推进，原因在于缺少能够满足决策需求的、成体系的信息产品，而脱离了具体产品，相关的产品标准、质量鉴证以及胜任能力架构等体系构建则无从谈起。关于“共享中心”与“财务共享中心”的概念区分，使用“共享中心”概念不仅更加贴近企业现实，还更加符合业财融合的本质要求。

从杜邦分析模型到平衡计分卡，理论模型一直是管理会计理论影响企业战略实践的一个重要途径。企业是利益相关者的多元资本共生体，企业管理是对利益相关者关系的管理，企业社会责任是指利益相关者多元资本的回报，并基于上述利益相关者分析，构建了一个多层价值模型。

（三）推进中国特色的管理会计实践

近年来财政部推进中国管理会计体系建设及运用的举措、成果，分析我国管理会计存在的问题，提出三大发展重点：建立管理会计体系以加强顶层设计，组建管理会计咨询专家组以加强基础建设，加强管理会计标准建设。未来将管理会计体系建设重点转向推广应用：一是推动管理会计指引体系不断实施；二是不断深化管理会计理论创新和实践应用；三是多渠道加强管理会计人才培养；四是积极推进管理会计信息化。

当前中国发展的迫切任务是进行转型升级，我国前 35 年经济的增长主要是依靠配置效率的提高，以后要转向依靠生产效率的提高，而管理会计在推动经济体高质量发展方面有着突出的优势。未来管理会计变革需要抓住基础数据和 IT 系统、事务集中处理这两块重要的基石，从会计政策、核算流程、信息系统三个方面推动全球财务共享服务中心的建设。

财政部案例库的开发需要产、学、研三大群体合作。企业使用案例库的目的在于学习案例公司中的管理经验并加以借鉴，学校使用案例库的目的在于能够为书本中的相关知识找到现实中的案例，提升教学或学习的效率和效果；科研人员使用案例库主要是为了找寻潜在研究问题，在理论的指引下进行深入挖掘，并进而帮助推进管理会计实务的发展。

四、管理会计的创新与发展趋势

（一）新常态与管理会计

中国经济进入“新常态”已经成为全国上下的普遍共识。在经济新常态背景下，各类企业更强调“降本增效”，突出了对管理会计（规划、决策、控制、业绩评价）的需求。管理会计作为一项应对经济新常态的重要工具发挥的作用空间会越来越大。在经济“新常态”下，管理会计在经营模式转变中提供预测支持、流程设计、成本管控、风险控制、绩效考核等方面大有作为。经济新常态形势下，发展管理会计是财政部未来的重要任务与主攻方向。

（二）大数据与管理会计

随着互联网、移动设备、物联网和云计算等技术的快速崛起，大数据已经成为各行各业的重要生产因素。对于管理会计来说，大数据理念为企业管理层合理配置资源和优化决策并对当前和未来的经济活动进行预测、决策、规划、控制和考核评价等，提供了更多可能。管理会计信息系统以坚实的大数据为基础，使得全面预算管理、资金集中管理、成本控制、绩效评价等能够更加高效顺畅地运行和开展，是管理会计应用的有效支撑，有助于充分实现会计和业务的有机融合，最终实现单位价值创造目标。管理会计离不开信息系统，财务业务一体化是关键，“互联网＋”和移动应用的普及唤醒了高层的信息化需求。

（三）创新与管理会计

随着全球经济一体化和互联网经济的发展，移动互联、智能制造等新形势新机遇，给企业商业模式创新、跨越式发展提供了机会，对企业传统的商业模式提出了十分严峻的挑战。当前国际上企业间的竞争一定程度上体现在商业模式的竞争，这就要求企业进行管理模式的变革与升级，实现管理协同和管理精细化，而所有这些创新都离不开企业财务工作的支持。

互联网平台商业模式共同特征在于“依托网络、构建平台、做大流量”，将对业绩评价、高管与员工激励机制等带来深刻影响。有实践经验表明，通过财务业务一体化、财务共享平台、内部价值链成本管理、结构效率管理、EVA＋平衡记分卡的绩效管理五方面做法，可以作为“互联网＋”时代下的财务转型。

五、管理会计工具与方法

（一）战略地图

财务要当好业务的运营伙伴，核心的职责是建立与企业 CEO 之间能够提供正确财务数据，进行有效的财务控制，且具有战略眼光的运营伙伴关系。企业战略与财务战略之间存在耦合关系，可以构建企业战略与财务战略耦合度评价模型和指标体系。

（二）预算

利用预算这一管理会计工具时，一定要牢牢抓住价值创造这根主线，秉承为管理者提供管理服务的宗旨，从资源、作业、流程入手，同时注重系统与基础工作，围绕生产经营活动全程，展开横纵向价值链研究，最终实现企业的健康、持续发展。

（三）成本管理

企业面对日趋强化的资源环境约束，节约资源、保护环境已成为中国乃至全球企业的重要议题，这使得企业成本控制的范围更广、考虑的因素更多、控制的难度也随之增加。企业应当充分运用组织优势，以客户为核心通过内部价值链成本战略、供应链成本战略和顾客价值链成本战略的不断演进，以及成本战略边界的收缩和扩张，将成本理念渗透到企业经营管理的全过程，始终保持成本战略与价值创造的目标高度一致。

成本管理实践在满足项目经费概算、预算、核算、考核四位一体的集成管理，实现战略管理、项目管理、财务管理以及组织责任管理有机融合方面做了有益的探索。产品设计阶段引入设计经济性评审程序，在成本与经济性方面对产品设计进行评审，为设计团队提供产品成本数据，作为数模成熟度升级评价指标体系中的重要指标，设立各类成本数据库，实现信息化成本管控。

（四）业绩评价

绩效考核是企业管理会计重要工具之一。科学有效的绩效考核体系，会对企业业绩的提升起到良好的促进作用，会有效地提高高管层的工作积极性，能使表现优异者赢得更高的地位和利益，使表现落后者有压力和向上的动力，最终促进企业整体价值实现。

绩效评价在中国引导国企改革中有“指挥棒”作用。如何做好绩效考核评价、管理控制、管理者行为的改变，是引导转型的又一重要动力。

政府部门对国有企业的评价环境和方式也影响着企业管理会计体系的建设。在中央和企业中应构建创造型财务思想，这将有助于提升会计的价值创造能力和服务能力。

（五）风险管理

风险无时无处不在。个人和组织的每一个决策都有风险，从日常运营决策到董事会中的基本权衡，风险已经成为人和组织的一部分；有风险并不可怕，可怕的是不会对风险进行管理；组织在创建、维护和实现价值方面依靠风险管理，董事会要做的事是批准战略决策、建立边界、监督执行、确保问责制以及公平性和透明度，管理层要做的是对准战略、流程、人员和报告与技术，以便根据既定的价值观实现组织的使命。财产保险公司根据历史数据重估财险公司在 C－ROSS 体系下的偿付能力充足率指标，建立模型进行实证分析。研究发现，中资民营财险公司的承保和投资风险管理是其核心因素，中资国营财险公司需要着重控制承保风险，外资公司应特别关注交易对手信用风险，所有类型公司均应重视增资、引进战略投资者和发行次级债，提升偿付风险管理水平。

（六）供应链管理

供应链管理应向采购集中化、电商化、阳光化和“线上＋线下”一体化集成服务这一基本模式方向发展，最终实现商品交易全过程的高效、安全与便捷。从战略层面进行供应链集成有助于降低交易成本，对提高预算和成本管理效率也有很大帮助。

清华大学于增彪教授强调供应链与财务流程结合的重要性，特别是基于采购、销售、物流等具体环节的流程结合，将成为降低成本的有效工具。

（七）管理控制

创新是企业可持续发展的核心驱动因素，企业不断加强创新研发投入的同时，也给企业增加了不确定性风险，而加强企业研发活动中的管理控制成为降低企业不确定性风险的有效选择。

基于“流量”为基础的物质流成本会计 MFCA 对企业资源节约战略影响的研究，系统分析了管理控制系统 MCS 与四个控制杠杆 LOC 之间的关联，从中找出相关且突出问题，构造了一个将 MFCA 整合到 MCS 的概念框架，该框架包括五个发展阶段和三项未来挑战。研究指出，MFCA 有助于企业提高资源利用效率，实现可持续发展。

（八）平衡计分卡

平衡计分卡作为一种重要的管理会计工具，在帮助企业应对环境不确定性和战略多变性方面有着重要作用。只有可以计量的绩效才是有意义的，正确使用平衡计分卡有助于企业绩效的提升。高科技企业平衡计分卡成功实施的关键，是将其核心理念与企业特点有效结合。

六、管理会计教育改革与发展

管理会计面临新时代、新要求，管理会计人才能力要素应包含信息获取、处理、运用胜任力、管理胜任力、沟通力、环境适应力、素养与经验。信息技术发展对会计的挑战，提出智能财务向 3 个层面发展，管理会计信息化发展也对本科、研究生教学产生影响。以重庆理工大学 MPAcc 教育为例，其结合大数据智能技术，基于知识转换理论，构建了管理会计人才培养框架模型，从而开启大数据智能管理会计人才能力的培养过程，最终形成人才培养的能力框架。

以《中国管理会计》杂志推进中国特色管理会计建设

《中国管理会计》杂志承载着引领管理会计学术与实务的神圣使命，肩负着提升中国管理会计国际地位的历史重任，怀揣着中国文化全面复兴的伟大理想。自2017年7月创办以来，在相关部门的大力关怀和支持下，凝聚着政府界、学术界和企业界众多人的心血，始终致力于推进管理会计理论和实践的融合与互促发展，服务于企业价值创造力和社会治理能力的提升，助力于中国经济的高质量发展，传递中国声音、贡献中国智慧，开创了中国特色管理会计事业发展的新篇章。

至2018年底，杂志中文版已出版发行了6期，英文版也即将出版。来自学界和业界的34位顶端人士组成的强大编委会怀着强烈而神圣的事业使命感，精心组织好每一期的内容和文章，赢得了国内外广大读者的信心和信任。

《中国管理会计》杂志编委会主任、中国总会计师协会会长刘红薇提出：《中国管理会计》杂志将努力成为一个“五位一体”的平台：体现中国特色的“政、产、学、研”融合平台；企事业单位的借鉴交流平台；中国管理会计体系理论实践创新的发布平台；为企事业单位答疑解惑的咨询平台；中外同业同行咨询交流学习的分享平台。以“五位一体”的平台为目标，以财政部管理会计的顶层设计为引导，文章涵盖管理会计制度建设、理论前沿与实践创新。既发出学界和业界各自的声音，又鼓励学界和业界联合创作，从而使管理会计的学术研究导向和关注点能够适应并助力企业管理实践的需求和演变并与之发展趋势相向而行，而企业管理实践又能够为学术理论提供实证研究的素材和证据，推动并促进学术研究的导向和成果；真正有效有力地链接了理论与实践，推动“政产学研”融合互促发展（见图1）。同时，为深化平台功能，《中国管理会计》杂志通过举办或参与举办管理会计论坛、沙龙、研讨会等活动，积极推动中国管理会计体系的立体化、多元化建设和发展，充分发挥“政、产、学、研”共振效应。

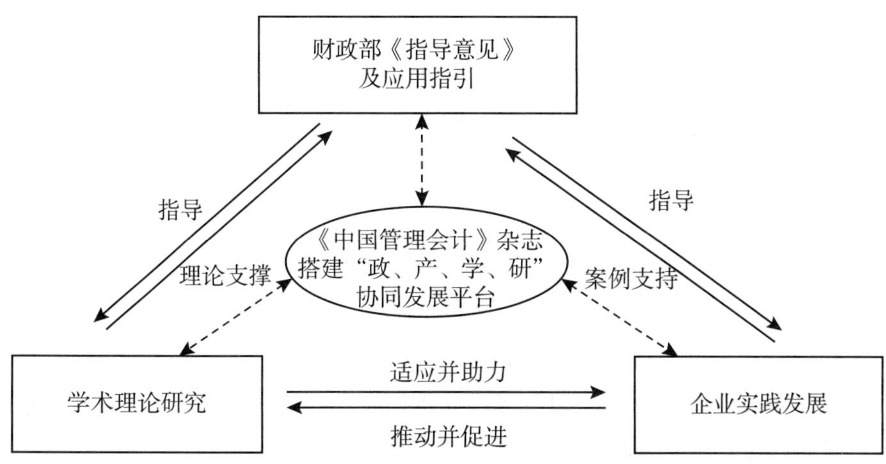

图1 《中国管理会计》杂志推动“政、产、学、研”协同互促发展

一、精选每期主题和文章，引领并链接管理会计学术与实务，推动“政、产、学、研”协同发展

杂志每一期的主题和内容都由编委会精心选定与组织，涉及制度建设、战略制定、运营流程管理、投资决策、绩效评价、商业模式创新、新技术的运用等各方面。既体现国内外管理会计领域最前沿的理论研究课题和研究成果，又分析管理会计工具方法在中国场景应用的真实案例，对其进行总结、提炼和升华，从而对管理会计学术与实务发挥引领作用，推动理论与实践的融合发展。

（一）创刊号：中国特色管理会计的顶层设计和未来思考

《中国管理会计》杂志第1期也是创刊号，围绕中国特色管理会计的未来发展，汇集了政界、学界、业界不同的声音。时任财政部部长肖捷在创刊号撰文提出：要加快构建中国特色管理会计体系，希望《中国管理会计》杂志成为中国管理会计制度建设、实践探索、理论研究、学术交流的重要“平台”和“窗口”。中国总会计师协会也要充分利用组织体系、人才资源、社会认同等方面优势，为提高中国管理会计总体水平和国际影响力发挥积极作用。杂志总顾问、财政部原部长楼继伟在发刊词中表示：《中国管理会计》正是为中华文化全面复兴组成部分的中国管理会计制度建设与完善，提供包括顶层设计、制度建设、系统框架、难点突破、技术创造、经验分享、成败案例、国际前沿等诸方面的交流平台，从而对中国管理会计学术与实务发挥引领作用，成为国际上考察中国管理会计发展状况的主要窗口。杂志编委会主任刘红薇和执行主任许定波撰文《以〈中国管理会计〉推进中国特色管理会计的建设》。著名管理会计大师卡普兰教授特别为创刊号撰写的文章《管理会计在中国的发展机遇》，提出了中国管理会计未来发展需要关注的五大挑战：人力资本、战略执行、成本管理、风险管控、增长与公平。上海国家会计学院李扣庆院长和郭树清教授认为价值量、信息化、智能化、全球化和经济新常态是管理会计发展的驱动力，未来管理会计将更重视过程、技术、企业内部和外部，更关注塑造未来和价值发现。兵装集团、海尔集团等企业结合自身管理会计成功应用的创新实践，总结了具有中国特色的创新经验，探讨未来管理会计将如何进一步助力企业价值创造。此外，复旦大学吕长江教授基于案例分析了企业战略投资者的选择问题。

（二）第二期：预算管理的理论与实践

预算既是一种管理工具，也是一套系统的方法。建立科学的预算管理体系既是建立现代财政制度、推进国家治理体系和治理能力现代化的重要举措，也是推动企业建立完善现代企业制度、增强企业价值创造力的制度安排。

杂志第二期正是围绕预算管理展开。时任第十二届全国人大财政经济委员会副主任委员黄奇帆在《地方政府财政管理应遵循的基本原则》中指出，地方政府的一般预算财力支出要量入为出、收支平衡，不能搞透支，更不能搞赤字财政。本期还刊登了时任财政部部长助理赵鸣骥为本刊所写的专稿《深入推进管理会计发展　积极促进会计转型升级》，时任国务院国资委总会计师沈莹的文章《管理会计在供给侧结构性改革中大有可为》。

北京工商大学副校长谢志华探讨了整合预算的内涵原理和实现路径，并结合际华集团的具体实践，证明了整合预算通过对企业战略、组织、流程、作业、岗位和信息等业务体系的重新设计与再造，使企业预算落脚到企业的生产经营与未来发展上，有力支撑了企业的战略决策。重庆长安工业公司以基本的预算管理理论为依据，立足实际，不断探索出一套行之有效的全面预算管理体系，并以此为载体，构建以业财融合为核心的管理会计体系，提升了管理会计的价值创造能力。此外，中化集团公司董事长宁高宁发表了题为《加强管理会计体系建设　提高企业决策效率》的文章，中国工商银行行长谷澍发表了题为《管理会计助力银行业实现战略发展》的文章。

（三）第三期：金融企业的管理会计应用

金融业是经济社会运转的加油站。从企业改革和运营视角看，金融业与其他产业同样面对或惊心动魄，或细微润雨的复杂环境，同样经历着重组上市、产品创新、产业生态改变、内部控制和风险管理态势严峻等多方面艰难。在努力克服困难、冲出险境的过程中，管理会计为金融企业推进精细化管理、全面提升管理水平助力显著。

财政部于 2016 年启动金融企业管理会计应用课题研究。经政府采购公开招标，王鹏程审计师牵头承担该项课题，在开展研究工作过程中，课题组联合多家大型金融企业的管理会计负责人，以及多所院校专注于管理会计研究的高校教授，对从实务层面建立金融企业管理会计应用的实践规范进行有益探索。本期杂志围绕这一主题，选登了项目组完成的部分研究文章，涉及商业银行、保险公司、企业集团内部财务公司的业财融合、成本管控、预算考核、客户价值分析等管理会计在实践中的运用。同时，本期也刊登了中国人保集团 CFO 周厚杰与对外经济贸易大学教授汤谷良从企业管理会计的角度，深刻解读和剖析习近平总书记十九大报告的讲话精神，探讨金融国企如何推进全面预算制度和全面实施绩效管理，以促进我国经济的高质量发展。

（四）第四期：成本管理如何助力企业战略

无论在学术界还是企业界，成本管理都是广受关注的管理会计的一个重要领域，管理会计大师卡普兰教授在杂志创刊号中特别提到成本管理是中国管理会计发展的一项机遇和挑战。成本管理是贯穿企业经营和管理活动的一项综合性关键职能，对于提升财务绩效、打造核心竞争力与服务企业战略决策具有不可忽视的重要作用。本期主题是探讨成本管理如何助力企业的战略。腾讯公司副总裁郑润明先生和厦门大学郭晓梅教授以对话形式探讨了互联网公司包括成本、绩效、预算等管理会计实践对公司发展战略的支持作用。来自于德勤咨询的阿吉拉尔（Aguilar）和沃顿商学院的伊特纳（Ittner）教授共同分析了数字时代的成本管理已成为促进企业成长的重要战略举措。他们认为随着数字创新技术的出现，新一代成本管理解决方案为企业降低成本、提高利润率搭建了一个全新的平台，为那些具有行业颠覆性的业务模式创新提供支持，助力企业的战略决策。北京大学的陈磊教授与美国福克斯商学院的班克（Banker）教授合作对战略视角下的成本管理进行了研究。他们认为战略视角下的成本管理概念要考虑企业战略定位、价值链活动和全链条成本管理三者之间的适应性和融合性，以助力企业战略和可持续性成长。中央财经大学的刘俊勇教授结合某医药公司的案例，构建了着眼于公司战略的成本管控系统。同时，某快递企业介绍了以作业成本管理为基础的快递企业大数据成本管理的决策应用。重庆长江电工集团对标准成本管理在战略决策中的深度应用也为我们提供了来自实务层面的启示。

（五）第五期："大智移云"时代的管理会计探索

在国家工业互联网战略和企业数字化转型背景下，以"大智移云"（大数据、人工智能、移动互联网、云计算）为特征的新一代信息技术将颠覆企业的管理模式和商业模式，改变企业的会计核算、财务管理生态，以财务智能化为基础的共享服务中心或智能决策支持系统将成为财务转型、管理会计变革和实现"业财一体化"的主要研究领域之一。本期文章正是据此展开。共享服务中心基于流程再造和IT系统整合，服务于业财融合、内部控制、绩效评价、管理会计报告、战略决策、商业模式，等等，助力企业战略一体化，实现管理会计助力企业增加价值的目标。

本期文章《云共享平台下智能决策支持系统的构建》基于管理会计的视角，从理论上探讨了云共享平台下构建智能决策支持系统的初步架构，对智能决策支持系统的理论研究和实践应用具有一定的借鉴意义。中国铁塔公司联合上海国家会计学院、浪潮通用软件公司共同完成《中国铁塔的数字化建设和运营之路》，阐述了中国铁塔公司如何以物联网和在线商城实现数字化财务，并总结了公司在业财融合、成本核算等方面的数字化建设成效。学界与业界合作推出的另一篇关于公司管理会计信息化实践的文章，结合公司自身的创新实践，总结出公司管理会计信息化与业财融合、绩效考核的实施经验，具有一定的参考价值。西安交通大学的田高良教授以美的集团为例，探讨了数字化时代商业模式转型过程中，基于价值管理的迭代创新，为我国企业智能制造的发展提供了有益的借鉴。随着管理会计报告对企业战略决策作用的重要性日益凸显，杂志也刊登了学者对于数字化时代管理会计报告建立的一些思考。

（六）第六期：新销售中的管理会计应用

受消费升级、数据驱动以及渠道边界融通等多因素的影响，传统的销售场景正经历着巨大冲击，中国的销售行业迎来了“线上＋线下＋物流”深度融合的新销售时代。在新销售时代的浪潮下，管理会计如何帮助企业进行精准、高效的战略决策，持续助力用户价值和企业价值的提升，是学界和业界共同关注的话题。本期杂志对这一主题进行了相关探讨。新经济体京东集团探讨了管理会计如何助力“无界零售”战略及商业价值创造。“无界零售”的根本驱动力是消费的变化和技术的创新。从管理会计机制设计的视角来说，正是交易成本的降低和信息技术的日新月异使得原有的零售场景发生改变，企业或行业的边界越来越模糊，产生了“无界零售”这一新的零售业态。京东一直探索管理会计与大数据、AI等新技术的结合，使得管理会计能够在成本管控、效率提升、价值评估等方面更好地支持创新型业务的发展，实现在预算管理、经营分析和组织绩效考核等方面的创新。传统产业华新水泥的“鼠标＋水泥”，探索业财融合，打造水泥行业首个电商平台，积极促进财务人员向决策支持及价值管理转型，使企业成功融入“大智移云”时代，实现数字化转型。中山大学刘运国教授基于腾讯的案例分析，探讨了互联网平台商业模式对企业绩效管理的影响研究。腾讯建立的结果导向型的KPI考核模式和全面认可的激励机制，有助于加速企业产品迭代升级、拓宽企业业务范围、提高企业的盈利能力。海尔构建的“以社群经济为中心、以用户价值交互为基础、以诚信为核心竞争力”的社群生态平台，实现了企业价值的爆发式提升，并形成了生态自扩展、引力自强化的共创共赢生态圈。专题之外，本期还对管理会计创新予以特别关注。南京大学的杨雄胜教授等学者与国家电网江苏电力公司合作，探索性地提出了企业创新管理会计基本框架：与开放式创新适应的商业模式价值管理会计，与渐进式创新适应的创新增长价值管理会计，以及创新管理会计的基础：智力资本管理会计与创新能力管理会计。

二、参与举办论坛和专题研讨会，深化平台功能，发挥“政、产、学、研”共振效应

为充分发挥杂志“五位一体”的平台功能和“政、产、学、研”共振效应，

促进中国特色管理会计理论研究与企业实践的交流、学习和分享，《中国管理会计》杂志举办了以“探索发展·创造价值”为主题的论坛，以“推动管理会计发展　服务经济转型——漫谈管理会计‘学术与实践’”为主题的研讨会，并参与举办“2018 中国管理会计论坛”，承办“中国管理会计沙龙”等活动。

（一）举办“探索发展·创造价值”论坛

2017 年 7 月 30 日，《中国管理会计》杂志创刊暨“探索发展·创造价值”论坛在北京举行。创刊会上半场，来自财政部、国务院国资委和国家新闻出版广电总局等相关部门的领导提出加强中国管理会计顶层设计，以《中国管理会计》杂志为依托，推动理论研究和实践发展，提高中国管理会计的总体水平和国际影响力。创刊会下半场举办了“探索发展·创造价值”主题论坛，来自学术界和企业界的嘉宾围绕中国特色管理会计的理论框架的构建和实践的推进展开研讨。

论坛分为两场，分别由《中国管理会计》主编、北京大学王立彦教授和《中国管理会计》编辑总监、南京大学杨雄胜教授主持。第一场论坛上，来自学界和业界的嘉宾共同探讨了在财政部顶层设计引领下，管理会计的未来发展以及在企业价值创造中的作用。财政部《指导意见》和应用指引系列文件的发布，标志着中国管理会计体系建设的重大突破，为各单位应用管理会计工具方法提供了有力指导。未来，管理会计将深入参与到企业价值创造的全流程，从战略到机制，到价值的衡量、再到文化的全过程。管理会计人员要树立价值创造的理念，充分利用新技术，进行大链接，创造大价值，这不仅仅对于一个企业、一个行业，甚至对整个社会将产生巨大的驱动作用。

第二场论坛上，嘉宾们探讨了管理会计未来的发展要关注不同性质企业之间的差异以及管理会计创造价值的手段。管理会计体系是一个动态的、不断完善的过程，要与时俱进，根据战略因时而变、不断优化升级；要不断总结规律，完善管理会计；要适应国际化的趋势，积极应对科技的发展。对于管理会计，民营企业、国有企业、外资企业的关注点各有不同，未来要探索和发现不同企业之间的差异。既要深化管理会计传统的研究领域，也要拓展新领域，关注新经济、新业态对管理会计提出的新挑战。管理会计的本质是提供信息，要创造价值，必须先要把信息转化成资产。

《中国管理会计》杂志为学术界和企业界提供了学习和互动的平台，基于这一平台总结中国企业特有的商业模式，结合新技术、新理念，将商业模式变得更好，提升企业竞争力。

（二）举办“推动管理会计发展 服务经济转型——漫谈管理会计‘学术与实践’”专题研讨会

为进一步推进中国特色管理会计发展，促进理论与实践深度融合，服务中国经济转型升级，《中国管理会计》杂志于2017年11月24日举办了“推动管理会计发展 服务经济转型——漫谈管理会计‘学术与实践’”专题研讨会。研讨会由杂志编委会主任、中国总会计师协会会长刘红薇主持。时任兵器装备集团公司副总经理、总会计师李守武在致辞中表示，兵装集团在财政部的领导下，结合实际，从2012年起全面启动管理会计体系建设，有力支持了集团公司发展。他介绍了兵装集团的管理会计体系建设情况和特色，谈到了管理会计体系建设的几点体会：一把手的重视和量化管理理念、注重挖掘企业管理会计应用的内升动力、让管理会计工具成为经营决策的必备前置工具、管理会计报告是促进管理会计应用的直观展示、人是使管理会计应用更有效的最终体现。

杂志总顾问、原财政部部长楼继伟同志发表主旨演讲。楼继伟同志以管理会计为线索讲了三个问题：一是企业的边界；二是CFO的使命；三是如何当好CFO。楼继伟同志提出，企业边界的理论和应用实践表明企业在市场竞争中的发展变化具有一定的规律，发现并遵循这些规律，适时适度调整完善企业管理是企业总会计师（首席财务官）的职责。企业总会计师、首席财务官要运用管理会计，进行成本收益和风险分析，通过设计有效的激励机制，降低信息获取难度，提升资源配置效率，从而增强企业竞争力。而要履行好这项职责，需要具备“大视野”，即对所有能够产生价值的要素都要研究、掌握并加以运用；需要具备“长视距”，即从“往后看”中“向前看”，寻找最适合的企业边界；需要学会运用激励，能够设计出促使信息真实化的激励机制，以防范道德风险；还要具备“宽视角”，不仅通晓企业自身情况，也要熟稔外部环境，并根据外部环境的变化及时做出反应和必要的调整。

杂志编委会执行主任、中欧国际工商学院教授许定波做了专题演讲。许教授讲到了管理会计要解决决策权的分配、员工的考核与激励机制等问题，以帮助企业提高决策效率，创造更多的价值。许教授分析了西方和中国企业激励机制的实践和创新。西方企业普遍使用的股权激励有助于企业管理层与所有者的长期利益一致化，但成本过高，容易诱导管理者冒险且受资本市场噪音的影响较大。近年来中国企业探索出一些符合中国经济特点且具有股权特征的激励机制，如海尔的“人单合一”模式，这些创新有助于降低机会成本的损失，有利于长期的价值创造。许教授还特别提到了《中国管理会计》杂志作为理念和实践经验交流的平台，一定能够大力推动管理会计在中国的发展。其他与会专家也就如何推动管理会计发展广泛交换意见，大家普遍认为，管理会计需要创新并且必须加速转型升级，管理会计已经积累了大量成熟的理论工具和案例，应将这些成果加以总结提炼升华，加速在中国企业的推广应用。

进入新时代，中国经济已由高速增长转向高质量发展阶段，中国管理会计将全面助力于经济改革的深化和国民经济的高质量发展，肩负着发展中国特色管理会计事业使命的《中国管理会计》杂志任重而道远。未来，在政府相关部门的指导下，在社会各界人士的关心下，《中国管理会计》杂志将继续发挥好“五位一体”的平台作用，积极引领和链接管理会计学术与实践发展，充分展现中国文化的深厚底蕴，为全球治理能力的提升和世界经济的高质量发展贡献中国智慧！

第二篇 指引应用

为贯彻落实财政部《关于全面推进管理会计体系建设的指导意见》，推进管理会计指引体系建设，提升单位管理会计工作水平，2015年开始，财政部组织全国学术界和实务界管理会计领域科研力量，形成产学研团队，以管理会计专项课题形式，开展专题研究。在充分利用管理会计课题研究成果、广泛调研的基础上，财政部印发了《管理会计基本指引》和《管理会计应用指引第100号——战略管理》等34项管理会计应用指引系列文件，总结提炼了企业普遍应用且较为成熟的部分管理会计工具，以指导单位管理会计实践。

在应用指引系列文件的指导下，理论界和实务界掀起了对管理会计工具方法的研究和应用热潮，本着“管理会计在管理中的应用”这一理念，围绕战略管理、预算管理、成本管理、营运管理、投融资管理、绩效管理、风险管理等领域，各行业、各类型单位都在不同程度地开展管理会计工具方法的应用实践，将管理会计的工具方法创造性地与企业管理实践相结合，最大化地创造价值。例如，海尔集团对战略管理工具的运用，中国有色集团对预算管理工具的运用，中航工业成都飞机工业公司的价值链成本管理方法，重庆大江工业营运管理方法的应用，等等，都对提升企业管理水平，增强综合实力和竞争优势意义重大。从行业运用情况来看，金融行业、工信领域以及以医院为代表的行政事业单位，对管理会计工具方法的运用走在了前列，提升了行业整体的创新水平和管理能力，促进了供给侧结构性改革和经济转型升级，有利于推进国家治理体系和治理能力的现代化。

我国的管理会计应用指引立足于管理会计实践并服务于单位管理会计应用，是一套系统的、完整的体系架构。这在全球管理会计领域具有开创性，是中国特色管理会计体系的具体体现，有助于提升我国在全球管理会计领域的影响力和话语权。同时，管理会计指引体系在单位的运用，拓展了管理会计的研究领域，提升了管理会计应用水平，对于管理升级和增强价值创造力都具有极其重要的现实意义。

战略管理与应用*

姜君臣　王　满

财政部《管理会计应用指引第 100 号——战略管理》将战略管理定义为“对企业全局的、长远的发展方向、目标、任务和政策，以及资源配置做出决策和管理的过程。战略，是指企业从全局考虑做出的长远性的谋划”，并将企业战略管理分为五个阶段：战略分析、战略制定、战略实施、战略评价和控制、战略调整。

一、企业战略管理概况

当前，经济全球化趋势势不可挡，各国经济的对外开放程度、相互依存度、市场自由化程度都越来越高，各国企业之间逐渐实现信息的高速共享，跨国公司扩张势头猛烈。在这样的背景下，竞争已经不再是单纯的产品和技术的竞争，更多的是对规则制定和参与程度的竞争。企业只有提高战略竞争力才能保证企业的可持续发展。进入 21 世纪以来，管理会计已发展到强调战略性价值创造的阶段，对管理会计工具的战略相关性的要求越来越高。

财政部发布的《管理会计应用指引第 100 号——战略管理》中提到，“战略管理领域应用的管理会计工具方法，一般包括战略地图等。战略管理工具方法，可单独应用，也可综合应用，以加强战略管理的协同性。”因此，企业应尽早结束以往粗放落后的产销运营模式，基于战略视角，将多种管理会计工具进行整合，以对企业所有资源和耗用资源的活动进行管理，在管理会计工具应用的过程中不断优化企业战略和业务目标，以便更好地应对经济全球化带来的压力。

---

* 根据东北财经大学会计学院姜君臣、王满提供的稿件资料修改整理。

二、企业战略管理的五个阶段

（一）战略分析

战略分析包括外部环境分析和内部环境分析。企业进行环境分析时，可应用态势分析法（Strength，Weakness，Opportunity，Threat，简称 SWOT 分析）、波特五力模型和波士顿矩阵等方法，分析企业的发展机会和竞争力，以及各业务流程在价值创造中的优势和劣势，并对每一业务流程按照其优势强弱划分等级，为制定战略目标奠定基础。

（二）战略制定

战略制定是指企业根据确定的愿景、使命和环境分析情况，选择和设定战略目标的过程。企业可根据对整体目标的保障、对员工积极性的发挥以及企业各部门战略方案的协调等实际需要，制定战略目标。

（三）战略实施

战略实施是指将企业的战略目标变成现实的管理过程。企业应综合使用战略地图、价值链管理等多种管理会计工具方法，将战略实施的关键业务流程化，并落实到企业现有的业务流程中，确保企业高效率和高效益地实现战略目标。

（四）战略评价和控制

战略评价和控制是指企业在战略实施过程中，通过检测战略实施进展情况，评价战略执行效果，审视战略的科学性和有效性，不断调整战略举措，以达到预期目标。

（五）战略调整

战略调整是指根据企业情况的发展变化和战略评价结果，对所制定的战略及时进行调整，以保证战略有效指导企业经营管理活动。战略调整一般包括调整企业的愿景、长期发展方向、战略目标及其战略举措等。

三、战略管理视角下的管理会计工具整合应用框架

管理会计工具整合的实质是对企业所有资源和耗用资源的活动进行管理，管理会计工具整合应用的过程就是要不断优化企业战略和业务目标。因此，战略管理视角下对管理会计工具整合应用就是要在战略管理的不同阶段，发挥管理会计工具的协同作用，更好地为战略落地服务。

（一）战略分析阶段

在战略分析和制定阶段，企业需要对愿景进行细化，再通过态势分析法、波士顿矩阵分析法和波特五力模型对企业的内外环境、优劣势进行分析推导，最终制定战略。在这一阶段，企业可结合平衡计分卡（BSC）的使用，形成企业在财务、客户、内部运营流程和学习与成长四个层面的战略目标。

（二）战略制定阶段

战略目标确定之后，就应该转向研究如何实现企业的战略目标。首先，企业可以运用战略地图来描述和梳理企业战略。战略地图提供了一个企业内部运行的因果关系链，能够体现出企业的战略驱动性，能够描述企业价值的创造过程。如企业为了实现利益最大化的需求，财务层面需要提供什么，而为了满足财务层面的需求，需要为客户提供什么，为了满足客户的需求内部运营流程应该提供什么，内部运营流程层面需求的满足又需要学习与成长层面提供什么。结合平衡计分卡制定各层级的战略目标后，再利用战略地图对各层面的关键驱动因素进行因果关系的分析，最终描绘出企业战略目标的实现路径。其次，企业应该考虑战略执行的可衡量性。可以利用 BSC 来对企业战略实施情况进行定量描述。将战略落实到量化层面，制定可衡量的指标，最终形成各层级的平衡计分卡。在这一阶段，可以将经济增加值（EVA）与平衡计分卡整合使用，作为财务层面的指标。

（三）战略实施阶段

这一阶段的主要目的是使公司的战略转化为实际的行动。在这一阶段应将平衡计分卡与全面预算管理整合，根据制定阶段分解好的各层级的战略指标来配置相应的战略资源；同时将作业成本法（ABC）应用于平衡计分卡的内部流程层面和客户管理层面。企业应将作业成本法与全面预算管理整合，除了能够提供精确的成本信息，还有利于识别增值作业和非增值作业，识别有价值的客户群，控制并降低客户成本，还能够进行责任的追溯与管控。例如，企业为了实现战略指标，需要采取相应的作业计划，落实相应的责任人，同时，根据预算分配资源时，可以将预算落实到相应的责任人，这有利于保障战略的顺利执行，也为战略评价和控制提供了便利。

（四）战略评价和控制阶段

战略评价和控制阶段主要就是对战略执行的情况进行评价和控制。为了保障战略管理的有效性，必须追踪企业战略在具体实施过程中的进展。企业可以结合战略实施阶段设定好的战略目标，利用平衡计分卡、绩效棱柱模型、关键绩效指标法（KPI）制定考核指标，确定考核指标的目标值、完成值和自我评价、初评和终评等情况，确保评价的客观公正性，并实时地跟踪和反馈指标完成情况，通过战略指标的完成情况来对部门和个人进行绩效考核，对相关责任人和责任部门进行奖励或追究责任。在战略评价与控制阶段，全面预算管理也可以发挥预算考核、预算控制的作用，根据战略预算执行的情况来对相关责任部门和责任人进行考核。

（五）战略调整阶段

企业战略目标制定后不是亘古不变的。企业内外部环境随时会发生变化，战略制定者的经验也具有局限性，因而管理层很难预先判断企业现有的资源条件和战略在未来环境中的表现，所以就需要结合实际情况进行战略调整。企业应通过定期召开部门内部的运营回顾会议、部门领导间的战略回顾会议和公司管理层的战略规划会议，来了解企业的运营情况和战略的执行情况，并结合内外部环境的变化和企业战略评价结果对战略给予合理的调整，控制企业始终在战略的轨道上。

四、海尔集团：战略管理视角下实施管理会计的经验与借鉴①

1984 年，海尔集团的前身青岛电冰箱总厂在青岛挂牌成立。历经三十余年的发展，海尔从一家名不见经传的地方小厂逐渐成长为全国乃至世界最大的家电生产制造企业。海尔集团在不同的发展时期，采取了不同的发展战略，具体可以划分成五个阶段：

（一）品牌战略阶段（1984～1991 年）

该阶段是海尔集团创立的初期，主要通过聚焦于产品质量和卓越的生产来塑造品牌形象，从而实现其品牌战略。

（二）多元化战略阶段（1991～1998 年）

该阶段海尔集团已经在国内冰箱市场取得了成功和领先，因此开始了多元化发展战略，将产品线从冰箱迅速扩展到冷柜、空调、洗衣机等，将其业务全面开展到家电行业的各个产品领域。

（三）国际化战略阶段（1998～2005 年）

通过多元化战略，海尔集团取得了国内家电行业的领先地位，紧接着开启了海尔的“三步走”国际化战略，即走出去、走进去、走上去。

（四）全球化战略阶段（2005～2012 年）

该阶段海尔集团提出了品牌全球化的发展目标，提出“人人成为战略业务单

① 刘典骥：《海尔集团管理会计工具整合问题探讨》，江西财经大学博士论文，2018 年。

元（SBU）”，提出“人人都是首席执行官（CEO）”的发展理念，建立了以自主经营体为单位的运营管理体系。

（五）网络化战略阶段（2012年至今）

在大数据、云计算、物联网背景下，海尔集团于2012年正式开启了网络化转型的大门。为了配合并推进战略的变革，海尔积极并及时推进内部层级的扁平化变革。这种扁平化层级的基本单元便是自主经营体，其优势是能够对市场的变动进行快速响应，从而更快地发现消费者的需求并及时地满足，更好地为消费者创造价值。与此同时，在此基础上，海尔对“人单合一”管理模式进行了积极的探索和深化，并且对其开展了一系列创新和升级。

具体而言，海尔集团首先以财务共享为依托，通过价值链管理和作业成本系统的整合，构建“全流程”经营体，提高组织运行效率，提升管理信息的价值，辅助战略的实施。其次，为实现顾客、职工和企业的三方共赢，让每个人都清楚地知道自己应该实现的价值，并公平地获得属于自己的报酬，海尔通过将全面预算管理和标杆管理整合在一起，并融入自主经营体，建立起了“全员式”管理会计体系。最后，为了让客户目标与业务单位直接挂钩，海尔集团基于“全流程”经营体和“全员式”管理会计，创建“人单合一”管理模式。“人”就是员工，“单”表面上是订单，但归根结底是客户目标，因此这个管理模式就是把这两者进行挂钩，形成统一的整体。其倡导的是个体的主观能动性，员工从传统的企业业务活动承担者转变为业务的决策者和开拓者。“人单合一”管理模式确保了对市场的反应速度和信息的精确度，能够更为准确地把握客户目标，摒弃了传统的信息沟通流程，使得决策更为灵活、有效。

上述每一个新模式诞生的基础都是管理会计工具的整合应用，海尔集团将不同时期的发展状况和管理会计工具的整合效应相结合，创造出符合自身实际情况的管理模式。在整合的过程当中，将一个个较为抽象的战略转化成了实际行动，通过创新的管理模式，落实在企业每一天的经营管理当中，这也符合战略管理会计发展的理念和要求。由此我们可以看出，管理会计工具的整合也是实现战略管理的途径和手段。

五、总　结

随着企业之间的竞争日趋激烈，为了在竞争中谋求生存和发展，获得有利的竞争地位，企业必须不断提升核心竞争力。而核心竞争力的提升，不仅要求企业提高技术水平和产品质量，还要确立符合自身发展情况的管理模式，提升企业内部管理水平。

通过对战略管理应用框架的分析以及海尔创新管理模式的介绍发现，企业进行有效的战略管理首先要根据不同的发展阶段选择合适的企业战略，换句话说，也就是企业的战略需要适应不断变化发展的内部和外部环境。其次，企业应当在战略管理过程中建立起一套战略信息反馈机制，能够将战略实施过程中产生的问题，以及取得的进展，及时反馈给决策层，使企业能够对竞争激烈以及变化发展的环境做出及时反应，适应发展的要求。最后，企业应通过管理会计工具的应用，将战略管理转化为现实行动，以战略为核心，正确选择发展方向、占据最具有吸引力的竞争位置，协调企业经营过程中的各项工作有序完成，提高企业管理水平，保证企业的可持续发展。

预算管理与应用*

刘凌冰

财政部《管理会计应用指引第 200 号——预算管理》将预算管理定义为“企业以战略目标为导向，通过对未来一定期间内的经营活动和相应的财务结果进行全面预测和筹划，科学、合理配置企业各项财务和非财务资源，并对执行过程进行监督和分析，对执行结果进行评价和反馈，指导经营活动的改善和调整，进而推动实现企业战略目标的管理活动。”

一、企业预算管理概况

中国企业的预算管理发展经历了计划经济时代特殊全面预算、责任成本核算、财务预算等发展阶段，逐渐突破以内部生产为主的模式，向基于战略的全面预算管理层次迈进。但是，调查显示，全面预算管理的实施效果在不同企业差异较大，整体水平偏低。2011 年，国务院国资委在《关于进一步深化中央企业全面预算管理工作的通知》指出，虽然很多中央企业已经实施预算管理很多年，但是“部分企业现有的预算管理模式难以适应企业快速发展的需要”。紧接着在 2012 年，国资委又下发《关于中央企业开展管理提升活动的指导意见》，要求中央企业加紧推进全面预算实施进程，提升企业整体管理水平。

二、基于战略决策和管理控制的预算管理体系

2014 年以来，随着管理会计的推广，越来越多的企业预算管理逐步演进为

---

* 根据东北财经大学会计学院刘凌冰提供的稿件资料修改整理。

企业战略支持工具，全面预算管理体系日臻完善并逐渐形成有效闭环，多元化实现业务财务融合预算系统也逐步成为企业协调资源和经营决策的重要平台和信息来源。

（一）预算管理逐步演进为企业战略支持工具

管理控制系统是对企业战略实施的规划，全面预算管理是对上述规划的会计语言描述。研究发现，中国企业预算管理实施通常存在四个发展阶段，分别是预算管理植入阶段、预算管理与管理控制系统融合阶段、预算管理向业务纵深层次扎根阶段和预算管理成为战略支持工具阶段。每一阶段的促发因素、建构过程以及企业的内外部情境之间具有高度的适配性和相关性，预算管理功能也是“由浅入深”和“由简单到复杂”逐渐地发挥出来，从简单控制到控制与决策，再上升到支持战略落地，逐步实现了以往学者提出“企业预算目标与企业的竞争策略选择直接挂钩，通过多元的与战略更加匹配的预算目标体系来编制全面预算和锁定报表结构”的实践操作。

例如，神华集团的预算管理已经逐步从最初的照搬模仿演进成为企业战略落地的有力支持工具。集团预算编制过程加入了预算对计划的复核，即基于计划测算关键价值指标，将结果与战略目标比对，如不达标则可调整计划，以实现计划与集团战略的匹配。

（二）预算体系逐渐完善实现闭环管理

在全面预算管理体系设计中，由以往强调预算编制，逐渐发展成多层级目标引导下的闭环管理控制体系。以战略为导向，通过目标设定、实际执行、执行结果与目标对比、原因分析、考核激励等环节，引导和控制员工沿着企业期望的轨道前进，促使全员协同努力。

例如，国家开发投资集团有限公司利用信息化预算系统，提高了预算数据收集、指标测量、信息反馈、预算报告编制及整合过程的效率和效果，实现了“分业务、多维度”地从定额到考核的闭环预算管理体系的构建。其预算系统由“长期规划—三年滚动预测—年度目标预测—年度预算—季度预测—预算分析—预算调整—预算考核—目标检测与调整”组成，实现了企业战略目标、长期规划、年度目标、季度目标等多层级目标的有效衔接。

（三）预算系统逐步成为企业协调资源和经营决策平台

任何战略的实施都是以耗用资源为代价的，同时，资源的有限性也是所有企业都要面对的客观现实。因此，企业战略的实施可以概括为在资源有限的约束条件下，寻求战略目标实现程度最大化的过程。全面预算管理作为一种管控工具，可以紧紧围绕战略目标对资源进行统筹配比安排，协调整体与部门之间、各利益主体之间的目标冲突，从而实现资源的优化配置，提高管理效率。

例如，厦门航空将战略管理、资源与预算管理和绩效管理三大职能有机整合，建立“战略—资源—绩效”（SRP）战略管控体系，通过财务参与战略规划，从源头上引领公司价值创造的方向。同时，厦门航空还通过精细化资源配置模型，精细编排经营计划，不断提高飞机、飞行员等核心资源的利用效率，实现资源的高周转效率。

（四）预算方法多元化实现业务财务融合

以往预算管理主要以年度预算为核心，近年来随着业务指导需求的提升，滚动预算的应用范围逐渐加深加宽。企业的预算体系逐步树立以业务导向的构建思想，实现价值链与业务链的深度融合。通过业务系统和预算系统的整合，从业务维度编制预算，加强财务预算与前端业务之间的关联性，打破业务与财务之间的部门壁垒，实现预算的价值量与业务指标之间的融合，提升预算编制的参与度，保证其编制的科学性和精益性。

例如，中国有色集团已经建设了全业务流程预算管控平台，形成了涵盖各个业务板块、各个专业部门、各个预算环节的全面预算管理体系。其主要做法：一是实现业务财务数据的一体化计算。在预算编制中着重对基础业务数据的测算，再通过固化业务数据到财务报表间的计算逻辑，从而自动计算生成财务报表数据。二是加强预算执行分析。采用本量利分析法，研究成本、产量（销量）和利润之间的内在联系，进行预算执行分析。三是通过信息化手段固化流程。结合信息化手段，在全面预算管控平台中分别设置了投资、采购、生产、销售、人事、财务等不同部门、不同岗位、不同职责权限的账号以及对应明确的职责权限。

（五）预算管理与风险控制逐渐融合

预算管理可以发挥风险控制的作用，是内部控制活动要素中的重要组成部分，将预算控制与该要素内其他控制活动进行系统整合，可实现对全面预算管理执行的有效控制，互动配合，形成合力。例如，可将预算控制与授权审批控制结合在一起，通过事先制定权限指引的方式对预算内、超预算、预算外等事项的审批流程做出明确规定，从而避免预算执行随意的现象出现，提升预算执行的刚性与严肃性。通过构建由常规预算报告、重点事项披露报告和突发事件紧急报告组成的报告制度，以实现对预算结果的全面及时的反馈、分析与沟通。

在现代市场竞争环境中，企业的生产经营活动面临着极大的风险，预算的执行难免会出现偏差，就需要对偏差进行分析和监控，需要借助风险管理工具对预算执行中可能出现的风险进行监控和防范。实践中，一些企业将预算目标管控机制与财务预警制度相结合就是一种做法。

例如，中铁大桥局集团有限公司按照预算偏离度设置预警风险等级和范围，实现了对预算偏差的严密监控和对风险的有效防范。

（六）IT 系统支持下的预算管理平台

任何管理活动都是一个对信息进行收集、挖掘、分析和运用的过程。全面预算管理串联的是所有的管理活动，强调对生产要素的全面覆盖，这意味着它要处理更多、更复杂、更具综合性的信息，更加需要有效的信息系统作为支撑。IT 支持下的预算管理平台可以提高预算系统整合程度，促进全面预算管理与其他管理活动和工具之间的系统整合，实现整个管控链条的一体化和系统化，即在预算的编制、执行与控制、考核等阶段都要实现系统整合，从而确保战略的有效实施。

例如，国家电网有限公司建立了财务大数据库，实现预算信息的共享和集成，开展高质量数据分析和精细化管理。同时，其建立公司级预算管理信息平台，在统一平台上实现预算信息的共享和集成，运用信息化手段强控预算支出，提高了预算编制和预算执行控制的效率。

三、总　　结

近5年来，中国企业的预算管理改革在需求的推动下快速前进，预算管理成为目前大中型企业中应用最普遍、成熟度最高的管理会计工具之一。一些大型企业在应用预算管理时将国际先进的预算技术与中国国情相结合，开创性地构建和实施了适合本企业业务特征和管理文化的预算管理体系，取得令人瞩目的成绩。

成本管理与应用*

耿云江　王丽琼

财政部《管理会计应用指引第300号——成本管理》将成本管理定义为"企业在营运过程中实施成本预测、成本决策、成本计划、成本控制、成本核算、成本分析和成本考核等一系列管理活动的总称"。成本管理是企业管理的一个重要组成部分，它要求系统而全面、科学和合理，它对于促进增产节支、加强经济核算，改进企业管理，提高企业整体管理水平具有重大意义。

一、企业成本管理概况

当前，竞争日益激烈的市场环境中，企业如果想站稳脚跟、立于不败之地，在提供高质量产品的同时实现低成本运营和健康可持续发展，加强并做好成本管理工作便成为关键。从我国企业的经营管理实践看，成本管理也确实得到了各种行业、各种类型、各种规模企业的较为广泛的应用。过去5年，不同成本管理方法在企业实践中得到广泛应用，为企业加强成本管理、提高经济效益、培养核心竞争力提供了借鉴。

二、成本管理方法及应用

（一）目标成本管理

目标成本是指企业在产品的研发设计阶段就根据市场价格扣除要实现的目标

* 根据东北财经大学会计学院耿云江、王丽琼提供的稿件资料修改整理。

利润来倒推出产品成本。目标成本管理就是根据企业的经营效益目标，在测定目标成本的基础上，通过目标成本的分解、落实、控制分析、考核、评价等手段对企业的生产经营活动进行全面科学管理的一种成本管理方法。

例如，碧桂园公司以市场需求为导向，结合企业自身状况制定了三种类型的目标成本：投资版目标成本、方案版目标成本和定案版目标成本。其中，投资版目标成本制定于新项目获取阶段，项目后续开发以此为成本上限。方案版目标成本制定于获取土地后，以更加优化的方案及调整后的目标利润为基础对投资版目标成本进行调整。定案版目标成本产生于项目开盘前，经过集团成本管理部与区域公司的共同复核和改进，并以此为最终目标成本。确定总目标成本后，将该目标成本分解至房地产工程项目的各个阶段，各阶段工作以目标成本为限控制成本。

（二）作业成本管理

作业成本管理是基于企业生产活动的成本管理，其指导思想是“成本消耗作业，作业消耗资源”。该方法是成本计算与成本管理的有机结合，根据企业作业活动耗用资源的情况将资源耗费分配给作业，再依据成本对象消耗作业的情况将作业分配给成本对象。

例如，中车株洲电机有限公司面对激烈的市场竞争环境，按照作业成本管理的原理对成本的计划、核算、控制、分析、考核等环节重新定义分配。通过对企业各生产环节成本等基础数据的整合，设立成本中心、作业中心和成本库等数据单元，改造成本归集与分配方式，形成各种作业成本核算报表；同时，调整作业基础数据的产生方式，形成作业成本法指导下的标准成本和成本计划等基础资料，并以此信息支撑成本的分析决策。

（三）精益成本管理

精益成本管理就是以顾客需求为前提，将客户价值增值作为发展导向，从采购、设计、生产、物流、售后服务等环节入手进行精益成本管理，将成本管理的控制对象延伸到产品的整个生命周期，最大程度的全方位、多角度优化企业成本，提高企业竞争力，培养企业的竞争优势。精益成本管理的理念是：站在客户价值的角度明确企业的发展目标——满足客户需求，为实现客户价值而服务。

例如，中国电子科技集团构建基于精益成本管理的信息化管理平台，完善成本管理的组织建设，为成本数据的及时、精确获取提供保障。通过实施精益成本管理，中国电科初步构建起比较完善的成本管理信息数据仓库、产品标准成本指标库、产品成本信息库等，进而为管理层决策提供了精确的数据支撑，全面提升了企业的成本管理水平。

（四）质量成本管理

质量成本是为保证和提高产品质量所发生的费用支出和由于质量损失所造成的损失费用的总和。质量成本管理贯穿产品的整个生命周期，包括研发、设计、生产、销售、售后服务。企业应结合自身特点，在明确质量成本项目的具体构成的基础上制定质量成本管理流程，建立质量成本管理体系。

例如，重庆建设摩托股份有限公司根据市场变化，不断优化产品结构，实行质量成本管理，提升了企业的核心竞争力。具体来说，该公司参照质量成本管理原则，结合企业自身实际情况，明确了质量成本的构成内容。在此基础上，制定了“顾客满意、贯穿始终，建设名车、追求卓越”的清晰质量成本管理战略；逐步培养专业质量人员，建立完善的质量成本数据，并通过监督检查严格控制产品的合格率，逐步推进以质量为导向的经营，进行质量成本管理的优化。同时，为实现战略质量成本管理目标，建立了完整的质量成本管理组织结构，形成自上而下的质量成本管理组织体系。

（五）价值链成本管理

企业的价值链成本管理由内部价值链成本管理和外部价值链成本管理构成。其中，内部价值链成本管理是核心，外部价值链成本管理是辅助，二者共同服从和服务于企业内部的生产经营决策。

通过内部价值链分析，企业可以分解出增值活动，并确认每个增值活动之间衔接是否流畅，是否存在资源浪费现象，再结合自身战略发展目标，制定每一增值活动的成本管理目标，明确成本管理的重点。外部价值链成本管理从更加宏观的视角，将企业自身与其上下游企业、同业竞争者放在一起考虑。

例如，中航工业成都飞机工业（集团）有限责任公司结合企业自身特点，立足内部价值链和生产经营流程，识别价值增值活动，实施了以经济增加值为导向的全价值链成本管理。其中，主价值链包括研发、采购、生产制造、服务等过程；辅价值链包括决策、人力资源、财务、设备工装工具、检验等管理活动。对于主价值链，中航成飞推行“精益、优质”：在产品的早期研发阶段，利用数字化技术、借鉴实践经验优化飞机的研发和设计过程，缩短研发周期，从源头上进行成本控制；通过改进加工方法、更改分工路线、改善工装夹具，从整体上优化产品的制造流程，力求“高效、敏捷、零浪费”；在物流方面，与供应商建立战略合作关系，提高原料物资质量，对材料实施集中管理与配送，优化原料的物流流程；加强制造过程中的成本管理，率先引进精益生产思想，强调按需生产、准时配套、减少在制品积压，消除不增值作业；加强售后服务成本管理，通过建立以主机厂为“龙头”的服务保障体系和技术服务快速反应机制，迅速准确地为用户提供满意的现场服务。对于辅价值链，中航成飞推行“协同、高效”，使辅助活动能高效地支持企业的价值增值活动。科学规划企业发展战略，坚持重大项目集体决策原则；通过建立人才成长渠道培养满足价值创造过程要求的人力资源；强化设备及工装工具管理，降低工具、工装成本；为确保产品质量开展全过程的检测试验工作，全面验证整机性能的符合性。

（六）战略成本管理

战略成本管理是企业发展战略和生产成本管理相结合的产物，从企业的战略环境出发分析企业的战略目标，以此确立企业的成本管理目标及方向，建立与企业战略相适应的成本管理战略，以便企业能快速适应外部环境变化，创造竞争优势。战略成本管理工具主要包括战略成本分析、战略成本控制以及战略业绩评价等三个维度，通过战略成本分析明确成本管理的方向，战略成本控制为成本管理提供措施和方法，战略成本业绩评价为上述环节提供反馈和支持。

例如，春秋航空股份有限公司通过成本分析、成本控制、成本业绩评价全过程有效实施战略成本管理，取得成本领先的竞争优势。具体来说，在对企业进行战略成本分析的基础上，对企业内外部价值链进行整合，从而控制成本；利用平衡计分卡进行战略成本业绩评价，并结合自身实际情况进行改进。

（七）供应链成本管理

供应链成本包括直接成本、间接成本和交易成本。其中，直接成本是指在产品生产过程中发生的材料成本和设备成本等实体成本；间接成本是指不直接与产品生产有关的成本，如运营成本、运输成本等；交易成本是指物流网络结构中双方为达成合作交易而发生的成本。供应链成本管理是一种跨越企业界限的成本管理方法，将供应链上涉及的企业视为一个整体，对该供应链上产生的各项成本进行管理，优化整个供应链上的总成本，进而提升企业效益。

例如，顺丰速运建立了基于流程优化的内部供应链成本管理模式和基于战略协同的外部供应链成本管理模式。具体来说，公司采用信息系统对仓网进行管理，实现智能化流程管理；根据物流流程建立物流作业中心，对各作业中心的成本采用作业成本法进行核算，优化资源配置；与多家快递公司、房地产公司以及物业管理公司建立战略联盟合作关系；为了降低保证物流时效性的运输成本，该公司组建了航空公司，购买机腹舱，形成供应链一体化管理；选择优秀的设备供应商建立长期的友好合作关系，降低了专业物流设备的维护成本。

三、企业成本管理的新变化

过去 5 年，作为管理会计重要一环的成本管理在企业实践中发生了一些显著的变化和调整，赋予了企业成本管理新的时代内涵。

（一）成本管理思维导向的转变

企业成本管理思维由“生产导向型”向“市场导向型”转变。

传统的成本管理工作体现的是一种“生产导向型”思维，即对生产经营过程中的成本进行节省，是降低成本的初级形态。市场导向型思维的成本管理工作立足于预防，是从源头上挖掘降低成本的潜力，即成本避免，属于成本降低的高级形态。成本企划模式是成本避免的典型表现。它的实施起点是产品企划，根据市场需求来明确成本企划的对象。成本企划体现了源流成本管理和前馈控制的思想，将降低成本的重心由传统的生产阶段追溯至源头开发、设计阶段，对成本对象的起点进行充分透彻的分析，通过多重循环多次挤压来达到降低成本的目的，避免后续生产制造过程的大量无效作业耗费成本，从而大幅度削减成本。

（二）成本管理目标的更新

企业成本管理目标从追求经济效益向提升核心竞争力转变。

在传统的工业企业中，成本管理工作主要是以成本控制的手段为主，根据企业历年实现的经济收益制定当年效益目标。成本管理主要是为了降低成本，实现企业的利润目标。在高新技术企业中，传统的成本控制的管理模式发生了改变，不再一味追求成本降低，而是利用科学技术实施技术改造，实现技术突破，而且更加注重创新发展，强调在借助优势提升产品价值的同时，培养自身的市场竞争力，以便形成企业自身的核心优势。

（三）成本管理范围的拓展

企业成本管理的范围由制造成本拓展到了生命周期成本。

在传统的工业制造业中，企业产生的成本费用主要包括产品制造成本、管理费用、销售费用和财务费用等。其中，制造成本在成本组成中占比非常高，相关期间费用占比较低，因此对制造成本的控制便成为企业成本管理的重点。随着高新技术企业的飞速发展，成本管理的重心拓展到了产品的整个生命周期。因为高新技术企业的核心竞争力在于产品的研发和设计，企业成本构成中期间费用中的研发费用的比例会非常高。高新技术企业为达到成本管理的目标，必须将进行产品设计研发所产生的费用作为高新技术企业进行成本管理的侧重点。与此同时，随着消费者诉求的改变，不少企业开始按客户的个性化需求提供定制化的按单生产。从产品设计环节的设计成本到制造环节的材料、人工成本再到服务环节的售后服务成本，这些环节构成一个完整的产品链条，成本管理的范围也从制造环节向前延伸到设计环节，向后延伸到销售服务环节，拓展到了产品的整个生命周期。

（四）成本管理参与人员的扩充

企业成本管理的参与人员由管理人员向全员参与转变。

在当前的企业成本管理中，激发职工的“主人翁”意识，提高广大职工对成本管理的认识，培养职工的成本意识成为首要任务，全员成本管理的核心是将成本管理目标与各个成本责任部门、单位、班组以及个人应负责的责任成本相结合，将成本考核指标与经济利益挂钩，将少数人的企业成本管理变为全员参与。

（五）成本管理控制环节的延伸

企业成本管理控制的环节由企业内部向企业外部上下游关联企业延伸。

成本管理工作不应简单地局限于企业内部的生产经营活动，要联合上下游的产业链客户共同做好成本管理工作。成本管理控制的环节也从企业自身向上延伸到供应商，以在获取优质资源的同时节约交易成本；向下延伸到销售商，以利用下游客户的销售渠道资源降低销售成本。在此过程中，与各大上游供应商和下游客户建立起来的长期的资讯和订单交付、管理体制、人才培养、技术交流等战略联盟合作关系，打造企业命运共同体，实现上下游优质资源的共享和对接，减少流通环节，进而达到成本最小化的共赢局面。

四、总　结

当前，企业面临着宏观经济下行和市场竞争日趋激烈的双重压力，成本成为衡量企业发展状况的关键指标。我国企业已经对成本管理工作给予了充分的重视和高度关注，许多企业学习借鉴了其他企业的先进经验与做法，加强自身的成本管理工作，并取得了显著成效。但也应看到，随着企业内外部环境条件的变化，企业的成本管理也发生了一些新的变化，企业应自觉适应这些变化，结合自身实际做好成本管理的改革与完善工作，切实提高自身的经济效益水平、培养核心竞争力，以在日益激烈的国际、国内市场竞争中立于不败之地。

营运管理与应用*

潘　飞

财政部《管理会计应用指引第400号——营运管理》将营运管理定义为“企业为实现战略和营运目标，各级管理者通过计划、组织、指挥、协调、控制、激励等活动，实现的对企业生产经营过程中的物料供应、产品生产和销售等环节的价值增值管理”。营运管理旨在保障价值增值活动的有序进行。

一、企业营运管理概况

现代运营管理涵盖的范围越来越大，不仅实施主体从传统制造业扩大到了非制造业，业务范围也从单一的生产领域拓展至战略制定、管理控制系统设计和运行等方面，囊括了运营战略、新产品开发与设计、产品生产、人员激励与管控、供应链管理等多个方面。分析技术方面，数据技术在营运管理方面的重要性日益凸显。由于数据技术的进步显著增加了管理者获取信息的能力以及信息的时效性，因此产品或服务等相关成本数据的获取变得更加便捷和有效，从而诸如作业成本分析、本量利分析等传统营运管理分析工具的效能进一步得以强化。

按价值活动行为主体的不同，我们可以将价值链划分为企业内部价值链和企业外部价值链，也正因如此，营运管理具有企业内外部联动的特征。企业内部价值链是指产品或服务在企业内部各职能部门流转并最终被提供给客户的过程，相关的内部营运管理活动包括研发设计、生产活动的组织与实施、生产成本控制、相关人员的激励和约束等。企业外部价值链是指与企业具有紧密联系的外部行为主体的价值活动，主要包括供应商、客户以及竞争对手，而相关的外部营运管理

* 根据上海财经大学会计学院潘飞提供的稿件资料修改整理。

活动则聚焦供应链的优化、促销和分销决策、竞争对手行为的分析和应对等。

二、营运管理方法

主流的营运管理分析包括成本性态分析、本量利分析、敏感性分析、边际分析以及存货经济批量分析等方法及应用。

(一)成本性态分析

成本性态分析是指用特定的方法，对成本和业务量之间的关系进行分析，将之分解为固定成本、变动成本和半变动成本。固定成本是指在一定生产期间和一定产量范围内总额不受产量变动影响的成本，但单位固定成本会随着产量的提升而下降。依据支出额在一定期间内是否变化，固定成本又可划分为约束性固定成本和酌量性固定成本，约束性固定成本包括厂房和设备的折旧费用等，酌量性固定成本包括研发支出和设备维护支出等。变动成本是指在一定的产量范围内总额与产量呈正比例变动的成本，但单位变动成本在一定的产量范围内保持不变。类似地，变动成本也可以划分为技术性变动成本和酌量性变动成本两类。半变动成本兼具固定成本和变动成本的性质，它一方面随着产量的变化而变化，但另一方面与产量之间并非严格的正比例关系。在进一步地将半变动成本按照特定方法区分为固定成本和变动成本之后，企业便可以确定固定成本总额以及单位变动成本数额，进而得出总成本计算公式。

成本性态分析的重点在于半变动成本的分解，方法有会计法、工程研究法和账户分类法等。在对特定企业进行成本性态分析时，要尤为注意经营模式要素。制造业企业、商品流通业企业以及服务型企业在成本概念方面有着巨大差异，这会对成本性态分析产生重要影响。

(二)本量利分析

根据财政部《管理会计应用指引第401号——本量利分析》，本量利分析是在成本性态分析和变动成本法的基础上，运用数学模型和图表等形式，对成本、利润、产量、业务量和单价等因素之间的依存关系进行分析，进而发现上述因素变动的规律性，为企业的经营预测、管理和控制活动等提供支持的一种分析方法。

企业利用本量利分析的方法可以进行盈亏平衡分析、目标利润分析、利润敏感性分析以及边际贡献分析，从而为企业的生产、成本和定价决策等提供支持，也能辅助公司的投融资决策。就生产决策来说，企业需要决定生产何种产品、生产的数量以及产品的组合等，而本量利分析能够帮助企业决定盈亏临界点，从而对生产对策提供支持。就成本决策来说，企业需要决定是自制零部件还是外购，是否停产亏损产品，是否进行转产以及生产工艺的选择等，而企业通过本量利分析能够确定各个方案的边际贡献量以及成本无差别点，从而选择最优方案实现收益最大化。对定价决策来说，企业的产品定价目标包括提升利润、扩大市场份额、对抗竞争者等，企业利用本量利分析能够更好地制定产品价格。

在进行本量利分析时需要注意其应用前提和适用环境。首先，由于本量利分析建立在成本性态划分的基础上，所以分析必须限定在一定期间和一定业务量范围内，即要求企业在固定成本和变动成本的划分上维持稳定。其次，本量利分析要求模型线性，即要求固定成本不变，变动成本与业务量呈完全线性，销售收入和销量呈完全线性。再次，本量利分析要求销量和产量相等，即产销平衡。最后，本量利分析要求产品品种结构固定，即在多品种结构生产和销售的条件下，各种产品的销售收入在总收入中所占比重保持不变。本量利分析还要求企业具备完善的标准成本制度、成本核算管理方法、预算管理制度和其他业务基础管理制度。这是因为成本数据相对较难获取，包括各产品单位变动成本、成本动因标准、分解混合成本的业务数据等，因此需要全面扎实的成本管理基础数据和业务数据，所以相关制度的建设就显得尤为必要。

企业进行本量利分析时要尤为注意相关成本的确定问题。相关成本是指与特定决策方案相联系的，能对决策产生重大影响的，在决策中必须予以充分考虑的成本。相关成本主要包括增量成本、边际成本、机会成本、重置成本、付现成本、专属成本、加工成本、可分成本、可延缓成本以及可避免成本等。与相关成本对立的概念是无关成本，指不受决策结果影响、已经发生或注定要发生的成本，包括沉没成本、共同成本、联合成本、不可延缓成本、不可避免成本等类型。在进行边际分析时只应考虑相关成本，不能考虑无关成本，否则会导致决策失误。

（三）敏感性分析

根据财政部《管理会计应用指引第402号——敏感性分析》，敏感性分析是指对影响目标实现的因素变化进行量化分析，以确定各因素变化对实现目标的影响及敏感程度的一种分析方法。根据关注因素的数量的不同，敏感性分析可分为单因素敏感性分析和多因素敏感性分析。单因素敏感性分析是指每次只变动一个因素而其他因素保持不变时所做的敏感性分析，多因素敏感性分析是在其他因素保持不变时，分析两种或两种以上不确定因素同时变化对目标的影响程度所做的敏感性分析。

在营运管理方面，敏感性分析有助于企业识别、控制和防范亏损风险，也可预测目标利润要求发生变化时各因素允许变化的幅度，还可用于分析企业的产销量和价格等决策，提高管理的科学性和主动性。敏感性分析的应用程序如下：第一，确定决策目标。确定决策目标就是明确需要解决的问题和希望达到的目的，例如，在利润敏感性分析中，决策目标就是利润最大化。第二，根据决策环境确定决策目标的基准值。基准值的确定一般使用正常情况下的产销量、定价和成本数值。第三，分析确定影响决策目标的各种因素。第四，计算敏感系数。单因素分析中的敏感系数反映的是某一因素值变动对目标值变动的影响程度，等于选定变量变化1%时导致目标值变动的百分数，类似地，多因素分析中的敏感系数则是两个或两个以上因素同时发生变动对利润基准值的影响程度。第五，根据敏感系数对各因素进行排序，形成敏感性分析报告，为决策提供支持。敏感系数的绝对值越大，则该因素越敏感，通常来说，敏感系数绝对值大于1的因素被称为敏感因素，绝对值小于或等于1的因素被称为弱敏感因素。通过敏感性分析，企业能够找到对目标变动影响最明显的因素，从而选择适当的营运管理措施，做到有的放矢。

运用敏感性分析有助于决策者了解方案的风险情况，以及各不确定因素的不利变动产生的后果，也有助于决策者将注意力集中在敏感因素上，减少其工作强度并增加管理措施效度。但由于其假定被分析的各个因素之间是相互独立的，这会削弱分析结论的可靠性。因此，在应用敏感性分析时应注意避免过于依赖决策模型和预测数据，因为模型设定有误或数据不合理时，敏感性分析难以得出正确结论。

（四）边际分析

根据财政部《管理会计应用指引第403号——边际分析》，边际分析是指分析某可变因素的变动引起其他相关可变因素变动程度的方法，用以评价产品或项目的获利水平，判断盈亏临界点，提示营运风险并支持营运决策。企业在营运计划的制定、调整以及营运监控分析等程序中通常会使用边际分析方法，并且经常和本量利分析以及敏感性分析同时使用。

边际分析工具方法包括边际贡献分析和安全边际分析。边际贡献分析是指通过分析销售收入减去变动成本总额之后的差额，进而衡量产品为企业贡献利润的能力。当企业面临资源约束，需要对多个产品线或多种产品进行优化决策或对多种待选新产品投产决策时，可以通过计算各个产品的边际贡献和边际贡献率，评价产品的盈利性，从而优化产品组合。安全边际分析是指通过分析正常销售额超过盈亏临界点销售额的差距来衡量企业在保本的前提下能够承受的因销售额下降而带来的负面影响，进而度量企业抵御营运风险的能力。在进行安全边际分析时，安全边际或安全边际率的数值越大，说明企业发生亏损的可能性越小，企业抵御营运风险的能力越强。

边际分析法的精细程度较高，能有效地分析收入、成本和利润之间的变动和相互关系。企业通过边际分析能够研究函数在边际点上的极大值和极小值，能直观地揭示经营风险，促进企业做出最优决策从而提升效益。此外，边际分析是现状分析，分析对象是企业面临的新情况和新事项，有别于总量分析和平均分析。边际分析的缺点是决策变量与相关结果之间的关系较为复杂，并且边际分析的实际应用效果直接取决于所选择变量的适当性。

（五）存货经济批量分析

企业在向供应商订货时需要决定进货项目、供应单位、进货时间和进货批量等事项。对企业来说，订货批量越大，每一计划期需要的订货次数就越少，订货成本就越低，但此时平均库存就越大，从而每一计划期的存货维持成本就越高。按照存货管理的目的，企业需要合理安排订货批量和订货时间，以使得订货和存货管理的总成本最低，该订货批量即为经济订货量，与之相关的分析即为存货经济批量分析。相关的成本包括订货成本、购置成本、存储成本和缺货成本。存货经济批量分析需要满足的假设条件有以下七个：第一，企业需要订货时便可立即取得存货；第二，货物能集中到货而不是陆续入库；第三，不允许出现缺货，即缺货成本为零；第四，企业的年需求量稳定且能够预测；第五，存货单价不变；第六，企业现金充足，订货不会受到现金短缺的影响；第七，外部市场对于企业所需存货的供应充足，不会出现采购困难情况。在满足上述假设的情况下，通过求解总成本函数的最小值，便可以得到企业的经济订货量。

存货经济批量分析的分析简洁、结论直观，缺点在于假设要求过于严苛，现实生活中能够满足这些假设条件的情况十分罕见，这使得存货经济分析的应用场景过于理想化，而当企业不顾实际情况使用存货经济批量分析时，无疑会得到错误的结论。通过放宽部分假设，能够使分析更接近于实际情况从而更具有可用性，如考虑订货提前期、存货陆续供应和使用、保险储备等。

三、大江工业营运管理方法的应用[①]

重庆大江工业有限责任公司（以下简称大江工业）成立于2001年，是中国兵器装备集团有限公司所属的大型装备企业，下属若干子公司。面对日趋激烈的市场竞争，为了更好地进行经营决策，公司选用了本量利分析工具并设定了如下分析目标：为公司预测、决策、规划和业绩评价提供必要的财务信息，促使企业努力降低风险，顺利推进产业转型升级，从而确保公司利润目标的实现。其总体思路是运用本量利分析预测各板块主要产品在保本、保利条件下应实现的销售量或销售额，为公司提供降低经营风险的方法和手段，以保证公司实现的既定目标；通过敏感性分析和边际利润的测算，为公司的全面预算、生产决策、定价决策和投资项目提供支持。

为了提升本量利分析的应用效果，公司选取历史最好水平、上年实际水平、结合市场行情的预测水平三种假设方案分别进行了本量利预测分析，并组织相关部门对三种方案进行探讨，结合新老产品市场增长潜力及敏感性分析、单品边际贡献盈亏变动状态等变动趋势，制定了修正方案以及降低成本的目标，从而提出改进措施，推动公司既定目标的实现。在定价决策方面，公司将本量利分析与《订单承接管理办法》进行融合，要求各单位在签订产品销售合同之前要对报价产品的本量利进行测算，确定亏损底线，并明确了特殊订单承接过程中的应用审批流程，在保证产品利润的同时，通过制度确保了本量利分析的常态化。

通过全面使用本量利分析工具，大江工业在经营决策、定价决策、投资决策等方面都有了长足的进步，在成本控制、经营效率、经营风险方面都做出了改善。大江工业本量利分析的应用对实务界具有一定的启发。本量利分析应尽量选

① 案例来源：李守武：《管理会计工具与案例：营运管理》，中国财政经济出版社2018年版。

择产品品种较少、生产较为均衡的企业进行推广。鉴于本量利分析需要大量的数据进行分析比对，企业应当重点加强本量利分析培训，尤其是对成本动因等基础数据库的建设以及成本费用预测方法的培训，采用回归等预测方法来准确地划分混合成本，从而保证成本性态划分的合理性以及本量利分析基础数据的可靠性，进而为企业的经营决策提供帮助。

四、总　结

营运管理是现代企业管理科学中最为活跃的一个分支，也是新思想和新理论不断应用的一个分支。营运管理旨在保障企业内外部价值增值活动的有序进行，其范围不仅仅局限于企业内部，还涉及客户、供应商以及竞争者等市场参与主体。对内，营运管理着眼于产品或服务在企业内部各职能部门之间的流转，涵盖了研发设计、生产活动的组织与实施、成本控制、人员激励和约束等业务活动。对外，营运管理聚焦于供应链的优化、促销和分销、对竞争对手行为的分析和应对等领域。

由于营运管理方案的设计强调对公司内外部环境的适应，因此，管理者在设计营运管理方案之前必须对公司所处的外部市场环境以及所采用的经营模式、经营战略和企业架构进行分析。在此基础上，管理者须结合具体管理目的和内容选择营运管理分析工具，并最终制定相应的营运管理方案。

投融资管理与应用*

王雪莹　姜君臣　王　满

财政部《管理会计应用指引第500号——投融资管理》中对投融资管理的定义分为两部分——投资管理和融资管理。投资管理，是指企业根据自身战略发展规划，以企业价值最大化为目标，对将资金投入营运进行的管理活动；融资管理，是指企业为实现既定的战略目标，在风险匹配的原则下，对通过一定的融资方式和渠道筹集资金进行的管理活动。企业融资的规模、期限、结构等应与经营活动、投资活动等的需要相匹配。

一、投融资管理概况

在我国经济新常态形势下，如何对投融资进行科学管理、适应经济发展的需求，已经成为一个重要的时代命题。而管理会计在企业投融资管理中的有效应用，能够助力于投融资活动决策、加强投融资管理控制、深化投融资风险管控，并为投融资管理提供更加精确的依据，有效地提升投融资效率。

为了加强企业的投融资管理、提升投融资管理效率、降低投融资风险，财政部根据有关法律法规和《管理会计基本指引》，制定了《管理会计应用指引第500号——投融资管理》。本文以《管理会计应用指引》第500~504号为依据，在分析投融资基本概况的基础上，介绍贴现现金流法、项目管理、情景分析和约束资源优化等管理会计工具在企业投融资管理中的应用，并以广西林业集团投融资管理方法为例为企业提供参考。

---

* 根据东北财经大学会计学院王雪莹、姜君臣、王满提供的稿件资料修改整理。

二、投融资管理程序和步骤

企业进行投融资管理的程序大致如下：首先，在明确企业战略决策的基础上，定期制定投资计划；其次，对编制的投资计划实行可行性分析，包括分析该投资在技术和经济上的可行性、可能产生的经济效益和社会效益、可以预测的投资风险、投资落实的各项保障条件等；再次，对投资过程实施控制，包括进度控制、财务控制、变更控制等，严格控制投资活动的各个方面，并根据实际情况对投资计划做出适当的调整；最后，在投资项目实施完成后，对整个投资活动做出客观的评价，为下一次的投资活动提供有效参考。

融资活动实施程序同样分为四个步骤：首先，制定融资计划，根据战略需要、业务计划和经营进展情况，实行年度统筹、季度平衡、月度执行的管理方式；其次，在融资计划的基础上，进行融资决策分析，对融资规模、融资方式、资金成本等方面进行分析，以此编制融资方案；再次，由财务部门对审核通过的融资方案实施与监督，并根据实施情况对方案做出调整；最后，在融资完成后，由财务部门对融资款进行统一管理，企业还要定期对还款计划、还款期限、资金成本、偿付能力等进行融资管理分析。

三、管理会计工具在投融资管理中的应用

根据以往的企业管理经验，管理会计具有通用性高、客观性强、内嵌性强和技术含量高等特点，如何在投融资环境分析、投融资项目选择、项目过程管理与风险评估等环节中应用不同的管理会计工具，对于保障投融资收益与管控风险具有重要意义。

（一）贴现现金流法

贴现现金流法，是以明确的假设为基础，选择恰当的贴现率对预期的各期流入和各期流出进行贴现，通过贴现值的计算和比较，为财务合理性提供判断依据的价值估算方法。简单地说，贴现现金流法就是将未来某个期间内的预期现金流

反映成当前价值的一种换算方法。一般适用于在企业日常经营过程中与投融资管理相关的资产价值估算、企业估值和项目投资决策等。

企业在应用贴现现金流法进行投融资决策时，首先要确定贴现期、现金流和贴现率。贴现期的选择应考虑投融资项目的特点、所处市场波动因素的影响等；对现金流的预测要综合考量企业的经营状况、项目发展前景、宏微观经济政策等；贴现率应当与贴现期、现金流相匹配，要能反映当前的货币时间价值和投资风险。在确定上述三要素后，可以采用净现值法、现值指数法等，在贴现期内，用贴现率对现金流进行贴现，随后，企业应根据贴现结果进行合理判断，形成分析报告，为投融资决策提供依据。

作为一种管理会计工具，贴现现金流法对企业的价值把握相对全面，将历史情况和未来经营战略结合在一起有助于更全面地反映企业价值。但要注意的是它的分析基础是明确的假设条件，各要素的估算结果通常对假设十分敏感，容易受到预测的主观性影响，从而产生不同的结果。同时，贴现现金流法测算过程相对较为复杂，对数据采集和假设的验证要求繁复，往往会使得实务中的估算精度大大降低。

（二）项目管理

项目管理，是指通过项目各参与方的合作，运用专门的知识、工具和方法，对各种资源进行计划、组织、协调、控制，使项目能够在规定的时间、预算和质量范围内，实现或超过既定目标的管理活动。其主要适用于以一次性活动为主要特征的项目活动，如一项工程、服务、研究课题、研发项目、赛事、会展或者演出活动等。

企业应用项目管理进行投融资时，首先，分析该项目在技术和经济上的合理性、对社会和环境是否能带来积极的影响等；其次，制定合理的项目计划，编制项目预算；再次，按照项目计划，在预算范围内实施该项目，并进行监督控制；最后，在项目完成并通过验收后，要进行项目后评价，总结经验教训。

项目管理的不同阶段，也有不同的管理会计工具可以使用以提高投融资效率。常用的工具方法有挣值法、成本效益法、价值工程量法等。挣值法是一种控制项目进度和成本的方法，做法是在分析项目当前状态的基础上，预测未来的发展趋势，从而对项目整体把控，广泛适用于项目管理中的项目实施、项目后评价等阶段。成本效益法的主要作用是帮助企业选择出成本效益最优的投资方案，属于事前控制方法，可广泛适用于项目可行性研究阶段。价值工程法的主要作用是优化项目的功能结构，把项目的功能和成本联系起来，来调整过剩功能和不足功能，可广泛适用于项目设计与改造、项目实施等阶段。

（三）情景分析

情景分析，是指在对企业经营管理中未来可能出现的相关事件情景进行假设的基础上，结合企业管理要求，通过模拟等技术，分析相关方案发生的可能性、相应后果和影响，以做出最佳决策的方法。简单说，情景分析法就是模拟相关事件发生的概率、产生的后果，根据模拟分析的结果做出决策。该方法可以用于企业的投融资决策，也可以用于战略目标制定、风险控制等方面。

情景分析法的实施步骤主要包括确认决策事项、确认影响因素、设定情景、分析方案和分析实施后果。企业在确认一项投融资决策时，由各个参与人员“头脑风暴”出有关的关键影响因素，如投资额、资本成本等；然后根据历史情况、数据模拟或专家分析，设定出不同的投融资情景，通过情景模拟选择出一个最优方案；最后要建立情景变化监测机制，及时调整情景分析中的主要影响因素，修正对策和实施方案。

通过对各种情景发生的可能性以及后果的分析，情景分析法可以降低决策失误对企业的影响，提高投融资效率。但是该方法的缺点就在于各个环节的主观性较强，对相关人员的能力要求较高。

（四）约束资源优化

约束资源优化，是指企业通过识别制约其实现生产经营目标的瓶颈资源，对相关资源进行改善和调整，以优化企业资源配置、提高企业资源使用效率的方法。其中，约束资源指的是制约企业实现生产经营目标的瓶颈资源。该方法一般用于企业的投融资管理和营运管理等领域。

在进行投融资管理时，首先要识别出约束资源，如制约企业投资决策的资源可能有流动资金、劳动力等；然后针对约束资源寻找突破方法，如流动资金制约时可以进行企业外部融资，劳动力不足时可以进行招聘等；企业在解决了约束资源制约问题后，应当重新安排其他资源，确保非约束资源的协同利用。

约束资源优化有助于企业在商业竞争激烈的情况下改善企业经营管理，缩减成本，提高利润率，扩大竞争优势。但是，约束资源优化需要各个部门的协同配合，相对而言协调沟通难度大，对相关数据的量化要求也较高。

四、管理会计在广西林业集团投融资管理中的应用①

广西林业集团在国家有关政策的指引下，实施国家储备林基地建设，拟建设成全国规划建设面积最大的国储林地区。随着国储林项目建设的不断推进和深化，广西林业集团在投融资管理中出现了战略规划不足、森林资源合理估值困难、自有资金储备不足、融资渠道窄等问题。该集团针对存在的问题，综合运用管理会计相关工具，及时做出了调整。

由于国储林项目建设周期长，广西林业集团基于管理会计的视角，制定和完善了系统性和前瞻性的战略规划。根据集团整体目标，应用情景分析法，制定了符合资源要素长期和短期适配、投资周期与效益对等的战略规划。

国储林项目树种多、树龄参差不齐，应用传统方法对森林资源估值造成了很大的困难。广西林业集团应用贴现现金流法，选择合理期间，使贴现期、现金流与林木生长周期相匹配，动态设计相关参数，并结合经验对森林资源进行科学估值。对于投资金额较大的投资项目，该集团通过项目管理工具，先从必要性、技术、环境、财务、社会等方面进行可行性分析，然后制定投资项目计划，并按照计划实施。

在整个国储林储备项目中，对于出现的影响企业经济效益的瓶颈问题，如资金、成本、技术等，该集团使用约束资源优化法对其进行分析和管理，以最优最快的方法解决制约资源的问题，使国储林项目能够顺利实施。

由此可见，广西林业集团在投融资管理中引入了管理会计的理念，综合应用管理会计工具，逐步完善企业的投融资制度体系，提高了投融资效率，解决了国储林项目投融资管理中存在的问题，推动国储林项目的顺利实施。

五、总　　结

根据对《管理会计应用指引》第500～504号投融资管理相关内容的解读与

① 朱建军、朱和民、李培培：《管理会计视角下A公司国家储备林基地建设投融资管理问题研究》，载于《财经界》2019年第9期。

分析，以及广西林业集团投融资管理的案例介绍可以发现，投融资管理是企业财务管理乃至战略管理的重点内容，而将管理会计的理念和方法应用到企业的投融资管理中，灵活运用贴现现金流法、项目管理、情景分析和约束资源优化等管理会计工具，既能提高企业管理决策的准确性及有效性，也能够减少必要的损失，使企业投融资管理朝着更好的方向不断发展，进而使企业的经济效益得到有效提升。

绩效管理与应用*

罗 炜 马 玥

财政部《管理会计应用指引第 600 号——绩效管理》将绩效管理定义为"企业与所属单位（部门）、员工之间就绩效目标及如何实现绩效目标达成共识，并帮助和激励员工取得优异绩效，从而实现企业目标的管理过程。"绩效管理的核心是绩效评价和激励管理。

绩效评价，是指企业运用系统的工具方法，对一定时期内企业营运效率与效果进行综合评判的管理活动。绩效评价是企业实施激励管理的重要依据。激励管理是指企业运用系统的工具方法，调动企业员工的积极性、主动性和创造性，激发企业员工工作动力的管理活动。激励管理是促进企业绩效提升的重要手段。

一、企业绩效管理概况

2017 年 10 月，为了促进企业加强绩效管理，激发和调动员工积极性，增强价值创造力，根据《管理会计基本指引》，财政部发布《管理会计应用指引第 600 ~ 603 号——绩效管理相关应用指引》。对绩效管理概念、原则、绩效计划和激励计划的制定以及绩效管理主要的工具应用等提出了相关指导意见。本文借此对我国 2014 ~ 2018 年相关文献进行研究，梳理出我国目前关于绩效管理与应用的研究现状，并从组织层面和个体层面剖析绩效管理与应用的重点，结合对许继集团绩效管理案例的总结，为未来更好地推进管理会计体系建设夯实研究基础。

---

* 根据罗炜、马玥提供的稿件资料修改整理。

二、绩效管理应用

业绩考核对企业而言，主要来自两个方面的考核，即对组织层面的企业业绩评价和对个体层面的高管绩效评价。

（一）企业业绩评价——以 EVA 为主导的企业业绩评价

在我国，国有企业业绩绩效评价主要还是以政府部门为导向，以企业为对象的政府评价。政府作为监管部门也在不断地调整企业绩效考核政策。2014 年至今，国内外利用中国企业数据的企业绩效研究主要侧重于企业特征与企业绩效的关系，以及绩效评价工具与企业业绩之间的关系上。其目的在于将国外的成熟理论框架本土化，推广经济附加值（EVA）、平衡计分卡（Balanced Score Card，BSC）、相对业绩评价法等。同时，在企业实践中根据国内不同时期的实际情况，构建适时的企业绩效评价体系。

在绩效评价工具与企业业绩方面，EVA 指标替换 ROE 指标成为新的企业绩效衡量指标。已有文献从三个方面叙述了 EVA 指标在中国企业中的应用：指标的实施效果、指标实施后企业的决策、指标的设计。

第一，关于 EVA 指标的实施效果，学者们深入企业，通过采访和案例的方式进行了研究。有研究指出，新政的巨大改变导致很多企业的“不适应”，因为临时更改指标的考核在短期并不能给企业带来正向的输出，反而会产生为了达标而营造的转型压力。

通过调查发现，2010 年国务院国有资产监督管理委员会以 EVA 指标取代 ROE 指标进行央企绩效考评后，不少央企内部有明显抵制现象。抵制的主要原因可能是来自企业对于新指标 EVA 的不了解和不熟悉。随后，作者对央企内部抵制 EVA 的原因就四个方面提出建议：

首先，业绩管理制度本身的简捷直观是提升制度认知度、缓减制度阻力的重要基础；其次，管理制度的实施有赖于企业的管控能力，集团强势总部和制度权威能够确保新制度在集团内部各个子公司和业务单元的贯彻实施；再次，新制度的价值观与企业现有理念不匹配是实施新管理制度的信念阻碍；最后，偏离企业主营业务的单元和国家战略性经营产业会滞缓新制度的导入和实施。

第二，指标实施后企业的决策也发生了重大变化。因为引入 EVA 指标，企业的研发支出资本化，净利润中将不会扣除投资研发费用，从而缓解高管因顾虑研发支出会降低净利润而导致的短期行为，合理规划企业现金流。就现金流的使用方面，国内学者研究了企业非效率投资、企业现金持有和研究创新投资的决策对企业业绩的影响，即对 EVA 指标考核的影响。内部控制是一项针对代理问题的约束机制，可以制约非效率投资，同时增加内部沟通。而 EVA 考核是作为激励机制发挥其治理非效率投资的作用的。通过将 EVA 考核与薪酬挂钩的激励机制，可以使股东与管理层利益一致，从而降低代理问题，抑制非效率投资。在研发费用支出方面，研究 EVA 指标实施后对央企创新的影响发现，相对于不受该项制度影响的民营企业来说，央企的创新水平在新政策实施后显著提高。而且，此次修订的考核办法可以显著提高创新对企业价值的边际贡献。

第三，除了 EVA 指标的经济产出，还有 EVA 指标架构的设计问题。EVA 指标反映了归属股东的净经营利润扣减股东要求报酬之后的价值创造能力。由于该指标未经过风险调整，所以在比较具有不同经营风险的公司业绩时存在一定的局限性。建立风险调整 EVA 模型可有效改善传统 EVA 模型的局限性，既能直接度量企业经营绩效，又能在不同上市公司之间进行横向比较，同时还可以解决股东和经营者的委托代理问题、避免经营者选择高风险的投资项目。

（二）高管绩效评价——股权激励与企业业绩

与薪酬激励不同的是，股权激励对于改善公司治理结构、降低代理成本、提升管理效率、增强公司凝聚力和市场竞争力能起到非常积极的作用。股权激励计划可以把职业经理人、股东的长远利益及公司的长期发展结合在一起，可以在一定程度上防止职业经理人的短期经营行为，以及防范内部人控制等侵害股东权益的行为。

高管股权激励对技术结构高级化、员工结构高级化以及绩效高级化长短期内都有提升作用，而对资产结构高级化短期内有负向冲击，长期将产生正向效应。企业升级虽不是高管股权激励的直接目的，但由于企业升级是长效提高企业经营绩效的有效途径或根本保障，现有企业（无论属于哪种类型，也无论处于何种发展阶段）均可大力引入高管股权激励制度，实现企业的持续高质量发展。

三、许继集团基于战略执行的全员绩效管理体系的构建

据《财务与会计》杂志2015年第8期“许继集团基于战略执行的全员绩效管理体系的构建”介绍，国家电网下属的许继集团有限公司（以下简称许继集团）成立已有40多年，运营的复杂度极度上升，在这样的条件下，运营效率成为许继集团的主要问题。基于战略执行的全员绩效管理变革，许继集团提出新型绩效管理体系。该模型以公司全员目标责任体系为中心，以全闭环绩效过程管理体系为主线，以全面综合保障体系为基础支撑，强调了以业绩为导向的绩效文化。例如，全员目标责任体系将公司战略层层分解落实到每一位员工实际工作中，做到“千斤重担有人挑，人人肩上有指标”。同时，全闭环绩效过程管理体系通过绩效承诺的“双定（定任务、定报酬）”会议，绩效过程管理的铁算梳理，绩效评价和结果应用对公司经营目标实行全过程跟踪、辅导与评估，以顺利实现公司经营目标。

四、总　　结

伴随着中国的改革开放，会计学界以极大的热情积极引进、消化、吸收并构建“本土化”管理会计理论。随着中国企业改革开放进一步向纵深推进和高质量发展，管理会计在中国的研究应用与实践也正在逐步升级。虽然由理论走向实践是一个长期的过程，但随着企业本身的内在意愿和需求，以及企业界对管理会计需求有增无减的态势，相信在会计学界与企业界密切配合下，在外部政策引导和新政推动进程中，中国管理会计的未来必将充满生机和活力，在中国企业的应用实践必定会发挥越来越大的作用。

风险管理与应用*

汤谷良 张守文

财政部《管理会计应用指引第 700 号——风险管理》将风险管理定义为“企业为实现风险管理目标，对企业风险进行有效识别、评估、预警和应对等管理活动的过程。”企业风险，是指对企业的战略与经营目标实现产生影响的不确定性。

一、企业风险管理概况

国务院国资委 2006 年颁发了《中央企业全面风险管理指引》，指出全面风险管理就是要求企业围绕总体经营目标，通过在企业管理的各个环节和经营过程中执行风险管理的基本流程，培育良好的风险管理文化，建立健全全面风险管理体系，具体包括风险管理策略、风险理财措施、风险管理的组织职能体系、风险管理信息系统和内部控制系统，从而为实现风险管理总体目标提供保证的过程和方法。

二、风险管理分类框架

《管理会计应用指引第 700 号——风险管理》要求企业可根据风险的来源、影响、性质、责任主体等不同标准，建立符合风险管理需要的风险分类框架。

1. 企业应建立组织架构健全、职责边界清晰的风险管理结构，明确董事会、

* 根据对外经济贸易大学国际商学院汤谷良、张守文提供的稿件资料修改整理。

监事会、管理层、业务部门、风险管理责任部门等在风险管理中的职责分工，建立风险管理决策、执行、监督与评价等职能既相互分离与制约，又相互协调的运行机制。通常包括风险管理决策制度、风险识别与评估制度、风险监测预警制度、应急处理制度、风险管理评价制度、风险管理考核制度等。

2. 企业应建立健全能够涵盖风险管理主要环节的风险管理制度体系。风险管理领域应用的管理会计工具方法包括风险矩阵、风险清单等。

3. 企业可结合自身的风险管理目标和实际情况，单独或综合应用不同风险管理工具方法。

4. 企业应在风险评价的基础上，针对需重点关注的风险设置风险预警指标体系对风险的状况进行监测，并通过对指标值与预警临界值的比较，识别预警信号，并进行预警分级。

5. 企业应针对已发生的风险或已超过监测预警临界值的风险，采取风险接受、风险规避、风险转移、风险分担、风险转换、风险对冲、风险补偿、风险降低等策略，把风险控制在风险容忍度之内。

6. 企业应在企业内部各管理层级、责任单位、业务环节之间，以及企业与外部投资者、债权人、客户、供应商、中介机构和监管部门等有关方面之间，传递和反馈风险管理各环节的相关信息。

7. 企业应建立风险管理报告制度，明确报告的内容、对象、频率和路径。企业应定期对风险管理制度、工具方法和风险管理目标的实现情况进行评价，识别是否存在重大风险管理缺陷，形成评价结论并出具评价报告。

三、风险管理的理论研究

从理论研究上看，风险管理这些年是学术界特别热点议题之一，相关文章与著作层出不穷，尽管不限于管理会计研究理论范畴，但是各种研究已经形成了以下基本共识：一是风险管理内容特别宽泛，但是以流动性为重点的财务风险是最为核心的内容，换言之，财务风险防控是风险管理的核心。二是风险管理的衡量主要是企业战略目标、经营目标、报告目标和合规性目标的实现程度。这就有赖于财务上通过计划规划系统、全面预算管理系统、业绩评价系统、授权制度等明确提出切实可行的目标，将公司战略转化为公司全方位、立体的目标体系。三是需要构造灵敏的风险预警系统。在目标确立后的实施过程中，还需要配备完善、灵敏的反映战略目标实现程度的管理信息系统，以及时反映风险状况的预警系统。四是固化风险处理流程、预案。风险的种类、性质各有不同，公司应根据风险的不同情况，制定不同的风险管理策略、流程、预案，如风险的全部承担策略、部分和全部转移策略、退出消除策略。

四、风险管理制度创新——兵器工业集团的“边界管控”制度体系①

从相关制度建设而言，最早于2004年美国反虚假财务报告委员会下属的发起人委员会（COSO）发布了《企业风险管理ERM——整合框架》。该框架拓展和细化了内部控制框架，更有力与广泛地关注企业风险管理领域，为企业全面风险管理提供指导。ERM框架由企业目标、风险管理要素和企业内部各个层级等三个维度构成。ERM的8要素（内部环境、目标设定、事件识别、风险评估、风险对策、控制活动、信息和交流、监控要素）都是为企业的四个目标（战略、资源使用效率、报告的可靠性和合规目标）服务的，企业各个层级都要坚持这四个目标，且每个层级都必须从以上8个方面进行风险管理。

早在2007年，中国兵器工业集团有限公司就开始对财务结构实施“边界管控”进行思考，2009年正式系统实施。该集团的“边界管控”基本思路融合防范财务风险和提高财务资源配置效率这两点。整体思路上是以“负面清单”为管理思路，明确突破财务结构边界、超越既定主业范围为禁止行为，厘清集团与下属成员单位的管控责任边界，确保企业始终处在战略方向上，保证各成员企业在财务结构安全边界内释放经营活力，提高财务绩效。

“边界管控”的具体实施手段是以全面预算管理为平台，对财务结构性指标设置风险边界，实施有效管控。具体而言，在控制风险方面，通过划清资产负债率等决定财务结构指标的边界，在提高效率方面，对利润等损益类指标实施标准控制。在操作层面，“边界管控”就是对财务结构类指标、发展类指标设置风险边界，并对损益类指标、部分结构类指标和发展类指标进行标准管理，实施有效管控。其中，结构类指标包括最基本的资产负债率，以及与此相关的带息负债总额、资本性支出规模、应收账款和存货等；发展类指标主要是以主营业务收入增

---

① 罗乾宜：《边界管控：兵器工业集团整合管理会计工具的创新探索》，载于《会计研究》2017年第10期。

长率为核心的相关指标群，包括主营业务收入增长率、经营活动现金净流量、主营业务收入成本费用率等指标；损益类指标主要涉及以财务增加值为基础的收益合理分配指标群，包括管理费用、销售费用、人工成本和研发投入占财务增加值的比例等指标。

边界管控的制度要领包括：（1）以资源配置为抓手，特别关注企业战略发展、投资扩张、资本结构、供应链布局等决策层的风控问题。（2）风险主体集中在财务融资、财务投资、财务运作方面。注重从总体上管好资产负债表，从资产负债表的结构入手建立风险隔离机制，关注业务进度与合规合法方面的企业风险。（3）设置关键指标与边界数值。“边界管控”实施风险管理重在“预设”与“预防”，这个边界值就是对关键风险指标预先设定的红线边界。（4）边界值的定期调整与差异化设计。集团在操作中视外部环境变化对边界值进行浮动管控，保持一定弹性。在测算、使用边界和标准指标值时，对个性化指标值进行了调整、优化。（5）在经营过程中或预算执行阶段，“边界管控”的主要任务就是监测预警和反馈调整，而预警的信号灯就是偏离边界指标的红绿灯制度。

五、总　　结

从这些年的实际应用而言，全面风险管理的重要地位已经在各中国企业得以充分体现，许多企业尤其是央企大多都有独立设置的风控职能部门，都从机构、流程等方面对风险控制进行了规范。不过在实际应用方面还有待继续完善，例如，国有企业内部的风控在流程、制度、合规方面的建设居多，而对实质上的运营及财务方面的风控则偏弱；执行层面的风控受到重视，而对战略、决策层的风控关注明显不足；风险防控全面性、完整性特征明显强于风险防控的重点性和针对性特征，等等。

管理会计其他领域与应用

王立彦　李[illegible]劼

财政部制定发布的《管理会计基本指引》将管理会计工具方法按战略管理、预算管理、成本管理、营运管理、投融资管理、绩效管理和其他等不同应用领域予以介绍。其他应用领域主要包括《管理会计应用指引第 801 号——管理会计报告应用指引》和《管理会计应用指引第 802 号——管理会计信息系统》。

一、管理会计报告应用[①]

财政部《管理会计应用指引第 801 号——管理会计报告应用指引》将企业管理会计报告定义为“企业运用管理会计方法，根据财务和业务的基础信息加工整理形成的，满足企业价值管理和决策支持需要的内部报告。”管理会计报告的目标是为企业各层级进行规划、决策、控制和评价等管理活动提供有用信息。

（一）管理会计报告属于内部报告

会计以记录原始会计信息、加工财务信息产品为己任。会计信息产品的对外财务报表和报告，编制中遵循会计准则，主要服务于外部投资人等信息用户；会计信息产品的对内报表和报告，主要服务于内部董事会和各级管理层，编制中无须按照统一会计规则。

财政部 2017 年 9 月制定颁布第一批 22 项管理会计应用指引，其中第 801 号为《管理会计报告应用指引》。财政部 2010 年 4 月发布的《企业内部控制应用指

① 根据北京大学王立彦、李憨劼提供的稿件资料修改整理。

引第17号——内部信息传递》，内容也涉及管理会计报告。按照管理会计报告内容，可分为综合管理会计报告和专项管理会计报告；按照使用者所处的管理层级，管理会计报告可以分为战略层管理、经营层管理、业务层管理；按照管理会计功能，可分为管理规划报告、管理决策报告、管理控制报告和管理评价报告；按照责任中心，可分为投资中心报告、利润中心报告和成本中心报告；按照报告主体整体性程度，可分为整体报告和分部报告。

管理会计报告由信息归集、处理并报送的责任部门编制。企业应定期根据管理会计报告使用效果以及内外部环境变化对管理会计报告体系、内容以及编制、审批、报送、使用等进行优化。内部信息传递是企业内部各管理层级之间通过内部报告形式传递生产经营管理信息的过程。企业应当根据发展战略、风险控制和业绩考核要求，科学规范不同级次内部报告的指标体系，采用经营快报等多种形式，全面反映与企业生产经营管理相关的各种内外部信息。

内部报告指标体系的设计，应当与全面预算管理相结合，并随着环境和业务的变化不断进行修订和完善。设计内部报告指标体系时，应当关注企业成本费用预算的执行情况。企业应当制定严密的内部报告流程，充分利用信息技术，强化内部报告信息集成和共享，将内部报告纳入企业统一信息平台，构建科学的内部报告网络体系。企业各级管理人员应当充分利用内部报告管理和指导企业的生产经营活动，及时反映全面预算执行情况，协调企业内部相关部门和各单位的运营进度，严格绩效考核和责任追究，确保企业实现发展目标。

（二）管理会计报告实践

近几年来，中国企业在推进管理会计应用中，已经有具有代表性的管理会计报告实践。下面所说四个案例，各有不同特点。

1. 兵器装备集团：综合管理会计报告①

中国兵器装备集团有限公司（以下简称兵器装备集团）是1999年由中国兵器工业总公司改组而成的大型企业集团。2012年起，兵器装备集团系统性导入十大管理会计工具，管理会计报告是其中之一。管理会计报告工具是指企业运用管理会计方法，根据财务和业务的基础信息加工整理形成，满足企业价值管理和

① http：//www. csgc. com. cn.

决策支持需要。该工具将兵器装备集团以及其下属成员企业的管理会计报告的实践经验与案例进行总结，按照可推广的原则，对其通用性内容进行提炼。

企业的管理会计报告应参考组织层级划分，对应确定各层次的管理重点和信息需求，根据各个层级管理重点和信息需求差异确定相应管理会计报告的核心内容和重点。《管理会计应用指引 801 号——管理会计报告应用指引》将管理会计报告按照战略决策、经营管理、业务控制三个层面进行划分，并分别进行管理会计报告管理模型列示。由于在实际操作中，层级边界存在模糊性，部分信息又存在层级交叉，所以在实际使用中，建议各企业根据报告时间节点、报告目的、受众范围等因素进行适当的调整，以更加契合实际需求。

兵器装备集团的管理会计报告分为三类：战略决策型管理会计报告、经营管理型管理会计报告、业务控制型管理会计报告。兵器装备集团 2015 年启动的综合管理会计报告（包括战略管理报告、责任考评报告、决策分析报告和价值创造报告四部分），以及各成员单位根据管理会计应用指引编制的本企业经营层和业务控制层的管理会计报告都是为集团经营决策层和各级管理者提供决策信息的展示平台。

2. 中国交建：管理会计报告推动管理会计应用①

中国交通建设股份有限公司（以下简称中国交建）是全球领先的特大型基础设施综合服务商。中国交建结合集团管理需求和业务特点，对管理会计报告的应用开展了积极探索。

第一，根据管理需求设置管理会计报告主体。管理会计报告主要服务单位内部管理需求，需要无限贴近管理需求，不受会计准则约束。报告主体不一定是法人单位。中国交建发展阶段不同，生产组织结构不断变化，成立了 6 个事业部，包括海外事业部、港航疏浚事业部等。这些事业部没有独立法人，没有财务会计报告的填报和报送任务，不是独立法人，组织结构的变化主要是为了适应发展战略实施和开拓市场。因此，中国交建管理会计报告主体根据管理需要而设计，比如业务类型、各事业部、各区域总部等都是管理会计报告的主体，这样可以实现多维度盈利分析。

第二，管理会计报告的可视化探索。纸质版管理会计报告存在固有弊端，如内容多、不宜携带，数据无法穿透查询。为满足不同层级管理者对管理会计报告

① http://www.cccltd.cn.

的需求，提高及时性，中国交建在管理会计信息化平台上开发了手机战略地图，把每个区域的业务都通过数据云的模式编程，通过手机点击可方便随时查阅，形成管理会计报告的可视化展示平台。

第三，通过开发财务模型有效支持决策。中国交建在管理会计报告平台上，结合历史数据、对标数据和业务模型，开发中国交建发展模型，对投资、经营、融资等经营数据进行测算，反映企业未来的投入产出以及资源配置情况和趋势，有效支持决策。

3. 东阿阿胶：经营管理报表[①]

东阿阿胶以“阿胶＋”战略为引领，创新“理念＋算盘”理念、“一图一卡两表一会”管理模式，以提升基层经营单元价值创造为中心，独创具有东阿阿胶特色的经营管理工具：经营会计报表。它将专业性较强的财务报表转化为简洁、易懂的经营会计报表，全面分解覆盖到每个经营管理单元与个人，有效地提升了基层员工的经营意识与价值创造能力，有力地支撑了公司经营目标的达成。

经营会计报表是支撑公司科学决策的重要基础，培养经营人才的重要工具。它致力于围绕价值创造，构建了涵盖营销、生产、采购、子公司的经营会计报表体系，全面提升基层经营单元的业务运营水平、效率和能力，推进经营目标达成。公司培养“懂运营，会管理”的职业经理人团队，从经营的角度系统布局及筹划。

东阿阿胶用经营会计报表支撑经营决策，通过数据分析做出更好的、利润更高的决策，选择盈利高、增长快的客户、渠道和产品，开展高回报、高效率的业务活动与模式；用经营会计报表引导配置资源，根据经营决策，确定内部资金、人员、资产的配置，实现经营单元价值最大化；用经营会计报表提升经营效率，根据指标评价与反馈，引导各经营单元主动改进业务活动，提升价值创造能力和经营效率。经营会计报表直达一线，构建从分管副总到终端经理、生产班组等基层员工的经营会计报表体系，既提出经营目标，提供了实施路径，也配套过程管理与反馈评价机制，形成一套完整、可操作的管理工具。

经营会计报表让东阿阿胶的基层经营管理能力显著提升，“理念＋算盘”的理念，锻炼培养了经营管理人才。通过实施经营会计报表，不仅给企业带来了经济效益，同时使管理体系得到了提升，促进了企业的健康、可持续发展。该实践

---

① http：//www. dongeejiao. com.

仍需要不断地完善和优化，以实现支持业务发展与科学决策。

4. 海尔：共赢增值表[①]

海尔集团倡导和开展“人单合一”管理模式，根据“共赢”理念，实行“共创、共享”管理的理念创新，重在切实有效地发挥员工、客户和合作方的资源整合力量和作用。通过“人单合一”模式，充分利用生态圈（企业及外部资源方）内的有效资源，依靠利益相关方的自主经营和资源整合创造价值，实现增值和共赢。

海尔集团正在由以企业为中心转向以用户为中心，由传统的科层式企业转型成开放式创业平台，并推出了小微创业的社群经济模式，从而将单边市场的交易转变成了多边的物联网生态平台的共创。为了承接集团物联网生态模式转型的战略目标，海尔建立了衡量物联网生态价值的共赢增值表体系。共赢增值表以“用户为中心”的理念与后“用户经济”时代的价值理念完全一致，是海尔“人单合一”双赢模式的具体实现路径和检验标准，是海尔转型为平台化的共创共赢生态圈的主要驱动工具。共赢增值表结合财务和非财务业务数据，旨在从用户资源、资源方、生态平台价值总量、收入、成本和边际收益六个方面评价各小微部门。

共赢增值表颠覆了传统损益表只能事后算账，以“事前算赢”赋能小微生态转型，能够有效驱动小微生态将消费者从产品购买者加速转化为用户资源，并持续驱动小微生态从边际效益递减的同质化竞争泥潭进入边际效益递增的自演进生态。共赢增值表适用于希望从传统销售模式（一次性销售交易）转换为用户零售模式的公司，其中用户通过开放共享平台（包括其他提供商提供的服务）成为服务的持续用户。在组织上，它适用于那些希望创造更具创新性的文化并为员工创业提供孵化器环境的公司。

（三）管理会计报告：内涵与体系

现阶段推进管理会计，在绩效管理、成本管理、全面预算管理及管理会计报告这四大方法体系中，前三者在理论和实务都取得了相当的成绩。但是在管理会计报告方面，研究和应用都较为薄弱。管理会计报告可以看成是推动管理会计的

---

① http：//www. haier. net/cn/about_haier/strategy.

“牛鼻子”。如何从战略的高度探索企业决策支持信息的完美方案，是中国企业能否打破管理会计应用瓶颈的关键环节。

管理会计报告作为管理会计信息的直接输出方式，是对企业管理会计信息最真实最综合的反映，而现阶段理论与实务界对管理会计报告的概念、内涵、要素、维度、体系等基本问题尚未形成统一认识。另外，伴随信息技术的高速发展和广泛运用，管理会计人员和管理会计工作正面临新技术带来的前所未有的影响和挑战。在新技术影响下，管理会计报告的应用和创新需要我们从整体上认识信息技术如何影响管理会计报告、了解管理会计报告中的技术探索与实践，能从分布式账本、数据仓库、云 ERP 等具体业务技术层面洞悉新技术是如何助推管理会计发展，以及未来的管理会计报告又将发生怎样的变化。

（四）管理会计报告设计：信息相关性与结构化

在管理会计领域，管理会计报告是“新生事物”，中外教科书几乎不涉及，管理实践研讨中也很少被公开讨论。

管理会计报表、报告的内容，根本上属于“会计信息”，以货币化信息为主体、非货币化信息为辅。就是说，管理会计信息产品必须基于会计，但又不限于会计，从而区别于财务报表/报告，也区别于各种专项管理报告（产、供、销、质量、客户、供应链、产业链）。

在企业管理实践中，设计怎样的管理会计报告体系，管理会计信息怎样支持企业运营和管理决策，有待进一步讨论的话题很多。

（1）会计信息产品体系。企业会计体系包括对外报告的财务会计和对内报告的管理会计，它们形成了会计信息产品体系。

（2）管理会计报表：标准化与个性化。管理会计报告需要为企业内部管理服务，既包含标准化的财务信息，也包含非标准化的非财务信息。

（3）管理会计报表类型。第一类管理会计报表：基于会计信息，由财务报表和其他会计信息而来。譬如经过改造的战略型资产负债表、成本习性利润表……第二类管理会计报表：结合财务信息与非财务信息，分析效率，解析绩效，支持考核问责等。

（4）管理会计报告的信息相关性。长期以来管理会计的重要性没有得到彰显，主要原因之一就在于缺少独立特有的信息产品。要知道，有产品才可能有产品标准、产品质量鉴证、生产者胜任能力架构等一系列专业配套要求。管理会计报告的信息相关性，表现在支持企业运营和管理决策。这样看，设计管理会计报告应当以信息需求为导向：作为管理者和决策者的董事会以及各级管理层，是管理会计信息的主要需求者，他们需要管理会计报告能够揭示企业的“全要素效率、功效，企业成长发展的动力”，具体包括全要素生产率、成本性态、资源占用、要素消耗、资源效率/效果评价、节能减排、环境成本、研究开发强度与功效等。

由以上所述显然可见，仅仅依靠财务部门，生产不出合格的管理会计信息产品，必须与业务部门合作，应用 IT 技术、依托共享服务中心。

数据信息的根本价值在于支持管理和决策。这一点，在对内报告和对外报告中并无区别。在会计界，分析财务报告支持投资决策早已成为共识，而支持战术管理决策、战略管理决策的对内会计报告即管理会计报告，却有待于建立完整体系。

（五）总结

目前，管理会计报告缺少满足管理和决策需求的、成体系的信息产品，这是管理会计的关键短板之一。多年来在专业界和教育界，很少言及管理会计报告。在经营管理实践中，设计怎样的管理会计报表、报告体系，管理会计信息体系怎样支持企业运营和管理决策，需要讨论的话题很多。

二、管理会计信息化应用[①]

伴随着数字化时代的到来，任何企事业单位都面对新环境、新问题。管理会计在企事业单位中的有效应用，也离不开信息系统的支持。管理会计的信息化建设，目的在于将会计思维、信息思维、管理思维结合，通过信息技术应用、规范业务流程和信息一体化，建设组织内部的信息化管理控制平台。随着我国管理会计体系建设的不断深入和近年来互联网、大数据、云计算等一系列新技术的快速发展，管理会计信息化的重要性日益显现。

① 本文的企业实践部分，根据刘梅玲、余坚（上海国家会计学院）、卜照坤（中国铁塔股份有限公司）、薛军利（浪潮通用软件有限公司）在《中国管理会计》杂志已发表的文章“中国铁塔的数字化建设和运营之路”整理。

（一）数字化时代的管理会计转型

数字化时代的首要特征是大数据。大数据环境下的管理会计功能有效发挥，必须以高效、低廉、灵活的数据系统及相关 IT 技术为支撑。应用好管理会计信息系统，要解决数据来源和数据质量的问题，改变、改善传统 ERP 业务系统与管理会计系统之间的脱节状况。对此，共享服务平台建设可以说是“牛鼻子”，牵之而能激活、优化、智能化信息体系。进而，智能化的管理会计信息化，必定具有协同功能。

关于管理会计信息化建设，财政部 2014 年发布的《关于全面推进管理会计体系建设的指导意见》中指出：推进面向管理会计的信息系统建设。指导单位建立面向管理会计的信息系统，以信息化手段为支撑，实现会计与业务活动的有机融合，推动管理会计功能的有效发挥。具体措施：一是鼓励单位将管理会计信息化需求纳入信息化规划，从源头上防止出现“信息孤岛”，做好组织和人力保障，通过新建或整合、改造现有系统等方式，推动管理会计在本单位的有效应用。二是鼓励大型企业和企业集团充分利用专业化分工和信息技术优势，建立财务共享服务中心，加快会计职能从重核算到重管理决策的拓展，促进管理会计工作的有效开展。三是鼓励会计软件公司和有关中介服务机构拓展管理会计信息化服务领域。

2017 年财政部制定颁布《管理会计应用指引第 802 号——管理会计信息系统》，将管理会计信息系统界定为以财务和业务信息为基础，借助计算机、网络通信等现代信息技术手段，对管理会计信息进行收集、整理、加工、分析和报告等操作处理，为企业有效开展管理会计活动提供全面、及时、准确信息支持的各功能模块的有机集合。管理会计信息系统适用于已经具备一定的信息系统应用基础、在此基础上建设管理会计信息系统的企业，以及新建企业信息系统、并有意同时建设管理会计信息系统的企业。

我国企业对于管理会计信息化的运用，起步于单一领域实践，譬如预算、成本管理、存货管理等，企业界不乏成功案例。但是管理会计信息系统的整体建设，成功的案例尚为少见。这就要提到管理会计信息系统规划和建设。这个过程一般包括系统规划、系统实施和系统维护等环节。管理会计信息系统的模块包括成本管理、预算管理、绩效管理、投资管理、管理会计报告以及其他功能模块。

（二）企业实践：中国铁塔股份有限公司的数字化建设和运营之路

中国铁塔股份有限公司（简称铁塔公司）是由“中国移动”“中国联通”“中国电信”和中国国新控股有限责任公司（简称中国国新）共同出资设立的大型通信铁塔基础设施服务企业。铁塔公司根据其运营特点，以物联网和在线商城实现数字化业务，以财务共享实现数字化财务，在业财一体、自动核算、单塔核算、一点支付和一点出报五个方面形成了卓有成效的效果。

1. 公司基本情况和数字化建设重要性

铁塔公司成立的初衷是将原本由三家电信运营商各自建设、各自运维、各自管理的众多铁塔基站，变成一家建设、一家运维、一家管理、三家共享的模式，从而推进铁塔建设供给侧改革，减少重复建设，提升行业效率。该公司数字化建设需求如下：

第一，同时考虑客户和股东利益。为此，公司的战略选择是专业化，如何借助企业的数字化建设，发挥专业化水平，进行集约化管理，保证低成本、高效率的运行成为公司战略落地的重要支点。

第二，加强风险管控，确保资产安全。公司的资产高度分散，铁塔资源遍布全国各地，深入到乡镇。统一为铁塔和设备编码，借助物联网等对铁塔和设备进行数字化建设和运营，可有效而高效地进行资产管理，提高运营效率。

第三，发挥规模效应实现高效运营。为此，财务共享成为公司的必然选择。

第四，提升信息质量实现财务价值。基于低成本、精益运营需要，铁塔公司对于187万座铁塔要求采用单塔核算的模式，每个铁塔需要单独计算成本、效益，并出具损益表等财务报表，进而通过精细化管理提升财务价值。

2. 以物联网和在线商城实现数字化业务

数字化管理的前提是为铁塔站址和相关设备进行编码。铁塔公司采用资产资源系统，为187万个铁塔站址进行站址编码。编码相当于铁塔站址的身份证，标识该铁塔站址的站址名称、站址类型、经度、纬度、所在地址等基本信息，可以归集发生在该站址的所有事件。公司采用资产资源系统，基于资产编码对1600万个设备进行全生命周期管理，这些设备包括分路计量表、红外、蓄电池、开关电源、空调、门禁、温湿感、监控设备、水浸、烟感、断电传感器等。在设备采购阶段就生成资产编码（设备类别+供应商编码+采购年份+流水号），之后在到货阶段、交付阶段、资产运维阶段都需要扫描该资产编码，在资产退出阶段则停用该资产编码。

公司借助动力环境集中监控系统，对全国铁塔动力设备和环境进行统一监控和统一派单。该监控系统包括 SC（Supervision Center，集中监控中心）和 FSU（Field Supervision Unit，现场监控单元）两个部分。其中，SC 是面向多 FSU 管理的高级监控层次，即集团监控平台；FSU 是监控系统的最小子系统，由若干监控模块和其他辅助设备组成，是直接面向设备进行数据采集和处理的监控层次，可以包含采样、数据处理、数据中继等功能。铁塔公司的 FSU 连接了 1600 万个设备，是迄今为止全国最大的物联网。借助该物联网，铁塔公司可以实现遥调（调节运行参数，节能减排）、遥控（远程开关）、遥警（告警上报）和遥测（性能指标测试）。

公司通过系统集成，对资产的形成和资产的运营进行自动核算。其中，通过项目管理系统对资产的形成进行全程管理，包括项目立项、项目设计、项目采购、项目建设、项目验收和项目决算。通过项目管理系统和财务系统以及资源资产系统的集成，将决算之后的工程项目自动转为资产，进而在资源资产系统中管理资产运营，包括资产调拨、利旧、闲置、维修、盘点、转让、置换和报废等，实现资源能力的可视化、运营维护的可管理、运营成本的可控制，在财务系统中完成在建工程转为固定资产的自动核算。为此，三个信息系统中的资产数据来源、数据存储和数据变动完全一致。资源资产系统中的资产总量，总部可以实现一点计提折旧。

公司自主研发全国一级架构的“在线商务平台”，且自主运营，对铁塔、机柜、蓄电池等设备供应商施行统一认证和准入，利用电商模式形成全国统一市场，地市公司在互联网下单，总部一点集中结算。该在线商务平台的研发和使用，使得铁塔公司的供应商集中度得以提高，通过采购评价使得供应商生态链得以优化，采购成本下降。

3. 以财务共享实现数字化财务

铁塔公司财务共享中心的定位是将各级公司的会计核算、资金支付结算、财务报表编制、数据管理与支撑等传统财务会计职能业务集中，通过标准化、流程化、集约化、规范化的集中统一操作，为各级公司提供标准化的财务服务和数据，充分释放管理效能，有效实现价值创造，全面支撑各级经营主体的运营管理需要。

公司财务共享的具体建设目标有如下四个：核算自动化、结算集中化、数据标准化、管理集约化。通过推进制度流程的建设优化，释放核算工作精力，激发基层单元活力，提升价值创造能力。为有效实现财务管理目标，充分发挥财务共享中心的作用，全面支撑各级经营主体的运营管理需要，公司采用“网络核算、集中管控、分级授权”的建设思路，建设总部一级财务共享中心，为各级分公司提供标准化的财务服务，包括报账支付业务、会计核算业务、结算业务、报表业务、稽核业务。

公司的财务共享中心，通过与外围业务系统和公共服务系统的集成，实现财务系统与业务系统的直连互通：开启财务共享核心系统、集成外围关键业务系统、集成相关公共服务系统。

4. 数字化建设成效

铁塔公司借助业务和财务的数字化建设，构建起以资产管理为核心、以成本管理为重心、以价值链管理为主线的价值创造型财务管理体系，逐步实现了核算自动化、结算集中化、数据标准化、管理集约化的目标，全面支撑起铁塔公司总部及各级分子公司的运营管理需求。

（1）业财一体，打通横向业财管控。共享中心实现同外围客户关系管理、在线商务平台、项目管理、物业管理、运维管理、合同管理、人力资源等业务系统的集成，建立财务系统与业务系统的直连互通，打通横向财务业务一体化管控。

（2）自动核算，提高效率降低成本。截至2015年底，铁塔公司187万铁塔信息陆续进入共享中心，共享中心为集团412个核算主体自动核算、集中支付，统一出具财务报表和内部管理报表。财务基础核算工作80%以上已经实现系统自动化核算，估计共享中心系统层面能够达到99%的核算自动化。铁塔维护运营数据、财务数据逐步沉淀到共享中心，利用大数据技术在决策优化、绩效提升及客户洞察方面发挥共享中心的数据价值，成为铁塔公司共享中心深化应用的新目标。

（3）单塔核算，打造价值创造体系。做好每一个铁塔的单站核算是铁塔公司制胜的利器。每个铁塔都会有造价表、损益表和投资表，对于上百万条的海量数据，所有的战略规划、预算、日常的生产运营都是基于单站核算、每个基站的一手数据来进行管控。按照单站核算这种模式，对于内部精细化管理非常有效。

（4）一点支付，大幅降低资金风险。在业财一体化基础上，作为资金密集型企业，铁塔公司采用总部集中支付模式，尤其是对于大宗运营物资采购，各分、子公司登录集团统一的在线商务平台下订单，由总部商务合作部统一对账、统一报账，共享中心统一进行资金稽核、结算，通过一点支付完成付款。整个在线采购和集中支付流程有序运转，集团采购成本大为降低，同时整个集团的资金管控力度进一步加强，资金风险大幅降低。

（5）一点出报，提升共享服务效率。共享中心在核算自动化基础上，实现整个集团核算业务集中控制。共享中心统一为 187 万座铁塔的单站损益表和单站投资表，为铁塔公司 412 家核算单位按月出具财务报表、税务报表和内部管理报表，对工程、应收款、固定资产等数据进行基础分析和监控预警，并将这些数据和信息推送给公司总部，省、市各级单位及各级管理层，保证数据口径的一致性和数据的准确性。各级公司相关管理人员根据权限查阅使用，确保数据安全，有效支撑公司经营决策。

（三）国内支撑管理会计应用软件不断发展

国内软件企业在管理会计信息化建设领域中，仍处于初期发展阶段，多是从财务软件发展演变而来，在发展理念、总体设计、资源投入、市场占有、产品创新等方面，与发达国家软件企业相比，仍存在较大的差距。

1. 国内软件企业支撑管理会计应用软件发展情况

东华软件以管理会计为指导，以全面预算管理系统为纽带，融合业内专家先进理论及上百家龙头企业管理实践及应用推广经验，构建了业财一体化管理系统，帮助中小企业进行内部市场化经营核算，覆盖经营目标、预算管理、项目管理、合同管理、薪酬管理、资金管理、资产管理、费用管理、绩效核算分析等功能。

金蝶软件支持中国企业在管理会计各个领域的创新和实践。作为中国领先的管理软件及云服务供应商，金蝶集团注重向管理会计和移动互联网转型，通过信息化手段将成本管理、全面预算、资金管理、最小责任单位利润管理等在企业落地，以财务共享服务平台为支撑，实现战略财务、业务财务、共享财务的分层，消除财务与业务的边界。

浪潮集团有完善的软硬件产品及云计算、大数据解决方案。新一代云 ERP 融入成本管理、预算管理、绩效管理、管理报告等管理会计思想和工具，基于大数据的内部报告和决策分析，提供覆盖企业内部经营管理数据和上下游企业数据、互联网数据等数据采集存储、挖掘分析，面向各级管理者，形成各级任意粒度的考核报表、经营分析，提供涵盖制造、建筑、能源等 9 大行业 9 个应用领域分析模型，提供价值创造型财务共享服务。

明算科技致力于利用新型软件工程技术推动企业管理会计系统建设和相关管理会计工作，在面向数据软件架构、构件化拼装式系统构建、信息系统通用数据交换和虚拟信息系统等软件工程领域取得突破性进展，同时还创造性地研发了企业智能业务单证和企业智能管理会计报表。

思源时代从企业集团的管理痛点出发，深研业财融合的管理信息化及管理会计一体化落地的实现路径，融入数据资产管理、共享管理、管理会计方法等多种管理理念，推出“业财一体管理会计智能平台”，助力企业集团实现“业财资税”四位一体的数字化转型。

用友公司近几年一直在管理会计信息化平台、工具和云服务层面不断创新和探索实践，目前已经在阿米巴（内部市场化）管理会计整体解决方案和工具平台方面有创新型产品和服务，支持基于大数据技术的财务平台，支持大型企业业务财务的融合。

远光软件在集团管理、智能物联、智慧能源、社会互联方面为集团企业和社会治理提供持续创新的产品解决方案和服务，通过动态建模能快速实现个性化定制，并且非常注重管理软件与智能设备、大数据、人工智能、区块链等新兴技术相结合，实现横向业财融合、纵向集约管控。

元年科技在管理会计信息系统研发、实施和咨询服务等领域不断探索实践。其新一代管理会计软件拥有可与国际大牌公司比肩的强大功能和成熟经验，具有运算速度快、稳定性高、性能超群的显著特点，又融合了中国企业的管理特点和应用习惯，全面覆盖从全面预算、管理会计报告、费用管控、商业智能、绩效管理、业财税融合等各个领域。

中兴新云是财务数字化转型与财务共享服务领域管理咨询和信息技术解决方案的领先者。中兴新云把工业工程的思想融入财务流程，建立了财务共享服务，把通讯技术的理念融入财务系统，实现数据智能采集、财务业务的智能处理，以及企业经营的智能分析，支持企业的业务经营与管理决策。

2. 国内管理会计应用软件发展环境

经过多年的发展，我国管理信息化行业无论是信息技术基础还是软件应用的效果均有了长足的进步，国内软件企业也在产品发展过程中具备了一些优势，很多软件产品比国外产品更贴近国内的管理习惯和适合本地化企业应用，价格更具备优势，但仍然存在很多问题与缺陷，需要研究和突破。一是缺乏推进支撑管理会计的软件发展政策支持体系；二是缺乏支撑管理会计软件的行业标准规范；三是缺乏支撑管理会计应用软件发展的基础研究。

3. 国内管理会计应用软件发展现状

国内管理信息化行业较国外起步晚，软件成熟度低，多数企业规模小、市场占有率低。国外大型软件企业依托工业化进程，与国外大型企业共同成长，并结合不同行业发展特性，经过长期技术积累、迭代升级，形成了竞争优势。目前在国内管理会计推广应用领域，ORACLE、IBM 和 SAP 等软件公司凭借所沉淀的技术储备和行业经验迅速占领了市场，形成了垄断格局，占据了管理会计软件大部分的市场空间，给国产支撑管理会计应用软件发展带来了巨大的挑战。

国内支撑管理会计软件发展亟须搭建产学研交流创新机制。管理会计软件开发不仅仅是一种技术开发过程，也是财务管理变革，需要管理咨询和技术开发相结合。目前，国内制造业企业的信息化过程多是简单的外包形式，有钱的企业或者理念先进的企业会做管理咨询，然后再做技术实施，差一点的企业就是技术外包，将管理会计信息化简单地理解为“上软件”。软件企业的业务扩展模式多是论坛、技术需求、技术方案、技术实施，高校智力资源没有被充分利用。调研发现，制造业企业和软件企业对于形成产学研机制的愿望十分迫切。

金融企业管理会计应用*

王鹏程　岳天宇　谌嘉席　李子文　井胜军　彭寿春
李军阳　张　黎　毛新述　王志成　潘秀丽

财政部制定的《管理会计基本指引》及系列应用指引，适用于所有单位，包括企业和行政事业单位。然而，从单位管理会计的理论和实践来看，不仅企业和行政事业单位差异明显，不同行业企业之间也存在很大差异，典型地表现在金融行业企业和非金融行业企业之间。

一、金融企业管理会计概况

金融行业是国民经济发展的重要支柱。随着我国金融行业市场化改革的深入和金融市场竞争的加剧，应用管理会计对金融企业管理水平、经营效益和市场竞争力的提高具有重要意义。

金融企业开展管理会计工作，需要充分了解和分析境内外金融监管环境，包括行业监管要求、资本约束机制、窗口指导机制、价格管制机制、信息披露要求和投资范围限制等方面。对于金融企业而言，管理会计信息系统较之非金融企业更为复杂，系统要求更高。基于服务内部管理和价值最大化的总体目标，金融企业管理会计平台融合管理理念、数据和技术于一体，定位为企业级价值管理平台。如何从庞杂的海量数据中筛选有用信息，提升经营管理和决策能力是金融企业管理会计信息系统必须要解决的问题。现阶段，海量数据收集和数据规范治理也是我国金融企业管理会计平台需要重点完成的工作。

我国金融行业主要为分业经营，各行业均有其各自特点。而在银行、保险、

---

* 根据王鹏程、岳天宇、谌嘉席、李子文、井胜军、彭寿春、李军阳、张黎、毛新述、王志成、潘秀丽提供的稿件资料修改整理。

证券等传统金融业态之外，信托、基金、期货、财务公司、金融资产管理公司、金融租赁、汽车金融、贷款公司、消费金融、互联网金融等各类新兴业态也不断涌现，不同业态的金融企业在管理会计应用上虽然有不少的相似之处，但也存在不少的具体差异。不同业态金融企业在应用管理会计方面的特色概括如下：

（一）管理会计在银行业的应用特色

银行企业管理会计建设，从最初的对成本的精细化管理，逐渐演进为包含精细化成本管理、外部定价支持、资源合理分配和最终的全行资产负债管理等综合性、统一性的管理策略，实现了帮助银行满足监管合规要求，并在利率市场化大环境下进行差异化经营的目标。银行业因其自身 IT 系统建设完备，数据积累丰富，为管理会计建设提供了良好的信息技术基础。

（二）管理会计在保险业的应用特色

保险行业管理会计建设主要满足在精算范围外，考量各级经营机构、条线、业务人员的成本占用情况，为未来资源的合理分配和绩效评价提供信息支持。保险业在预算管理、业绩分成与绩效管理等领域应用管理会计较为成熟，现阶段也在推进成本分摊、盈利分析的模块建设，但资金转移定价与经济资本管理的需求较弱。

（三）管理会计证券业的应用特色

证券公司管理会计建设与银行类似，是以资产负债管理为度量，以绩效管理和预算管理为最终应用，实现在最小盈利单元层面的盈利能力分析。证券公司资金转移定价的应用比较重要，而经济资本管理尚在探索尝试之中。

（四）管理会计在信托业的应用特色

信托公司管理会计主要为计算单一信托项目盈利能力和信托项目中资金端和资产端各自盈利能力，并同时对信托项目涉及的组织机构、产品、渠道和员工的盈利能力进行评价。多维度盈利分析和业绩分成对于信托业较为重要，而对于资金转移定价和经济资本管理，仍处于尝试阶段。

（五）其他业态金融企业管理会计的应用特色

其他业态金融企业管理会计建设，多是为了实现对精细化核算，进而实现对成本的有效控制和对利润贡献的正确评价，因而资金转移定价的应用较多。对于存在资金池管理模式的其他金融企业，在资金池中进行资金错配，考虑其错配情况相对于银行较为简单，其定价管理一般以资金成本管理为表现，流动性管理和利率风险管理为核心。此外，信息化建设相对较好的企业也已开始探索建设管理会计系统。

二、金融业管理会计特色应用

金融业管理会计比较有特色的应用主要包括多维度盈利分析、资金转移定价、经济资本管理、成本分摊、业绩分成、预算管理、绩效管理。

（一）金融企业多维度盈利分析方法

多维度盈利分析，是指金融企业对其一定期间内的经营成果，按照机构、部门、产品、客户等维度进行计量，分析盈亏动因，以满足内部管理需求。多维度盈利分析程序一般包括确定分析维度、建立分析模型、制定数据标准、收集数据、加工数据、编制分析报告等。

（二）资金转移定价

资金转移定价，是指金融企业基于战略及管理需求，内部资金中心与各资金筹集和运用部门之间按照一定规则，对资金进行有偿转移，向资金筹集部门支付资金收益，向资金运用部门收取资金成本的一种内部资金管理模式。资金转移定价的目的是金融企业对内部资金转移进行计价，为多维度盈利分析提供数据支持，并促进金融企业实现分离利率风险、优化资源配置、引导产品定价。

金融企业开展资金转移定价，应遵循以下原则：贴近市场原则，资金转移价格应以最新市场利率走势为基础，科学、准确地传导市场利率；统筹制定原则，资金转移价格的制定应综合考虑资产负债管理策略和内部管理需求，有效传导业务发展战略；公开透明原则，资金转移定价的管理和决策应与资金筹集和运用部门密切沟通，做到信息透明，以保持决策机制的畅通，提高定价策略的传导效果。

资金转移定价程序主要包括确定管理方式、构建收益率曲线、选择定价方法、确定资金转移价格以及制定调整机制等。

（三）成本分摊

金融企业应通过建立科学有效的路径，将实际发生的完全成本相对合理地分摊到不同维度，实现对成本的多维度计量，为多维度盈利分析提供数据，支持客户、产品综合定价，提高成本精细化管理水平。

金融企业应依据“谁受益、谁负担”原则，开展成本分摊工作。金融企业成本分摊参与主体应当包括所有成本支出与受益主体，各主体对成本分摊工作及数据质量负有不同责任。通常，财务部门负责制定和完善成本分摊制度和模型，信息技术部门负责分摊系统的开发与运维，业务及管理部门负责提供相关分摊动因并对分摊结果及时确认。

金融企业成本分摊程序一般包括确定分摊路径、构建成本库、获取并匹配成本动因、分摊计算及结果应用等。

（四）业绩分成

业绩分成，是指金融企业机构、部门、员工等主体之间业务协同时，对协同所产生的业绩进行的分享。业绩分成的目的是客观评价协同各方业绩，为多维度盈利分析提供数据支持，促进金融企业提高业务协同水平。

金融企业开展业绩分成，应遵循以下原则：业绩匹配原则，金融企业应根据协同各方的实际贡献分配业绩，以体现业绩分成的公平公正；同维分成原则，业绩分成相关方必须属同一维度，如机构间、部门间、员工间，不同维度之间不能进行分成。

金融企业应根据组织架构特点，建立健全业绩分成组织体系，明确相关职责。通常，财务部门负责制定业绩分成的基本原则；各业务管理部门负责制定业绩分成的管理办法和操作细则；各业务经营单位负责商定业绩分成指标和方法，并对业绩分成结果及时确认；信息技术部门负责系统的开发与运维。

金融企业业绩分成应用程序一般包括明确分成指标、选择分成方法、签订协议、分成计算和实施分成。

（五）经济资本管理

经济资本，是指在一定时间和一定置信区间内，金融企业为弥补其面临的风险所带来的非预期损失所需要的资本，是金融企业通过内部风险评估而产生的、配置给特定业务用以减缓风险冲击的资本。经济资本管理，是指金融企业在有效计量各类风险的基础上，准确计量经济资本，并将经济资本计量结果有效应用至机构、部门、产品、客户等维度的管理工作。

经济资本管理的目的是准确计量经济资本，为多维度盈利分析提供数据支持；合理配置经济资本，提高资本使用效率。金融企业开展经济资本管理，应遵循以下原则：业务全面覆盖原则，经济资本管理应覆盖全部经营机构的表内外各类业务；总量控制原则，金融企业应以确定的经济资本总量控制目标，约束各项业务的发展计划；优化配置原则，金融企业应平衡风险与回报，将资本优先配置到资本消耗低、资本回报率高的业务。

经济资本管理程序包括经济资本计量、经济资本规划与预算、经济资本配置、经济资本监控和报告以及经济资本的应用等。

（六）预算管理

金融企业开展预算管理，需要考虑金融监管政策，以及资本市场、货币市场、外汇市场等市场的波动。金融企业预算指标宜采用定量指标与定性指标相结合的方法进行设置，要体现金融企业的战略目标，同时符合企业实际情况，并与绩效管理活动保持匹配。指标一般覆盖盈利能力、经营增长、资产质量、偿付能力和流动性管理指标等方面。

金融企业可以根据管理需求，编制机构、部门、产品、客户以及其他维度的预算。金融企业编制其他维度预算时，要确保各维度预算结果与机构维度预算结果相匹配。金融企业还可以根据管理需求，编制特定业务的日均余额预算。

（七）绩效管理

金融企业开展绩效管理，应坚持对接监管原则。绩效管理应遵循金融企业对口监管机构相关规定和指引，将外部监管要求传导至内部日常经营和管理中。

金融企业开展绩效管理时，需要对机构、部门、产品、客户等在多维度预算及盈利分析报告基础上开展绩效评价。制定绩效管理方案时，需包括盈利能力指标、经营增长指标、资产质量指标、偿付能力指标、合规经营指标、发展转型指标、社会责任指标。

三、总　结

今天，云计算、大数据、区块链、人工智能、物联网等智能技术迅速改变了整个社会和营商环境，国内外的金融机构均在积极应对，纷纷布局金融科技，推进智慧运营。金融企业开展管理会计工作，应当积极拥抱智能时代，搭建智能化的信息架构，使管理会计工作自动化、智能化、平台化，全面支持金融企业的转型与创新。

行政事业单位管理会计应用

潘晓波　刘俊勇

财政部发布的《管理会计应用指引 803 号——行政事业单位》明确适用于各级各类行政单位、事业单位等。行政事业单位附属独立核算的企业和生产经营单位、纳入企业财务管理体系的事业单位不适用。

这里主要介绍管理会计在政府部门和公立医院中的应用。

一、政府管理会计的应用*

进入新时代，党中央、国务院着眼于国家治理能力和治理体系现代化建设，在贯彻新发展理念，建设现代化经济体系过程中，对管理会计应用能力提出新要求。2018 年 7 月 6 日，中共中央、国务院审议通过的《关于全面实施预算绩效管理的意见》，明确指出要建立起全覆盖、全方位、全过程的全面预算绩效管理体系，这是党中央、国务院对全面实施预算绩效管理做出的顶层设计和重大部署，对于深化预算管理制度改革、推进国家治理体系和治理能力现代化具有重要意义。

2018 年 11 月，财政部印发《关于贯彻落实〈中共中央　国务院关于全面实施预算绩效管理的意见〉的通知》，提出到 2020 年底中央部门和省级层面要基本建成全方位、全过程、全覆盖的预算绩效管理体系，到 2022 年底市县层面要基本建成全方位、全过程、全覆盖的预算绩效管理体系的目标。财政部刘昆部长在出席 2018 年 3 月 25 日举办的中国发展高层论坛 2018 年会时表示，要建立全面规范透明、标准科学、约束有力的预算制度，全面实施绩效管理。这与党的十八届三中全会《决定》提出的表述相比，既保持了一定的连续性，又有深化和拓

* 根据中南财经政法大学潘晓波、黄莎、张仪莲提供的稿件资料修改整理。

展。将立足于已确立的预算制度主体框架，进一步提升预算的全面性、规范性和透明度，推进预算科学精准编制，增强预算执行刚性约束，提升财政资源配置效率。2018 年 12 月 27 日，刘昆部长在全国财政工作会议工作报告中要求，全面实施预算绩效管理，加快建成全方位、全过程、全覆盖的预算绩效管理体系，建立中国特色社会主义现代财政体系。

截至 2018 年，绩效目标管理已经覆盖一般公共预算、政府性基金预算中所有中央部门本级项目和中央对地方专项转移支付，以及部分中央国有资本经营预算项目，初步建立了比较全面规范的绩效指标体系。同时，将绩效目标随同预算批复和下达，资金使用单位的主体责任和效率意识强化。

为了贯彻全面实施预算绩效管理的精神，我国地方政府也纷纷在结合当地实际情况的基础上，积极推进预算绩效管理工作。2017 年，安徽省合肥市全面推开预算绩效管理改革，从建立现代财政制度、推进政府治理体系和治理能力现代化的目标出发，在全省率先全面推开预算绩效管理改革。广东省采取“四三二一”（四大环节、三个体系、两项要件、一个核心）推进预算绩效管理向纵深发展，具体包括目标管理、绩效监控、绩效评价、结果应用管理等四个重要环节。除安徽省和广东省外，江西省、湖北省、河南省、河北省、广西壮族自治区、甘肃省等地方政府也都在财政部绩效管理条例下，积极深化地区预算绩效改革，合理分配资金使用量，建立一套适合本地区的绩效评价体系，并且不断进行实践与总结，落实绩效管理工作，以优化财政资金配置的经济性、效率性、效益性。

二、公立医院管理会计应用*

我国管理会计体系的建设不仅对于企业的经营发展至关重要，对我国公立医院的发展同样重要。我国公立医院亟须引入管理会计的理念与方法，以更好地适应医改政策要求，并进一步提升管理水平和经营效率。

（一）公立医院管理会计应用概况

自 2009 年起的 10 年中，国务院办公厅下发多项医改文件，公立医院成为改

* 根据中央财经大学刘俊勇、安娜提供的稿件资料修改整理。

革的重点对象，原有追求规模和数量的模式，已无法承担新经济形势下的使命。

对于公立医院而言，管理会计的主要职能在于对成本和资本进行有效的控制及全面系统的分析，并为管理者提供可靠的管理数据及准确的管理信息，使其及时掌握医院医疗业务运行状况，有效地为加强医院管理服务。因此，医院管理会计即可定义为以提高医院经营效益为目的，通过运用一系列管理会计工具、方法对医院运营活动进行预测、决策、控制、考核、评价的一种管理活动。

公立医院长期以来对医院管理会计重视不够，以期通过“扩床位、增设备、引人才”等外延式模式发展医院。随着新医改的深入，医疗服务价格调整、取消药品加成、医保支付方式改革、分级诊疗等一系列政策因素叠加，使公立医院收支结余空间变窄、运行压力增加，医院财务精细化管理已是大势所趋，必然延伸拓展向管理会计转变。我国公立医院管理会计的发展还处于初级起步阶段，目前来看，管理会计在公立医院中的应用仍然存在着诸多不完善的地方。

（二）医院管理会计发展现状分析

（1）医院管理会计制度不健全，应用体系不完善。由于我国管理会计发展的时间较短，尚未建立相应的理论体系，所以，公立医院现有的管理会计相关政策较为零散，管理会计活动缺乏总结与改进。

（2）管理会计思维缺失，医院管理层关注度不高，管理会计职能长期缺位。当前我国的医院多为事业单位，并且医院管理者大多是医疗领域的专家学者，对财务管理的认识大多局限于财务会计，而对管理会计的内容和重要性认识不足。此外，由于医院的“公益性”，弱化了医院作为经济主体参与市场竞争的盈利需求，使得医院管理者往往忽视成本管理。

（3）人才队伍培养缺乏，专业能力有待提升。虽然我国医院管理会计人数有所增加，但是人员的专业能力较弱。管理会计在我国的起步较晚，人才培养环节没有及时跟进，导致专业性的管理会计人才较匮乏，管理会计队伍能力水平达不到要求。

（4）信息化建设缓慢，应用程度不高。我国大部分医院完成了 HIS、HRP 等系统开发，但其数据分析功能尚不能满足医院管理的需要，使得管理会计的作用大大削弱。医院中基础工作的数据不能迅速共享和交换，给会计工作人员增加了工作量和工作难度，管理会计信息也无法及时反馈给医院管理层。

（三）案例：中国医学科学院肿瘤医院管理会计应用[①]

中国医学科学院肿瘤医院，始建于1958年，是国家肿瘤临床医学研究中心、国家肿瘤规范化诊治质控中心、国家食品药品监督管理局认证的国家药物临床研究中心所在地，是集医教研防于一体，全方位开展肿瘤相关基础研究和临床诊治的国家标志性肿瘤专科医院。

1. 管理会计工作的组织方式

医院财务管理模式是由赫捷院长兼书记总体负责，徐元元总会计师协助院长分管医院财务工作。总会计师主管财务处、经营管理处。财务处73人，下设三个科室：会计科、稽核科、收费科，侧重于财务会计性质的业务工作。经营管理处12人，下设四个科室：绩效工资科、物价科、国有资产管理科、成本管理科，侧重于管理会计性质的业务工作。

中国医学科学院肿瘤医院历来重视会计工作中管理职能的发挥，独立设置了经营管理处，负责成本管理、绩效工资管理、国有资产管理及物价管理四部分工作，履行管理会计的职能。该处与财务处并列成为医院主要处室，对医院及核算科室的经济指标进行分析、对单病种费用及单台大型设备进行测算，辅助医院决策。财务处也在原有工作的基础上，进行全面预算管理及合同管理。两个处室同时展开工作，各自发挥职能，建立起健全的医院运营管理体系；促进了临床诊疗、医疗管理与质量控制的可持续改善，实现了运营与医疗的高效协同，将财务职能从交易处理和管理控制向决策支持和战略发展转变，基本实现了以财务为核心的业务整合，充分体现了业务财务融合管理思想。

2. 管理会计工作的主要内容

中国医学科学院肿瘤医院在经济管理的各方面均应用了管理会计的相关内容，现主要从预算管理、成本管理、绩效管理、内部控制四个方面进行介绍。

（1）医院全面预算管理。医院全面预算管理应用情况：一是建立预算管理组织体系，分级控制、分工明确；二是制定预算管理流程，完善管理制度；三是科学编制，全员参与；四是逐级审批，流程清晰；五是严格执行，加强管控；六是

① http：//cicams. ac. cn/web/index. aspx.

强化绩效，确保执行。主要应用的管理会计工具方法有全面预算管理、零基预算、弹性预算、滚动预算等。

（2）医院成本管理。医院成本管理应用情况：一是建立健全医院成本管理的组织机构；二是建立完善成本管理的相关制度及流程；三是成本管理的工作主要是在成本核算的基础上，做好成本分析工作，为科室成本控制提供支持，为医院决策提供参考。主要使用的管理会计工具方法有本量利分析、变动成本法、投资回收期等。

（3）医院绩效管理应用情况：一是建立医院绩效考核组织体系；二是明确绩效考核对象、制定考核原则；三是设定科学的绩效考核评价指标体系；四是设置三层考核频次、各有侧重，搭建有层次的医院绩效管理考评体系；五是准确的数据来源是做好绩效考核工作的起点。主要使用的管理会计工具方法有关键业绩指标法、平衡计分卡等。

（4）医院内部控制基本情况：一是合理配备人员，明确岗位职责，建立内部控制管理体系；二是健全内控制度，充分发挥内控作用；三是全面开展稽核工作，实现二次把关；四是内外审计有效结合，充分发挥监管作用；五是遵守院务公开原则，重大事项集体决策。

3. 管理会计应用效果

中国医学科学院肿瘤医院加强管理会计的应用，充分利用管理会计的数据，取得了有效的成果：

（1）高效服务于临床，医疗工作量不断增长；

（2）降低平均住院日，提高床位利用率，手术量不断提高；

（3）固定资产利用效率不断提高，设备工作量逐年增加，每百元固定资产收入逐年提高，固定资产使用效率逐年上升；

（4）有效控制医院运行成本，在医院工作量不断增长的情况下，医院有效控制医院运行成本，如水电、物业费等，使得医院运行成本增长率远低于工作量增长率。

（四）医院管理会计应用总结

《关于全面推进管理会计体系建设的指导意见》指出，力争通过 5 ~ 10 年左右的努力，基本建成中国特色管理会计体系。在政府的强力推进下，加之新医改政策不断落实，管理会计将越来越多的与医疗卫生机构经营活动相融合。

医院管理会计体系的建立和完善可以根据过去已有经验进行改进，建立一套适合于自身的管理会计体系。对工作内容要求明确，并明确规定管理会计的工作范围和会计人员的职责，确保医院管理会计有条不紊的开展。

管理理念的革新是认知模式和思维模式的转变，公立医院管理会计要寻求高效发展首先必须提高对管理的认识水平。人工智能的迅速发展，传统的财务工作面临被替代将是不可逆转的趋势，公立医院的财务人员应由核算会计转为管理会计。医院管理者是医院战略发展的规划者和引领者，对管理会计的高度重视，实质是对现代医院管理的科学化、精细化的追求。

公立医院要不断强化对管理会计人员的能力培训，提高管理会计人员的专业素养，还要做好对管理会计人员的监督与考核工作，通过这些具体的方法来做好公立医院的管理会计人才培养工作。

在医院财务信息化和业务信息化建设的基础上，推动以 HRP 为代表的资源整合型信息系统，融合现代化管理理念和流程，整合医院已有信息资源，创建一套支持医院整体运行管理的统一高效、互联互通、信息共享的系统化医院资源管理平台。

工信领域管理会计应用*

工信部工业文化发展中心

按照《财政部关于全面推进管理会计体系建设的指导意见》（以下简称《指导意见》）、《管理会计基本指引》（以下简称《基本指引》）和《关于就〈管理会计应用指引第100号——战略管理〉等22项管理会计应用指引征求意见的函》（以下简称《应用指引》）相关要求，工业和信息化部在工信业企业组织开展了管理会计相关工作，以引导企业降本增效，提升整体工信业创新水平和竞争力，保持工信领域发展的良好态势，加快推进供给侧结构性改革和经济转型升级。

一、工信领域管理会计应用概况

近年来，管理会计工作对企业的发展影响巨大，管理会计的应用有力地提高了企业内部管理水平，提升了企业科学决策能力，增强了企业价值创造能力。

（一）组织基础不断夯实

管理会计组织对管理会计应用发挥着重要作用。国内企业管理会计组织模式主要包括独立组织模式、领导小组模式以及部门代管模式等，企业积极探索，组织基础不断夯实。

在独立组织模式下，企业管理会计的职能由独立的部门实施，或者虽然不是独立的部门，但是已经具备独立组织的特性，能够独立开展管理会计工作，有自己的一套体系。在领导小组模式下，企业设置临时机构执行管理会计的职能，协

* 根据工信部工业文化发展中心提供的稿件资料修改整理。

调组织管理会计工作；成立预算管理委员会及预算管理办公室行使其管理会计职能，属于代管模式。

（二）制度规划更加完善

企业在应用管理会计的过程中，通过不断完善相关制度来实现其管理目标。大冶有色金属集团控股公司将管理下沉，开展班组全面预算管理工作，实施精益管理，严控成本。通过规范体系、建立模板、详细的案例说明，为班组预算管理工作迅速推进和落地提供了保证。徐工集团工程机械公司基于多年的管理实践，“制度管人、流程管事”的管理理念在公司内部得到普及，系统梳理、评估基础管理存在的差距和问题，健全管理制度，优化业务流程。天津鞍钢天铁冷轧薄板公司持续推进管理创新，在推行全面预算管控的前提下为实现年度生产成本的降低，确定了成本管理制度架构，并制定了成本制度的基本内容。

工信业企业在制度规划方面的实践各具特色，通过完善制度规划为实现管理目标创造了良好的管理会计应用环境。

（三）人才储备不断加强

企业通过配备专职人员、实施人才培养计划与举措等方式不断加强管理会计人才储备，为管理会计工作落地提供智力支持。兵器装备集团编写出版了《管理会计案例》《管理会计工具手册》。其采取内培和外培相结合方式，实施分层的财务队伍培训，集团内企业管理会计人员占比由 2013 年的 35% 提高到当前的 67%。中移动集团广东公司汕头分公司主要从四方面加强人才队伍建设：吸收具有多元背景和学习能力突出的复合型人才；开展业务知识、财务知识等培训；针对新员工、业务骨干等不同层级的人才提供差异化培训；通过建立人才输出及磁化交流机制培养既懂财务又懂业务的复合型人才。例如，白银有色集团公司充分重视加强员工培训工作，在集团公司内部开展单元成本分析法相关理论等方面的专题讲解和授课，对各级管理人员进行系统的培训。西安飞机工业（集团）有限责任公司按照“有才为基、有德为先、有为为重”的原则，推进财会队伍人才建设；完善财务人员知识结构，推动财务人才的交流，加强复合型、专业性兼备的管理会计人才培养。

（四）工具应用更加广泛

随着企业管理会计实践的发展，管理会计工具方法在企业的应用越来越广泛，主要应用于战略管理、预算管理、成本管理、营运管理、投融资管理、绩效管理、风险管理等领域。中车株洲电机有限公司围绕“十三五”战略目标，以战略预算为载体，以EVA价值创造为核心，以作业成本管理为抓手，努力搭建目标细分、任务具体、流程明晰、方法科学的精细化管理工作模式，构建多元化财务管理格局。中核集团公司充分利用全产业链上下游管控优势，以总部、专业公司和成员单位“三级联动、职责清晰、分工协同、持续改进”为机制，基于全产业链和全生命周期管控理念，以目标成本管理为主要方法，以实现集团产业链整体降本增效、创造价值，提升集团整体竞争力。中国联通上海市分公司积极构建应收账款精细化管理体系，基于数据挖掘理论和RFM模型研究分析客户及产品的回款规律，研究高风险欠费和业务政策制定间的关系，以问题定位追溯业务源头，通过预警模型维持企业现金流的平稳、提高资金利用效率。

（五）投入资源不断增加

企业通过增加资金投入以及加大外部智力资源引入等方式，不断增加人力、财力资源投入，助力管理会计应用。浙江红蜻蜓鞋业公司为加快推动管理会计应用，多方部署安排；利用募股资金，建设业财融合的管理支持系统。TCL集团为加强管理会计项目水平，2011年开始连年举办管理会计大赛，开展管理会计项目交流，为集团企业掌握管理会计工具，传播管理会计理念，持续有效地推进管理会计经验分享和传承推广。东华软件公司与政府、高校、产业协会、企业集团等建立了广泛的合作关系，共同探讨管理会计理论与实践。

二、工信企业管理会计的推广应用

从工信领域企业管理会计推广应用总体情况来看，企业在业务融合、产业链应用、信息化支撑、管理会计报告编制等方面的应用实践取得了较好的效果。

（一）业财融合活动大幅提升

目前，部分企业已经从财务部门单项运用管理会计逐步过渡到业务部门协同参与、业财集成，企业运用会计信息助力企业管理活动，管理效果提升显著，管理会计应用逐步渗透到业务部门，业财融合活动大幅提升。中国医药集团公司中国生物上海公司以管理会计推广应用为契机，实现成本精细化管理的目标。毛利率、成本费用利润率的提升为企业带来经济效益的同时，也为实现国家疾病预防与控制的疫苗战略规划承担着社会责任。中国航空发动机集团公司南方工业公司组建全面预算精细化管理课题组，对现有全面预算管理系统进行流程梳理和再造，构建了以战略目标为导向、现金流量为主线、信息化技术为手段的全面预算精细化管理系统。中国汽研重庆凯瑞特种车公司按照作业成本法的管理思想，结合制造企业的发展阶段和特点，划分出基于组织行为决策和基于个体行为决策的两种成本控制机制，按可控性原则对成本进行分类管理，组合标准成本法、作业基础标准成本法、EVA 法以及设计方案优化等管理工具和方法，形成一套作业标准成本管理系统。

在业财融合的基础上，部分企业开始了综合集成方面的尝试，开始将管理会计应用上升到公司治理层面。五矿集团中冶赛迪集团公司通过打造集团统一的 ERP 信息系统平台，实施集团财务共享服务中心（FSSC）建设，将预算管理、成本管理、资金管理、税务风险管理等管理会计应用融入到项目全生命周期业务管理中。北汽集团公司以建设并完善全面预算体系，使其适应环境、市场和管理的快速迭代与变化，最终实现传统制造型企业向制造服务型和创新型企业战略转型的目标，在原有全面预算管理体系基础上构建了基于战略地图的全面预算管理体系。

（二）产业链应用不断扩展

企业通过产业链企业间协同创新、企业间业务财务一体化以及财务覆盖全生命周期、全价值链等方面的管理会计实践，打开企业的边界，实现管理会计在企业上下游产业链上的应用，实现了企业与销售商、供应商的协同，实现了企业与公共部门的信息共享，提升了供应链总体竞争力，逐步营造基于供应链的管理会计生态。长虹集团公司针对供应链物流、信息流、资金流融于一体的特征，借助信息化管理系统，以供应链业务为基础，提炼上下游中小企业征信筛选标准，建立全面的供应链信用评级体系，降低供应链中小企业授信资料不全带来的授信风险。通过整合供应链，借助金融产品和“互联网+”，以供应商应收账款融资，共享长虹融资资源，帮助供应链企业获得高效低成本融资。格力电器公司经过长期建设，建立起以公司战略为导向，涉及多部门多业务的“十”字形价值链成本管理体系。该体系将成本管理对象由公司内部价值活动逐步向外延伸，扩展到外部供应商和竞争对手。万华化学集团公司推行基于FSSC平台的全价值链业财融合管理体系，采购、生产、销售、工程建设等价值活动环环相扣，共同构建成完整的价值链条。其业务财务与价值链的各个环节深入结合，通过供应链金融服务促进了企业上下游的生态供应链体系的建立。

（三）管理会计信息化水平不断提升

企业在管理会计实践过程中，管理会计信息化水平不断提升，助力提升企业管理能力。中国联通管理会计信息化建设从核心ERP建设向建立大ERP演进，逐步构成了完整的体系支撑管理会计工作，经历了从传统财务时代到共享财务时代到共享服务时代到“互联网+”时代，逐步从传统核算走向人员集中走向业财一体走向互联网化。浙江大华技术公司通过搭建财务公有云加私有云，有效获取公司基于运营场景的完整生态链数据，有效支撑财务团队向复合型经营顾问专家团队转型，使财务能切实走到第一线为业务提供专业性的指导和建议，促进了业务和财务的融合。中国电子科技集团公司第二十九研究所成立会计共享中心为下属公司的财务管控奠定了基础，通过定期向公司董事、监事、高层（一般是事业部管理层兼职）披露财务数据等方式，进一步强化了公司董事、监事、高层对公司的管理职能。

（四）管理会计报告编制受到重视

企业管理会计报告的编制为支持企业管理层做出正确决策，提升企业经营管理水平，促进企业战略目标落地提供了保障，管理会计报告的编制越来越受到企业重视。兵器装备集团公司重庆长江电工工业集团公司构建三位一体管理报告体系，基于重要性、相关性等原则进行了浓缩、提炼，提供决策支持，满足经营层对企业价值管理的需求。三棵树涂料公司形成了价值导向型的管理会计报告，将报告层级主要分为战略层、经营层和作业层。东阿阿胶公司以“阿胶+”战略为引领，以提升基层经营单元创造价值为中心，独创具有东阿阿胶特色的经营管理工具，按照业务运营的逻辑构建简单、有效的内部管理报告体系，将公司战略目标全面分解覆盖到公司内部运营的各个业务单元。

三、工信企业管理会计推广应用效果

（一）提升企业能力创造效果显著

管理会计应用提升了企业能力，应用效果显著，主要体现在管理会计的运用增强了经营决策的有效性，强化了内部经营管理效率。中国电信集团公司通过统一ICT业务管理流程、推进ICT项目系统管理、实施合同解析自动化、构建分析应用模型、注智生产、实现管理及生产系统派单，建立起ICT项目的全流程闭环管理体系。中国电子科技集团公司第十四研究所以成本管理系统为支撑，践行基于目标管理的成本管理思路，创建了“横向到边、纵向到底”的具有十四所特色“纵横交错”式精益成本管控体系，推动各业务部门的管理提升与管理流程改进，提升成本精细化管理水平。中国移动通信集团江苏公司统一部署，各部门、各分公司以“划小核算促转型、多措并举保优势”为目标，积极推动各细分市场属地化运营，有效促进了分公司营销管理下沉。

（二）经济效果明显提升

管理会计应用活动的开展，使企业在提高质量、降低成本及增加效益等方面的经济效果得到显著提升。中国电子信息产业集团公司通过开展应收账款证券化，在降低资产负债率、提高应收账款周转率、增加利润总额、提升经济增加值（EVA）以及降低融资成本等方面取得突破。北方华创微电子装备公司通过与公司业务模块的融合，实现了从科研项目核算为核心转向以市场化运营必需的制度化、职能化、专业化能力的提升为核心的财务战略目标设定，成本费用率逐年下降，采购成本降低率逐年提高，CCC周转天数逐年加快。远光软件公司利用总部监督共享中心、共享中心监督下属单位的“双监督”机制，依托财务共享服务系统的管控平台，实现对财务风险的实时监控，内控审计检查由现场检查变为远程实时监控，提升了财务风险管控能力。

（三）社会效果日益凸显

社会效果是企业管理会计应用效果的重要体现，其中包含了社会责任以及企业文化等方面。工信领域企业在应用管理会计的过程中产生的社会效果日益凸显。中国电子信息产业集团公司“中国电子应收账款一期资产支持专项计划”是国内首例以中央企业集团总部作为原始权益人且实现在集团企业整体层面有效改善资产结构的资产证券化项目。为改善企业资产负债结构，在信用增级、结构分层、合格投资等方面做出了积极尝试，对中央企业开展资产证券化、实现市场化资源配置具有较好的示范推广意义。远光软件公司特别将业财融合的解决方案应用到大型集团企业中，得到了客户的高度认可，助力我国大型集团企业的财务信息化水平整体提升。

（四）绿色生态效果初显

管理会计的应用在提升企业能力、带来经济效益和社会效益的同时，绿色生态效益也日益显现，企业越来越重视生态保护同经济效益和社会效益的协调发展。南京钢铁公司在生产过程中，坚持绿色生产，尤其注重对能源消耗的控制，通过能耗使用的精准控制，包括电耗、煤气消耗、水耗等在内的板材生产能耗不断降低，三废排放不断减少，实现节能减排。国网安徽省电力公司铜陵供电公司大力推进新能源替代工作，大力推进电能替代规范工作，促成政府出台《铜陵市电能替代实施方案》。宝武钢铁集团通过推进“三化（SRV）”成本管理，润滑剂单耗指标大幅度下降，同时也减少了废弃皂化液排放，减轻了废酸排放带来的环保压力。特材事业部通过精确划线，减少了金属消耗，通过精细化划线减少料耗节约大量成本。

四、总　　结

2014 年以来，工业和信息化部以提升工信业企业竞争力为导向，以案例集

（库）建设为基础，以管理会计发展水平评估工作为核心，以管理会计推广应用研究为重点，以建立推广应用工作联盟为支撑，搭建经验交流平台，整合专家资源，开展跨界交流活动，形成完善的工作体系，逐步推进和深化工信业领域的管理会计应用工作。

第一，开展工信业企业管理会计案例征集工作。2017～2018年工信部面向地方工信主管部门、中央企业以及重点企业等征集工信企业管理会计应用案例。征集相关案例400余个，涉及20个省或直辖市、18个中央企业，覆盖原材料、装备、消费品、软件、电子和通信六大领域。2019年此项工作继续进行中。

第二，加强工信业管理会计推广应用专题研究。围绕业财融合，重点开展工信业管理会计发展水平评估指标体系研究。为确保研究成果符合企业管理会计实践，多次召开企业专家研讨会。在与北京大学、清华大学、中央财经大学、北京航空航天大学、南京理工大学等高校，中国中车集团、中国兵器装备集团和徐工集团等大型企业，用友、浪潮和远光等软件企业，以及行业协会达成广泛共识的基础上，初步形成评估指标体系，在此基础上不断修改完善，为管理会计发展水平的评估提供重要抓手与工具。

第三，加强管理会计推广工作体系建设。成立了工信业管理会计推广应用联盟，64家单位加入联盟，在6所大学成立推广应用研究中心，91位专家加入专家委员会，汇聚了包括高校学者、大型企业CFO、数据软件专家、咨询公司高管、行业协会专家等多方面的人才。围绕工信业管理会计开展联盟活动，在加强基础研究、深化案例建设、建立产学研中心、促进管理会计软件发展、管理会计人才培养和交流等方面工作取得较好成绩。

第三篇　创新探索

财政部《会计改革与发展“十三五”规划纲要》中明确指出，加强管理会计指引体系建设，推进管理会计广泛应用，提升会计工作管理效能。2014 年以来，在财政部的强有力引导和推动下，“政、产、学、研”协力探索，中国特色管理会计创新实践取得可喜成果。管理会计在战略制定、运营流程管理、投资决策、绩效评价、商业模式创新等各方面的作用越发重要，有效促进了管理能力的增强和价值创造力的提升，推动了供给侧结构性改革和经济转型升级。

随着中国步入全面深化改革的新时代，管理会计应用根植于中国文化的土壤，结合自身实际，各单位不断创新探索，试图从实践中凝练管理真知，以达到提升价值创造力的目标。兵器装备集团从组织架构、工具方法、评价体系、信息化等方面构建管理会计创新应用体系；国网江苏电力公司从项目投资全流程管理着手全面提升投资效率效益；腾讯建立了以用户体验为中心的结果导向型 KPI 考核和激励机制，开启了新商业模式下业绩考核的新举措；此外，宝钢股份的全流程价值链管理、广东移动的内部市场化运作与结算的制度创新、工商银行的MOVA系统、华新水泥的数字化转型，都为深化精细管理提供了支持，有力支撑了战略决策，提高了企业竞争力。同时，针对“大智移云”“业财融合”的应用调查问卷分析，更好地为开展技术应用和促进业财融合提供参考和建议。

不难看出，中国特色管理会计实践的创新探索，彰显两大特点：一是“政、产、学、研”联合推动。在政府的主导推动下，单位、行业协会和科研院所等各方结成产学研联盟，推动管理会计应用。比如，中国总会计师协会推动“中国管理会计实践创新平台”建设，首批授予兵器装备集团和国网江苏电力两家平台单位，通过产学研结合方式推动我国管理会计实践形成可复制可推广的经验。二是中国特色管理会计创新实践全面展开。各个行业不同性质的组织都在积极创新探索管理会计应用，管理会计的理论已经融入到组织与流程的各个层面与环节，既指导企业最基础的作业与行为，又助力于愿景、战略与文化的顶层。

我国管理会计工作在政府部门的引领推动下，开展有中国特色管理会计的实践探索和伟大创新，服务经济高质量发展，为全球治理体系的建设和治理能力的提升增添“中国色彩”。

管理会计实践创新平台之兵器装备集团管理会计体系建设*

冯长军　李憨劼

2017年5月10日，中国总会计师协会在对兵器装备集团中国兵器装备集团有限公司（以下简称兵器装备集团）报送的《中国管理会计实践创新平台实施方案》进行了认真研究和专家论证，决定同意由兵器装备集团作为全国首批中国管理会计实践创新平台单位，并要求兵器装备集团严格按照上报方案建立管理会计理论研究与实践探索的长效机制，构建产学研合作保障机制；充分发挥“以产养研，以研促产”的优势、特点，有效组织力量，对已经探索出的集团管理会计体系，进行理论上系统总结，以此为基础逐步开展管理会计创新研究和实践工作，并在具体原理和实施模式上形成规范框架，使之具有全国范围内的推广价值和国际学术交流价值，同时在平台建设实践中培养一批高级管理会计专业人才。

一、背景介绍

兵器装备集团是国有大型企业集团，成立于1999年7月，是国防科技工业的核心力量，肩负着“保军报国、强企富民”的神圣使命，其前身可以追溯到第五机械工业部、兵器工业部、国家机械工业委员会。从1999年成立之初到目前共经历了四个发展阶段：一是扭亏为盈求生存阶段（1999~2003年）。二是以提升发展规模速度为主要特征的“622”战略阶段（2004~2009年）。三是以提升发展质量效益为核心的“211”战略阶段（2010~2015年）。四是“十三五”领先发展战略阶段（2016年至今）。从2010年开始，兵器装备集团从主要追求速

* 本文根据中国兵器装备集团冯长军、李憨劼提供的稿件资料整理。

度规模向主要追求质量效益转变，兵器装备集团提出“211”发展战略，即6年两步走，利润翻两番，营业收入翻一番，人均收入翻一番。这一时期，财务工作的重点是提升集团的价值创造能力。基于管理会计服务战略落地、提高经营质量效益和助力价值创造的功能，兵器装备集团从战略需求出发，通过认真调查研究，决定开展管理会计体系建设。因此，兵器装备集团管理会计体系建设源于提升发展质量效益的内在需求。

二、兵器装备集团管理会计体系的创新实践

作为中国总会计师协会选取的全国首批管理会计实践创新平台单位，兵器装备集团在财政部、中国总会计师协会的领导、支持和帮助下，充分挖掘内外部资源，坚持产学研结合，与对外经济贸易大学汤谷良教授的研究团队深入合作，试图从集团管理会计体系的建设思路、组织架构、工具方法、标准案例库、评价体系、信息化等方面摸索出一套可推广可复制的管理会计实践样板，主要涉及应用机制、组织结构、人员团队、工具应用、工作主线和推进机制六个方面的创新。

（一）应用机制创新

管理会计应用需要首先解决经营层对管理会计的认识和全体员工的理念问题，更重要的是解决应用的内生动力问题，同时需要建立管理会计应用的长效机制。从兵器装备集团的实践来看，主要的经验包括：

1. “一把手”的重视和量化管理理念是推广管理会计的前提

兵器装备集团实践中第二阶段全面预算和全价值链成本管理平台工具的广泛使用，为第三阶段全面推进管理会计体系奠定了理念和文化基础。管理会计是典型的“一把手”工程。管理会计应用是推动业财融合的过程，让“一把手”在内的经营层充分认识到管理会计应用对企业战略落地、价值创造的作用，形成统一认识，可大大减少推广管理会计的阻力。兵器装备集团应用管理会计的第三阶段，集团董事长、总经理亲自挂帅价值创造行动（主要内容是管理会计建设）组长，各成员企业“一把手”担任本单位价值创造行动组长，有利于管理会计体系建设在集团内部形成统一的共识。

2. 注重挖掘企业管理会计应用的内生动力

兵器装备集团全面预算管理的应用，服务了不同时期集团战略目标的实现。比如，长安汽车“奔奔”轿车成本控制（在生产阶段控制成本，只能影响总成本的20%）的难题，触发了跨部门成本控制团队的建立，以及面向成本的设计（将成本控制的决策点前移到研发阶段）这一管理会计工具的成功实践。

3. 对员工的激励是使管理会计应用更有效的最终指向

兵器装备集团每年组织1～2次全集团管理会计交流活动，请集团内管理会计应用好的成员企业的总会计师做经验分享和案例介绍，进一步激发非财务人员使用管理会计工具方法。比如，请长安马自达公司制造总监讲作业基础管理在汽车整车装配生产线上的应用；请长安汽车轿车销售部市场总监讲客户盈利能力分析在汽车销售中的应用。再比如，长安汽车等成员企业已经启动了业务人员和财务人员的双向流动机制，为业财融合的实现奠定了人员结构基础。

4. 建立管理会计应用的长效机制

让管理会计工具成为经营决策的必备前置工具，需要在制度流程中将经营层和员工的管理会计理念转化为行动，让管理会计工具方法融入企业经营管理主流程，成为企业经营管理的规章制度的组成部分，让管理会计信息成为企业经营决策的必用信息。

（二）组织机构创新

管理会计组织是指与实施管理会计相关工作的人员聚集的一个整体、一个团队组织。管理会计组织建设是企业应用管理会计中必须面对的一个问题，是提高企业管理会计应用效果的一个重要手段。

1. 管理会计组织的特点

（1）管理会计组织的职能应以服务企业战略为牵引，以优化配置资源为核心，以有效管理风险为重点，以持续创造价值为目标。管理会计组织建设的目的是围绕其职能，充分发挥管理会计人员的群体作用，从而达到既定的管理目标。（2）管理会计组织建设是一项长期的工作，需要围绕企业的战略开展团队建设，体现市场、社会对企业责任的根本要求。管理层要想方设法发挥组织成员的积极性，坚持以人为本，科学谋划，有步骤、有计划地推进团队建设。组织成员要自觉维护组织的团结与和谐，共同为团队建设尽心尽力。(3）管理会计组织建设需要将会计专业知识与业务专业知识相结合，运用人力资源管理相关知识，引入团队角色理论，对角色的不同层次，运用胜任力理论进行分析和研究，据此形成不断完善的团队系统，更好满足企业管理的需要。

2. 兵器装备集团具体做法

就管理会计组织结构而言，应确定牵头执行部门，设置相对专业的岗位或机构。以兵器装备集团为例，设置了从集团公司总部层面到成员单位各层级的管理会计工作领导小组。集团层面，总经理亲自担任领导小组组长，同时由财务部门牵头，配备专门力量推进管理会计工具运用，鼓励有条件的企业设立专门机构推进管理会计体系建设。集团公司常设价值创造推进办公室负责日常管理会计各项工作。各成员单位层级，如集团所属长安汽车在财务部下设管理会计中心，配备了20余名专业人才，系统推进管理会计工作。兵器装备集团编制下发了《管理会计岗位及职责设置建议》，为成员单位管理会计组织机构建设提供指引。2018年，兵器装备集团成立集团财务部管理会计处，从管理会计体系建设阶段进入常态化职能管理阶段。

（三）人才团队创新

在大力推进管理会计在企业的应用过程中，为更好地实现业财融合，必须加强和注重环境建设，建立适应管理会计推行的管理会计组织和培养与之相配套的管理会计人才。

1. 搭建管理会计人才的培养体系

从目前企业对管理会计人才的需求和使用情况看，新聘入职的管理会计人员并不能够完全胜任管理会计工作，企业需要对预备管理会计人才进行集中培训，通过淘汰考核选拔最优秀的管理会计工作者。需要注意的是，培训不能是形式化过程，而是为企业培养最优秀人才的过程，需要企业管理层足够重视。聘请优秀的行业专家进行管理知识讲授，加入场景演练、真实模拟等方式对管理会计人才的能力进行塑造和考核。管理会计人员入职后，还需要通过定期考核对其知识和能力进行重新塑造和提升。另外，将管理会计人才能力框架纳入会计人员继续教育、大中型企事业单位总会计师素质提升工程和会计领军人才（后备）培养体系，为企业培养高端管理会计人才；要充分利用轮岗制度，塑造优秀管理会计人才。管理会计人才需要充分了解企业的战略、市场、经营模式等，要充分利用“轮岗制度”来满足企业对管理会计人才全面素质的需要。

2. 兵器装备集团在管理会计人才团队方面的具体做法

（1）组织安排多层次的培训。对成员企业领导班子开展以导入管理会计理念为主的高层培训；对总会计师、经营副总经理开展以管理会计体系建设、内部控制规范实施等内容为主的运用培训；对财务、战略规划、经营管理、生产制造等相关部门负责人和业务人员开展关于各种管理工具方法实操培训。（2）借助相关平台，促进学习提高。借助国际管理会计师协会认证平台，组织骨干财务人员参加培训认证。（3）设置相应指标，促进财务会计转型。在兵器装备集团编制的《管理会计岗位及职责设置建议》中，明确规定各成员单位财务机构中管理会计人员占比，并将这一指标分年纳入成员单位总会计师重点工作。集团内企业管理会计人员占比由 2013 年的 35% 提高到当前的 67%，人才培养为管理会计应用提供了保障。（4）建立合理的人才选拔制度。引进同行业具有丰富工作经验和高度认同企业文化的优秀管理会计人员进行培训和聘用，使之成为企业管理会计组织的坚实可靠的力量。

（四）工具应用创新

1. 因地制宜地选择工具方法

兵器装备集团在选择全集团推广的管理会计工具时，根据应用环境和需求采用了四步走的策略：第一步，坚持从企业经营实际需求出发，检索国内外理论研究、运用实践、经验总结中的工具、方法，共研究收集管理会计工具 102 个。第二步，确定 15 个与集团公司治理结构、组织架构、行业性质、管理方式相适应的管理会计工具。第三步，结合集团公司管理特点和集团化财务管控体系，以及集团战略目标，确定首先推广的 10 个管理会计工具。第四步，采取“7＋3”的模式，全面预算、标准成本、全价值成本管理等 7 个工具，要求在成员企业都有应用，平衡计分卡、客户盈利能力管理、作业成本管理 3 个选推工具，鼓励管理基础好、有条件的企业选择应用。

2. 遵循工具方法的应用步骤

管理会计工具方法选择与使用的步骤一般包括：识别应用环境、选择工具方法、适应性改良与整合应用。第一步，识别应用环境。企业应结合每种管理会计工具方法的特点，对内外部应用环境进行分析。比如，作业成本管理和标准成本管理的应用环境明显不同：标准成本管理一般适用于产品及其生产条件相对稳定，或生产流程与工艺标准化程度较高的企业。而作业成本管理主要适用于作业类型较多且作业链较长，产品、顾客和生产过程多样化程度较高以及间接或辅助资源费用所占比重较大的企业。第二步，选择管理会计工具方法。各企业应根据管理特点和实践需要选择相应的工具方法。企业在选择管理会计工具方法时也要遵循适应性原则。

3. 工具方法的融合创新

工具方法的导入是吸收渗透结合的过程。在工具应用过程中我们需要吸收、渗透、结合企业的管理实践，发挥管理会计工具对企业经营决策的量化支撑作用。管理会计工具的导入需要融合现有管理模式和制度。在工具导入前，企业已经有既定管理模式和制度在运行，如何顺利导入管理会计工具，使导入前后平稳过渡，需要我们研究每种工具的应用环境和实施重点，保障工具应用的适应性，更需要我们对企业经营管理的现状做出有效诊断。最后，企业在选择管理会计工具，搭建管理会计应用体系时，需要充分考虑工具之间的逻辑关系和多项工具导入的环境适应性，需要多种工具之间的融合应用。

4. 注重管理会计报告的作用

无论是兵器装备集团前期探索形成的 EVA 驱动路径分析表、盈利结构分析表和盈利路径管理表，还是 2015 年启动的全集团管理会计报告（包括战略管理报告、责任考评报告、决策分析报告和价值创造报告四部分），都是为集团经营决策层和各级管理者提供决策信息的展示平台。

5. 工具方法与其他管理体系的融合创新

（1）管理会计与全面预算融合。经营预测、投资决策、绩效管理等工具的应用，拓展了业务预算的“广度”，有力提高了全面预算对业务预测、资本投资、考核评价等环节的资源配置功能；标准成本、作业成本、全价值链成本等工具的应用，挖掘了业务预算的“深度”，使全面预算的颗粒度更细化，分预算编制、执行更加精益；管理会计报告、EVA 提升等工具的应用，提升了全面预算的“高度”，使财务站在经营层、股东角度，站在企业经营的全局，服务战略、创造价值。(2) 管理会计与资金集中融合。通过投资决策工具的运用，切实做好可行性分析和经济性论证，把资金投放到风险低、见效快、效益高的业务领域，让资金发挥最大化经济效益，“花该花的钱”；通过价值链成本管理工具的运用，全面收集、分析和利用价值链上研发、采购、生产、销售、售后等环节的成本信息，优化企业价值链，降低企业价值链上各环节成本，实现总成本最优，“省该省的钱”；通过司库管理等工具的运用，提升业务预算精益化和资金预算及时性、准确性，集团资金集中度、资金风险控制能力和资金资源配置能力显著增强。(3) 管理会计与内控体系融合。经营预测、客户盈利能力管理、管理会计报告等运营类工具的应用，有效降低集团市场风险和决策风险；标准成本管理、作业成本管理、价值链成本管理等成本管理类工具的应用，有效降低了集团的管理风险；全面预算、EVA 提升、平衡计分卡等预算管理和绩效管理类工具的应用，有效降低了集团的经营风险。

(五) 工作主线创新

管理会计体系建设的主要内容是搭建管理会计体系的重要前置认知。兵器装备集团财务团队从战略出发，通过全面导入十大管理会计工具，探索形成了“1 + 5”的管理会计体系。其中，“1”是指管理会计应用的整体方案，对整体体系起统领的作用；“5”分别包括工具指导手册、信息化平台建设、标准案例库建设、达标评级体系和人才培育，是管理会计体系的重要组成部分。这六个方面全面勾勒了企业管理会计体系建设的核心建设任务。

1. 制定整体实施方案，搭建应用逻辑框架

(1) 落实基本指引要求。根据财政部《管理会计基本指引》，对管理会计的目标、原则和要素进行深入分析和理解。(2) 制定整体实施方案。兵器装备集团通过调查问卷、实地调研、管理诊断、专家论证等多种方式，制定《管理会计体系建设实施方案》。总方案按照以点带面、逐步深入、分类推进、全面提升的总原则，从工作目标、工作内容、工作机制、推进步骤、保障措施等方面，对管理

会计体系建设工作进行了全面部署。同时，兵器装备集团指导成员单位制定具体落实方案，并细化为成员单位年度重点工作任务之一。（3）搭建应用逻辑框架。根据兵器装备集团战略和财务战略的推进思路，结合集团自身的行业特点、组织架构、管理方式等，提出推进管理会计应用的理论体系。

2. 收集筛选管理会计工具，编写运用指导手册

（1）收集筛选管理会计工具。兵器装备集团坚持从企业经营实际需求出发，在广泛查阅相关文献、理论著作、核心期刊等与管理会计有关资料，搜索国内外理论研究、运用实践、经验总结中的工具、方法的基础上，确定与兵器装备集团相适应的管理会计工具。（2）编制工具应用指导手册。结合治理结构、组织架构、行业性质、管理方式，兵器装备集团选取了全面预算管理、标准成本、经营预测、投资决策、平衡计分卡、EVA 提升等管理会计工具，编写了《管理会计运用指导手册》，加强对管理会计推进的指导，为成员单位运用管理会计工具提供操作方法和工具指南。（3）分步骤推进管理会计工具应用。考虑到管理会计的个性化特征和兵器装备集团下属多产业板块的特点，我们将在已经推广的 10 大管理会计工具的基础上，有步骤、分节点推行其他管理会计工具的应用。

3. 搭建信息化平台，助力管理会计实施效果落地

（1）实施管理会计信息化的整体规划。在充分调研的基础上，将管理会计信息化与财会信息化整合在同一平台中，考虑管理会计系统与兵器装备集团整体信息化建设的关系，制定管理会计信息化的整体方案和分步骤实施计划。（2）逐步推进管理会计工具应用的信息化。对实施效果好、管理基础高，在管理会计体系中发挥基础平台作用的管理会计工具优先信息化。将全面预算、标准成本等管理会计工具进行信息化落地，然后根据其他工具的应用情况，成熟一个、固化一个、信息化一个，逐步将管理会计工具信息化，促进财务和业务的深度融合。（3）深化运用管理会计信息化成果。开发集团管理“驾驶舱”，将管理会计应用效果在管理“驾驶舱”中进行集中展示，支持决策。

4. 注重管理会计应用实效，探索达标评级办法

根据兵器装备集团各产业板块的特点，重点考虑管理会计工具运用的种类、重点运用方面、重点适用企业等，将分别设定不同企业应用管理会计的评价办法，促进全集团管理会计的推进。其次，针对集团下属企业管理基础参差不齐的

情况，设计和探索了一套不同企业管理会计工具运用的达级评估办法，指导企业根据办法的要求，对管理会计的推进进行持续改进。

5. 总结提炼企业优秀案例，完善标准案例库

（1）推广工具与总结案例有机结合。兵器装备集团有针对性地总结与每种工具对应的案例，做到每个工具都有一批与之对应的优秀案例，优秀案例作为本企业对管理会计工具的总结提炼，也可作为其他企业进一步学习提升的标杆。（2）提高标准案例库建设的覆盖面。由于管理会计是企业预测、计划、控制、评价等环节发挥重要作用的管理活动，因此在建设标准案例库时，充分考虑标准案例覆盖面，做到企业管理的各个环节都有与之对应的案例。标准案例库既有规划环节面向成本的设计案例，又有将业务计划细化为经营预算的全面预算案例，既有面向生产控制环节的标准成本案例，又有运用于考核评价环节的 EVA 管理等案例。（3）建立标准案例库的动态调整机制。由于企业对管理会计的认识和实践是一个持续改进的过程，企业应用管理会计的广度和深度也是一个不断拓展和提高的过程，因此，建设的标准案例库会根据每年集团管理会计交流活动提供的优秀案例，对标准案例库的案例进行动态调整和更新，保证将代表集团最高水平和最新的优秀案例吸纳入标准案例库中。

（六）推进方式创新

兵器装备集团管理会计实践属于“已知在用”的典型代表。选择中国兵器装备集团公司作为“中国管理会计实践创新平台”的首批基地，完全鉴于兵器装备集团多年来的财务转型和管理会计体系建设的成功实践，尤其是在全集团系统性导入和应用十大管理会计工具方法，搭建体系完善、内容丰富的集团管理会计体系的探索，为多产业企业集团管理会计应用提供了有益借鉴。管理会计体系推进方式的主要特点包括：

1. 集团整体布局实施管理会计体系建设

集团层面的主要工作包括：制定集团管理会计体系实施的整体方案；成立“价值创造办公室”，配备专业人员；根据集团企业的所属行业、管理基础等选择十大管理会计工具，编制《管理会计工具指导手册》，在推进过程中采用先一般后特殊、先共性后个性的原则，采用“7 +3”的方式，有步骤、分节点推进管理

会计工具运用，等等。

2. 成员企业“标杆示范”和“整体达标”相结合

把管理会计应用优秀企业的实践形成案例，在全集团宣传推广。这一时期成员企业应用管理会计形成142个案例，其中6个优秀案例入选第一批“财政部管理会计案例索引”，有效地牵引了集团成员企业的管理会计实践。在经历导入准备期、试点推广期、分类实施期、完善提升期四个阶段的建设后，我们提出对成员企业进行达标评级，对企业管理会计工具的应用效果进行评价，从而促进成员企业管理会计应用水平的整体提升。

3. 循序渐进，分步实施逐步深入

兵器装备集团采用“选工具、定方案、编手册、树典型、渐推广”的一套做法，经过导入准备期、试点推广期、分类实施期、完善提升期四个阶段的建设，分别明确管理会计推进工作目标、工作内容、工作机制、阶段目标、运用效果、时间进度，有序推进，分阶段分步骤实施推进管理会计体系。

4. 注重与前期管理创新的整合

2012年全面推进管理会计体系之前，兵器装备集团管理会计体系建设处于“未知已用”状态，比如，在总结成员企业全价值链成本管理的基础上，形成《成本领先三十六招》，作为集团公司降本增效方法体系的指导意见，在全集团推广和应用。此外，长安汽车等重点成员企业积极应对激烈的市场竞争环境，实施了精细化全价值链成本管理，确立了成本领先优势。长安汽车面向成本的设计（DFC）实践，在产品设计阶段，引入价值工程等方法，将成本控制点前置，有力地支撑了精细化成本控制和全价值链成本管理。这些管理创新与管理会计应用息息相关，在推进管理会计体系建设中，也需要整合前期的管理创新实践。

5. 注重业财融合理念的引导

无论是集团层面推进的全面预算，还是成员企业推广的全价值链成本管理，都属于管理会计的平台类工具。这两个工具的特点是覆盖面广、需要较好的业财融合基础。同时，这两个工具的推进会反作用于企业的管理会计应用，使财务更重视和关注业务活动，更好地融入业务管理，从而使财务和非财务人员更加认可管理会计理念，形成良性循环，进一步推动业财融合。这一时期兵器装备集团管

理会计建设的重点是由集团发展战略决定的，但同时这些重点领域的实践也客观上为系统性导入管理会计工具方法，全面建设管理会计体系奠定了坚实的基础。

三、进一步思考

在总结前期管理会计体系建设经验的基础上，未来兵器装备集团将从三个方面进一步完善创新。一是深入推进管理会计信息化，探索大数据等新一代信息技术在管理会计实践中的应用，丰富和完善集团管理驾驶舱的内容，提高决策有用性。二是突出管理会计指标对经营业绩评价的支撑作用，以改善管理并为企业的价值创造提供精准激励。三是策划好中国管理会计实践创新平台第二阶段工作，探索建立管理会计理论研究和实践应用的长效机制。在“中国管理会计实践创新平台”六年规划中，以三年为一期，分为两大阶段。第一个三年重点是探索研究和实践验证，目前第一个三年工作正在有条不紊地开展中，同时，我们应该认真筹划第二个三年即重在总结推广和开展国际交流的策划工作。

管理会计实践创新平台之国网江苏电力公司的价值管理探索*

王小兵　林汉银　陈启忠　朱永彦　曹小进　任腾云

2017年6月12日，国网江苏省电力有限公司（以下简称国网江苏电力）成为全国首家"中国管理会计实践创新平台"（以下简称创新平台）。作为创新平台的建设单位，国网江苏电力以创新平台建设为契机，根据平台单位的定位和宗旨，在财政部、中国总会计师协会的指导以及国网公司总部的领导下，与南京大学会计与财务研究院联合组建创新实践团队，坚持产学研结合，充分发挥以"以产养研、以研促产"的优势，以前瞻的财务思维、优秀的人才队伍、先进的信息技术为基础，扎实推进创新平台建设，常态开展管理会计理论研究与创新实践，加快培养管理会计人才，努力实现创新平台建设"六年两步"的愿景目标。

一、国网江苏电力创新平台工作目标

根据《中国管理会计实践创新平台实施方案》六年工作规划，完成2018年主要目标：一是在南通供电公司进行试验的基础上，有序扩大实践范围，在更大范围内验证管理效果；二是重点关注理论与实践仍存在的差异，着重在实践中规范创新型的研究，争取形成实践上可参照的流程和做法；三是开展计量体系建设，确定基本计量指标，明确计算方法、口径、功能、记录与报告频率；四是初步建成资产组价值管理平台；五是将几年来的理论挖掘和实践经验整理成册，形成指南性的教材，供推广使用；六是进一步完善和提升战略财务管理信息平台的管理功能，基本完成信息平台的搭建，并在管理实践中应用。

---

* 本文根据国网江苏省电力有限公司王小兵、林汉银、陈启忠、朱永彦、曹小进、任腾云提供的稿件资料整理而成。

二、资产组管理创新

（一）资产组管理创新实践推广应用

1. 具体工作

2018 年 4 月下旬，启动资产组管理创新实践在泰州和盐城两家公司的推广应用工作，一是完成资产组基础数据的核对与验证工作；二是完成 2015 ~ 2017 年 3 年成本性农配网项目与资产组对应关系及成本分摊，并在系统中进行固化；三是针对 2015 ~ 2017 年 3 年成本性农配网项目从规范性、合理性、经济性、协调性四个方面开展项目后评价；四是运用资产组储备项目审查功能开展 2019 年农配网储备项目审查；五是深度挖掘资产组数据之间的相关性，及时预警项目执行过程中可能出现的问题。

2. 工作成效

一是通过数据验证推动了电网资产数据的治理，有效提升了数据质量；二是通过验证指标评价标准在不同单位的适用性进一步优化了评价指标体系；三是利用系统开展项目审核和评价促进了储备项目质量的提升，强化了投资的针对性和有效性；四是通过开展数据相关性分析强化项目预算执行全过程管控。

（二）开展资产组计量体系建设

1. 具体工作

一是与运检、营销、调度、科信等部门充分对接，不断优化完善资产组评价指标体系，在充分实践的基础上确定指标阈值；二是有序推进资产组计量体系构建及相关报告的撰写工作。

2. 工作成效

根据确定的资产组指标体系，围绕公司整体价值提升目标，从投资规模、投向及项目实施等方面积极推进各专业投资管理优化，全面提升投资效率效益，有效促进管理提升。

（三）研究开发专项投资策略决策场景

1. 具体工作

一是围绕触电伤人案件压降目标，开展近5年绝缘化改造、警示牌安装等项目的投入产出分析，研究历史投资行为与案件发生的相关性，提炼有效压降触电人身伤害案件的核心投资要素；二是全面开展近年来的项目投入分析工作，从输变配三个层级分析资产规模、资产密度、资产成新率、单位资产投入等指标之间的关系；三是分台区、线路、变电站三个等级资产组深入分析成本投入与电量、跳闸、投诉等因素的相关性，重点分析高强度投入情况下电量负增长、频繁跳闸投诉资产组的投资成效；四是针对20kV配电线路、大容量主变、单项变等历史性专项决策从户均容量、户均电量、负载率、低电压、跳闸等指标进行分析，重点分析相关资产利用率、投资及情况等，对投资决策的合理性和有效性展开评价；五是完成资产组系统项目标签、标识分析展示及投资情况跨年度数据地图化分析展示功能的开发与部署。

2. 工作成效

专项投资策略决策场景的开发进一步拓宽了投入产出评价分析维度，丰富了辅助决策手段，提升了资产组价值管理平台的可用性，分析结论对优化投资策略和科学配置资源具有一定的指导意义。

（四）战略财务信息管理平台优化与完善

1. 具体工作

一是完成战略财务信息管理平台战略、决策、资金、投入、市场、资产六大主题大屏端的设计与开发；二是利用SLT技术实时抽取ERP数据至HANA数据库，实现数据的实时接入；三是利用大数据和机器学习技术，构建了资金流入流出预测模型；四是进一步优化数据接入逻辑和后台运算逻辑；五是完成预算在线编制、低值易耗品管控和租赁管理模块的开发与应用；六是使用最新的UI设计，进一步美化和丰富系统的展示效果。

2. 工作成效

一是跨专业、全方位的信息集中分析与推送实现了数据的自动集成与实时更新，提升了决策信息的精确度和实时性；二是数据处理能力的提升拓展了分析的维度与效果；三是资金流入流出预测模型为资金优化配置、合理安排提供了科学依据；四是分析报告的动态输出，为决策与管理提供了更有价值的信息，为管理层全面掌控企业经营管理提供了数据支撑。

（五）实践经验总结提炼与宣传推广

1. 具体工作

一是完成《企业价值创造单元（VCU）与价值导航系统（VCPS）理论教材》初稿；二是完成《基于大数据管理的公司价值创造导航体系构建》管理创新成果报告；三是在中国总会计师协会南京代表处2018年会员大会暨管理会计专题培训班上介绍创新平台成果。

2. 工作成效

一是构建了一套实用性强、可推广的管理会计新模式，为新时代国有企业财务管理提质转型提供了苏电样板；二是相关理论成果获得了“2018年度电力企业管理创新论文大赛一等奖”“2018年度江苏省电力科学技术进步奖三等奖”等荣誉，入选《2018电力行业大数据优秀应用创新成果（论文）集》，被《财务与会计》与《电力大数据》等期刊录用刊登，管理会计创新实践进一步获得了行业内的肯定。

三、基于资产组的价值管理的深度探索

（一）定期开展资产组体检，动态评估资产价值创造能力

以资产组为载体，将原先分散在各个专业的技术、经济、营销、安全、服务

等指标进行整合，构建资产组体检体系，形成单个资产组的指标清单。针对每一类指标结合公司战略目标、管理要求、电网发展阶段和地域特征设定合理的阈值，定期对每个资产组的价值创造能力进行综合体检，评价存量资产的运行效率和价值贡献，查找分项指标短板，并延伸至对发展、运检、营销等相关管理专业进行分析，从管理源头查找指标薄弱本因、从管理入手提出指标改进措施，动态指导公司各项价值管理。

资产组上集成的各类信息质量是体检结果合理性、准确性的重要保障，通过对异常指标数据进行反向排查、分析原因并整改数据，进一步促进资产基础信息质量的提升。

资产组体检，通过对一台区资产组进行体检，可以得到该资产组处于“轻载、亚健康以及青年期”的结论：“轻载”表示该台区资产组配电变压器配置超前，目前用电负荷远未达到该资产组设备的正常运行区间，短期内无需投资；“亚健康”表示该资产组电网资产存在细微问题，暂不需要投资解决，但需要加强日常运行维护；“青年期”表示该资产组运行时间在 3 年以内，且售电量处于逐年增长阶段，属于上升期资产组。通过三个词汇的简单描述，可便于决策者迅速掌握该台区资产组的运营现状，为开展有针对性的个性化管理提供支撑，形成对价值创造贡献最大的投资方案。通过组织业务部门进一步分析发现该资产组存在如下问题：一是电网规划超出实际用电需求，导致资产实际利用效率低；二是电力设施保护措施不到位，导致线路意外受损。为了有效解决体检发现的问题，一是发展部门建立投入产出分析制度，加强投资审核，确保投资规模与预期的电量增长、负荷需求相匹配；二是运检部门强化巡视运维管理，增加对市政施工频繁地区的巡视频度，增加警示标志，防止设备意外受损。这些措施有效提升了公司的经营管理水平。

（二）以资产组为投资决策对象，推动公司整体价值创造能力提升

1. 清晰界定投资对象，提升投资决策精度

传统的电网投资主要是以公司为对象，即“省—市—县”维度，对电网某一个区域运行效率效益评价的数据支撑缺乏反映。基于资产组的投资管理以资产组为最小功能与核算单元，通过将电网投资管理颗粒度进一步细化至资产组单元，归集海量的信息数据于资产组载体上，细化投资管理颗粒度，改变了投资对象的

模糊化与粗线条，将投资效益评价维度拓展至某一个镇、某一个区域直至每一个资产组，为公司投资决策提供又一个崭新的视角。以南通供电公司为例，“资产组”管理体系下，管理维度从原先的6个利润中心、31个成本中心细化到48907个台区资产组、2475个线路资产组和215个变电站资产组，管理对象从原先的组织维度细化到电网每一个价值创造单元。这种管理颗粒度的细化，有助于精准定位“病灶”，发现价值管理的“出血”点、发热点并及时改善，从而提升投资决策的科学性和合理性。

2. 聚焦公司整体价值，破解投资决策困境

传统的电网投资管理往往涉及很多专业部门，运作时间长、成本高。一方面，部门之间的职责划分存在不清晰甚至职能部门之间存在责任冲突与不协调，不仅业务信息在各部门之间流通时，需要花费大量的时间和精力进行交流确认，而且部门之间对于不同业务之间的处理顺序有时是不一样的，内部会选择优先处理自己部门最重要的事务，因此难以保证公司整体上的最优；另一方面，部门之间按照职能进行划分之后，部门内的员工仅对自己上级的主管负责，部门追求的是部门的最优，尽可能地去占有企业更多的资源，每个部门只会关注自己的考核指标，让自己的指标数据最大化，从而忽视公司整体价值的最大化，这不仅弱化了公司整体的管理效率，更可能造成职能部门间的竞争与内耗。在这种分段化管理模式下，管理者在平衡部门间利益时也会存在为难之处，因为欠缺可利用的工具手段，难以比较不同部门、不同区域之间投资诉求的轻重缓急。尽管我们一直强调要加强部门间的合作与协同，但是分段式的管理现状和各部门目标的天然区别导致管理壁垒不可避免的存在，因此这种协同在传统管理模式下是难以真正实现的。

在资产组模式下，企业各职能部门在投资决策时不再以自身的专业思维和考核指标来筛选投资项目，而是从每一个资产组的实际出发，根据投资目标进行资产组的排序。所有的岗位和部门处于同一个框架下，为企业价值创造的努力方向也变得一致。

3. 开展效益比对分析，提升财务资源配置的协调性

电网是一个连续的、系统的整体，根据电网拓扑运行关系将电网划分为“台区—中压线路—变电站”三个资产组层级，宏观资产组分级效益比对，查找短板，结合“电压合格率”“供电可靠率”等技术服务指标，以及“电量增长率”

等发展趋势，合理确定投资方向，避免单个层级过度投资或简单的平均分配资源，确保“好钢用在刀刃上”，同时通过内在“套娃”式结构促进整体与局部的协调。通过不同层级资产组经济、技术指标评价比对功能，解决不同电压等级、不同资产投资评价的协调性问题。从效益指标和技术指标相对矛盾角度出发，同样的售电量下，电网设备越薄弱相应“单位资产售电量”指标越高，因此，在开展如东地区电网规划投资时应把投资重心放在台区资产组层级。

4. 开展多指标组合决策，提升财务资源配置的合理性

通过将技术指标和经济指标组合在空间地图上分屏展示，改善传统投资决策单个技术指标“一刀切”模式，引导精准投资，从决策源头确保国有资产保值增值和服务地方社会经济发展双重责任的履行。公司提出的多指标组合决策，主要通过将南通地区户均电量和户均容量指标组合分析。户均容量（户均容量 = 变压器容量/用户数）指标反映区域用户平均容量大小，是反映电网资源保障的重要指标，在此基础上增加户均电量指标（户均电量 = 周期售电量/用户数，该指标反映局部供电区域的价值贡献）。通过将技术指标和经济指标组合分析并在四分屏地图上展示分析，改变原先依靠单一指标判断的片面性，为精益投资决策提供综合支撑。

5. 开发智能辅助决策，提高财务资源配置的有效性

在运用资产组进行投资方案提报之前，电网投资主要靠分散在供电各区域的基层技术员通过人工现场勘察上报投资需求，经过层层审批批复后才可进入下一年度投资项目储备库，区域特征以及人员责任心、执行力的因素将直接影响电网投资决策，导致电网资源配置缺乏“一盘棋”考虑。

现在通过以资产组为载体采集生产、营销、调度、财务等多维信息，构建投资职能辅助决策系统，将跨专业数据进行结构化整合，建立基础数据库；根据电网安全、技术、经济、服务目标建立指标体系并合理设置阈值，形成电网标准库；根据指标阈值自动从基础数据库中筛选查找电网存在的设备性、结构性、发展性问题，以问题为导向形成“电网问题库”；同时针对问题通过地理位置、周边情况等自动提出智能辅助决策方案，支撑现场勘查。通过将电网运行状况、电网发展目标和电网运行问题的指标体系量化，构建投资智能辅助决策功能，大大提升电网投资决策的标准化和集中度，增强电网资源的一体化配置水平，协调大供电区域内整体投资布局。

6. 储备项目经济性、合理性、协调性自动审核

在资产组模式下，决策对象从原先的项目转换为资产组，资产组为投资具体对象的选择提供了共识性标准，决策从原先的财务支出规范性拓展至项目支出对公司整体价值提升的必要性和贡献度，切实提高公司创造价值决策能力。

原先因缺乏数据支撑，财务对成本项目仅进行规范性及资料齐全性等方面审核，现在，基于资产组管理会计平台以资产组为载体集成的大量业务、财务信息，以项目对应的资产组为决策对象，将相关项目评价标准从“规范性”拓展至“规范性、经济性、合理性、协调性和针对性”，且规范性由原先单一项目评审转换为对应资产组的当年所有储备项目汇总评审，有效提升了成本性储备项目的审核力度，优化了大量成本资金。

在审核中的主要规则如下：（1）规范性（否决性指标）：同一批次（年度）成本性储备项目可研金额超过对应资产组原值的50%的，列示问题。（2）合理性（疑点性指标）：一是资产组投运3年以内（按PMS系统投运时间）即投入维修资金的项目提示复核；二是资产组连续3年高强度（此处高强度，是指每年投资占原值比重五分位法A段）仍在储备项目的，提示疑点。（3）经济性（疑点性指标）：项目对应的资产组上年单位资产售电量指标全地区五分位法为E段，且两年电量增长率出现负增长的，提示疑点。（4）协调性（疑点性指标）：以配电线路资产组为例子，如线路主体有储备项目、下挂台区无储备项目，或线路主体无储备项目、下挂台区有储备项目的，提示疑点，提示运检、农电部门进行电网协调性复核。

（三）以资产组为项目管理载体，强化项目全寿命周期管控

在完成了项目库建设和投资目标选择之后，对于投资项目实施监控和过程管控也是十分必要的。只有在应对项目任务自身所带来的不确定因素和风险因素的情况下，制定较为准确的项目跨度计划，准确预测项目的完成日期，才能保证投资目标的达成。以资产组为基本单元，将项目对应到资产组，在项目实施环节以资产组为载体整合区域电网效能、售电量波动特征等信息，通过计算机系统对电网施工状况进行监控，查找分析经营作业行为对效益效率的影响，通过改善行为提升公司价值创造能力。

1. 项目出库安排阶段

（1）实施经济性排序。利用项目储备与资产组的对应关系，按照资产效率、客户需求、设备承载进行分类排序和综合排序，为项目施工的轻重缓急安排提供决策支撑。

项目下达后，根据项目对应的资产组编制上述表格，按照单位资产售电量指标进行排序，从指标驱动因素角度出发，指标A段的应当优先实施，保证可靠供电及迎峰度夏有序用电，故按照单位资产售电量指标进行经济性实施轻重缓急排序，A段五颗星、B段四颗星，以此类推。同时，在同一段位中根据指标的分布再进行排序，并将此实施排序表交项目管理部门作为现场项目安排的财务建议。

（2）项目施工时点经济性选择。客户是公司创造价值的核心资源，目前对需求侧的观念正在发生改变，不再把用户当作单纯的用电方，将用户的用电行为及未来用电需求带入到电网建设中，将进一步提升电网投资的针对性。原先我们对用户用电行为的分析主要是针对整个大市供电范围的用户平均用电特征分析，缺乏对区域用户（群）的个性化分析。现在依托于电网资产组结构，每个资产组均服务于一个区域的用户群，通过对资产组售电量波动曲线的分析，分析区域用户的用电行为，通过检修停电保障及时且损失最小的原则，针对不同区域开展个性化检修时点选择。

2. 项目现场实施阶段

（1）基于资产组的多维曲线控制。原先财务专业对项目结算的管理，因为信息不对称，导致财务结算与项目现场实施过程脱节，财务仅能从口头上、文件上要求项目管理部门要及时结算、序时结算、真实结算，至于结算是否超期、项目实施是否真实却无法实时控制，仅能事后监督。现在我们通过把项目对应到资产组，实时集成资产组的售电量信息、停电事件以及项目的现场开工、完工时点和结算进度，构成项目实施场景的数据还原。通过以资产组为载体实现多维数据集成，将业务流、信息流与现场实际进行衔接，还原项目实施场景，运用数据组合查找发现问题，提升财务对现场的管控力度和时效性。

3. 项目实施评价阶段

项目实施评价阶段具体包括投向评价、投速评价、投量评价、综合评价、标签化投资评价和项目档案管理等六个要点。

（四）以资产组为安全管控抓手，促进安全管理价值提升

安全生产对任何企业都是存在发展的基本前提，也是企业价值创造的基础，对于供电企业更是如此。长期以来，安全生产管理主要通过制度和流程的合规性要求进行业务操作上的管控，一线生产人员的安全意识、技能水平和责任心在很大程度上起到了决定性因素，往往等到发生安全事故后才开展事故分析来改进管理。在资产组管理模式下，以促进企业完善安全管理流程、增加安全管理价值为目标，通过将各项安全生产作业对应到资产组，重点围绕投资、设备、现场、停电等与安全管理相关要素，确定“将可定性的问题定量化，将可定量的问题可视化”为安全管控的抓手，运用信息技术手段对电网运行和施工状况进行实时监控，查找分析经营作业行为对安全管理的影响，全面反映公司安全生产管理的薄弱环节，归纳提炼存在的安全风险漏洞，准确把握安全生产管理工作关键方面可能存在的主要问题，进而改善作业行为，提升安全管理价值。具体方法是：(1) 科学配置安全隐患治理投资；(2) 绘制数据地图、根据地图延伸检查隐患整治质量，全面评价隐患排查治理工作质量；(3) 实时监督生产作业现场安全质量。

宝钢股份的全流程价值链管理*

吴琨宗　黄　杰

伴随全球性竞争、经济转型、环保监管、供需矛盾、市场波动等变化，制造型企业在供方、买方、产业竞争者等方面面临“灰犀牛”冲击，生存和发展空间持续受压，但在供给侧改革、变革创新和转型的政策取向下也面临新的机遇。2008年金融危机以来，宝钢股份的管理会计实践不断进行创新。在管理会计中导入战略管理思想，并将管理会计更直接导向市场和客户，使其有效链接贯穿企业“供产销研财”等全流程价值链环节，从而更高效地支撑了企业经营决策、提升了多维核心能力、有效控制了经营风险，并且有助于财务人员更好地成为企业价值创造的引领者、实践者和业务最佳合作伙伴。

一、宝钢股份管理会计发展历程简要回顾

宝钢股份诞生于改革开放之初，经过40多年的发展，已成为世界一流钢企，带动了中国钢铁业和相关行业的发展和进步。公司以“创享改变生活”为使命，致力于为客户提供优异的产品和服务，为股东和社会创造最大价值。公司管理会计实践大致可分为四阶段：第一阶段（1985～1992年），以基层管理为主、全面预算管理酝酿。第二阶段（1993～1999年），全面预算管理和标准成本应用发展，以全面预算管理为基础的管理方法逐渐成为各级子公司生产经营的重要控制手段。第三阶段（2000～2011年），基本形成“以企业价值最大化为导向、以全面预算管理为纲、以标准成本管理为基础、以现金流量控制为核心、以信息化技术为支撑”的全面财务管理控制体系。第四阶段（2012年至今），借力信息化寻

* 本文根据宝山钢铁股份有限公司吴琨宗、黄杰提供的稿件资料整理而成。

求财务转型突破，打造业务、信息、价值“三流合一”下数据共享和产销研语言统一，以“全流程物料跟踪及成本盈利分析系统”为代表的管理会计新工具应运而生，基本形成较为成熟的一体化价值管理体系，通过横向创新“物流”到“价值流”新的管理手段，实现价值化衡量；纵向贯穿班组到作业区，最终到公司层面的管理决策支持功能，为实施公司“规模+精品”的战略提供价值决策支持，并为营销决策、产线和品种优化、质量设计优化、投资决策及新产品盈利能力等提供价值化支撑工具。

通过对价值驱动因素的分析，公司财务体系积极挖掘贯穿产供销研、投资、战略等经营环节增值潜力，消除不增加或毁损价值的作业、流程，增进现金流和企业价值；打通“信息孤岛”，进行多维价值链核算和反应，建立“以客户为起点”的价值管理体系；由追求“成本最低”到“价值最大”，追求“分段式、局部最优”到“整个产品线、产品组合价值创造最佳”。公司基于共同价值观和开放心态倡导团队协作，搭建跨部门、跨平台、跨区域的战略业务单元（SBU）小组和灵活团队，财务人员均全程参与，借助专业优势打造“业财深度融合”的管理会计体系（见图1）。

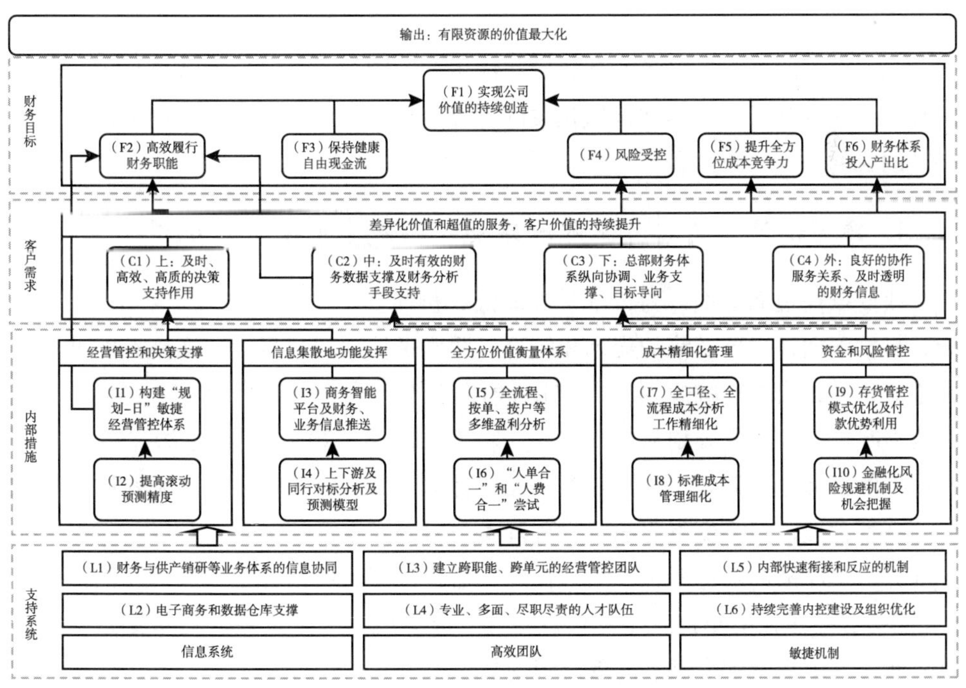

图1　宝钢股份财务一体化价值创造路径

二、宝钢股份管理会计创新与实践案例

2015年，国内钢产量首次下降，全行业亏损，在史无前例的压力下，公司财务体系秉持变革创新的理念，提出“成本侧变革”“全流程数据共享”“经营管控敏捷体系”“营运资金和存货长效管控”等创新举措并不断推进完善，将不断求变、敢于自我否定的理念注入企业DNA，逐步凝聚成一股强大的内生动力。通过两年的运作，公司业绩快速提升至历史最优，更重要的是以“成本变革、技术领先、服务先行、智慧制造和城市钢厂”为代表的内生竞争力和适应严酷市场的综合能力得到显著改善，“多基地管理能力”正快速形成。公司2017年利润较2015年历史低谷增幅达12倍，利润在行业内占比达16.5%；吸收合并武汉钢铁有限公司后负债率快速恢复至接近50%的稳健水平，融资成本率持续保持业内领先，债信评级恢复至全球综合性钢企第一。

（一）全方位打造企业“成本侧变革”的核心能力

成本发生的源头来自各业务领域，成本变革的核心是以成本或价值的视角从源头驱动业务领域与成本和价值相关的管理变革，从而达到成本削减或综合价值提升的目的。

1. 顶层设计，策划“三年一滚动”的成本削减专项规划

改变以往短期降本行为，基于价值链分析成立“成本变革委员会”，强化系统、科学策划，与公司滚动规划相结合，明确中长期削减目标、实施路径和配套举措。第一轮成本削减规划中，定比2015年3年成本削减目标170亿元，预计完成186亿元，完成规划目标107%。第二轮2018～2020年定比2017年挑战削减成本的目标分别为23、47和61亿元，首次将四个制造基地按“制铁所”模式统筹规划管理，围绕变革驱动、管理降本、协同降本、技术降本和经济运行五维度推进；闭环推进信息系统、绩效设计、监督机制和培训等工作有序开展。通过3年努力，力求让变革过程中的信息化支撑能力成为未来宝钢股份多制造基地的重要能力，使之做到准确、高效、可对标。

2. 创新激励和约束机制，着力解决内生动力问题

极具挑战的成本削减目标能否真正落地、效果能否持久，取决于能否充分调动员工积极性，激发员工聪明才智。公司开展成本管控机制和组织绩效的优化设计，从“顶层驱动”向“基层驱动”转变。（1）员工维度：公司对各厂部权力下放，改革分配机制，组织“三聚焦两促进”劳动竞赛，鼓励和保护成本削减推进过程中的先进者和先行者，最大限度减少集中一贯体系下的“平均主义”。形成全员参与、上下同欲的竞赛氛围，员工降本的主人翁意识有效增强。（2）部门维度：绩效奖的60%与成本削减业绩挂钩，40%与部门绩效考评结果挂钩。成本削减贡献奖中的2/3直接与本部门成本削减业绩评分挂钩，激励各部门努力完成自身目标来“挣蛋糕”；另1/3根据各部门成本削减业绩“抢蛋糕”，鼓励对比赶超、追求卓越。（3）管理者维度：公司高管作为“裁判员”，不但负责各单元成本削减目标审定，协调跨部门协同降本项目，同时作为“运动员”负责条线削减任务总落实，归口责任目标纳入当年高管绩效评价，以“人单合一、一人一表”形式按月分析各自成本削减目标的完成实绩。（4）协作方维度：降本不靠“降费率”，而是协同供应商开展功能计价、标准优化、技术降本等举措，鼓励供应商专注主体业务，实现可持续价值创造，建立“利益共享、风险共担”机制，如对协力供应商参与的增值价值创造项目实施激励分享，共创价值、共享成果。

3. 不破不立，按“一切成本皆可降”细化各项工作

首先是“破”：彻底打破“刚性禁区”，审视各项成本费用发生的合理性和必要性，借助极具挑战的目标倒逼各业务领域通过管理变革、效率提升、机制流程优化和业务源头改善等手段保障削减任务落地。然后是“立”：以各项成本费用全面系统梳理为基础，分析成本费用发生的驱动因素，分类制定成本费用下降目标和具体改善方案，责任归户，真正实现成本削减全员、全体系、全过程的组织实施。以宝山基地为例，将降低制造成本、现货归户、资金占用等作为推进重点，各项技术经济指标在成本削减机制长效化推动下持续改善（见图2）。

公司2016年、2017年分别比2015年削减成本58.5亿元、61.1亿元，强势支撑业绩提升；2016～2017年吨钢销售成本同比幅度均优于国内同行平均水平（见图3），横向成本竞争力进一步显现；更为重要的是内生动力已初步形成：变革理念根植人心；“强相关”评价机制初步建立；“敏捷机制”快速形成；“高成本体质”逐步改善。在公司2015年盈利18亿元的波谷基础上，通过成本削减有

效的将安全边际线提升至 80 亿元以上，应对外部市场剧烈波动的能力大幅提升。

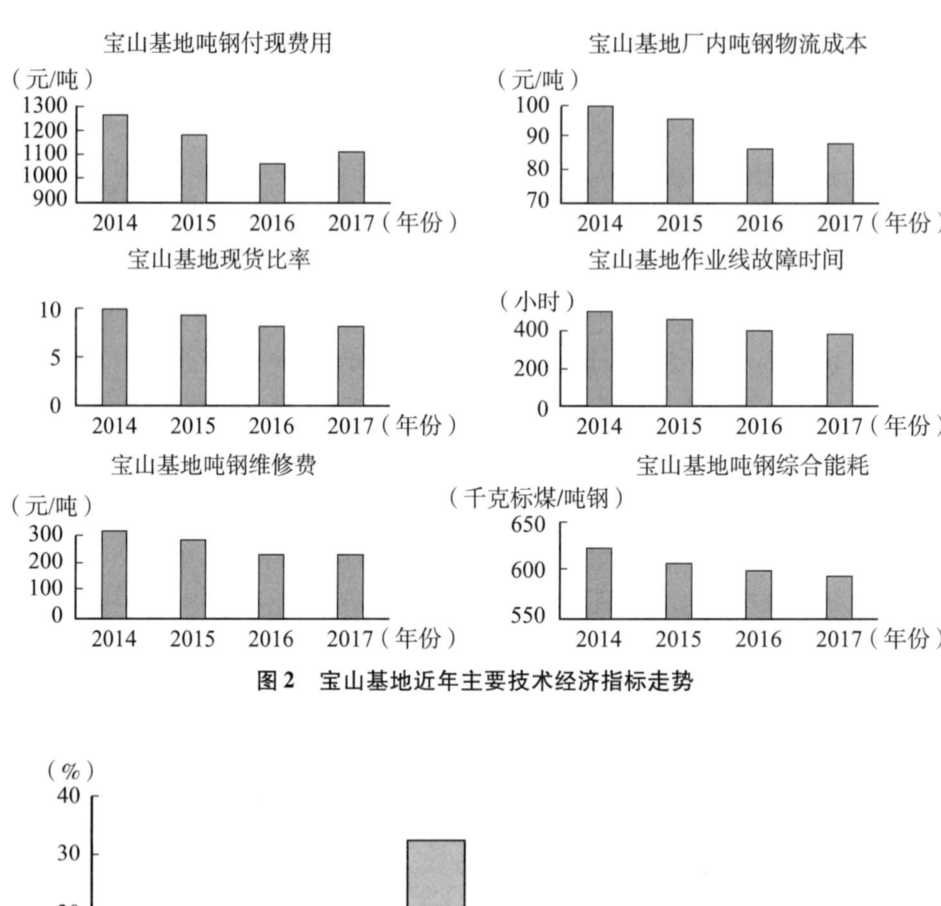

图 2　宝山基地近年主要技术经济指标走势

图 3　宝钢股份吨钢销售成本变动和行业对比

（二）构建以全流程成本管控为核心的信息化系统

公司在对原明细产品成本盈利系统升级改造的基础上，开发全流程管控系统，力求以产品经营带动区域管控，按实际工艺路径计算材料成本，贯通整合每种材料在实际加工机组上的相关工艺、合同、生产、质量等信息而形成全流程物料树，实现材料、合同及产品成本精细计算，并应用于制造端成本改善。通过大数据集成为公司各环节提供全流程、多维度信息共享服务。

1. 大数据集成，统一语言

通过建立与采购、销售、研发等业务系统接口，整合数据资源，构建分析模型，为产销研各环节提供全流程、多维度信息共享服务。该系统是对各在线系统数据和信息的进一步挖掘运用，避免了产销研环节对财务分析数据的来源和准确性进行无效博弈，提升了产销研分析的质量、认同度和权威性。目前系统数据已成为各单位共同语言，广泛应用于公司各种会议和分析决策，数据质量和可靠性以及指导意义在实践中得到各方高度认可和应用。

2. 计划值和成本标准为基础

计划值和成本标准是全流程系统进行明细产品成本计算的基础，明细产品成本计算对象设置与原料标准、生产作业标准及附加成本标准关键字保持一致，而三大标准均来源于计划值和成本标准系统。

计划值是公司标准成本体系的基础，定义为现场操作指标，是最小成本动因，是业务与财务对话的桥梁。项目有收得率、能耗、涂料、小时产量、合金消耗等技术指标，目前宝山基地有 15 万个计划值标准，将计划值标准价值化后就是成本标准，它是成本预算、绩效评价和明细产品成本计算的基础。公司有严格的计划值管理制度，规定了计划值修订中的职责、流程和管理要求。公司设有标准成本管理委员会，对计划值的先进性进行标准审核。计划值通过全流程系统进行数据整合，为现场制造水平提升和明细产品盈利能力管理提供支撑。

3. 全流程价值链管理

全流程系统立足于产品全流程价值链，拓展管理视野，聚焦供产销研各环节的协同，在产品经营和成本管理方面充分体现了应用价值。(1) 以日成本计算为基础：实现日损益跟踪和日现金流管控。在全流程系统中，我们将产品盈利能力评估指标从边际贡献拓展到边际现金流，从而实现对合同、产品、产线及企业的日损益和日现金流跟踪、分析与管控，提升企业现金流管理能力。(2) 快速连接购销市场：为快速反映市场变化、及时管控市场风险，全流程系统揭示原料市场对产品成本变化的影响、揭示终端市场对产品盈利变化的影响，从而支持原料采购结构优化和产品营销接单、定价和品种结构优化，提升企业盈利能力。目前按T+1明细标准成本（成本标准路径+标准成本）为营销提供接单成本盈利信息，支撑其接单决策。该系统的上线使得各明细产品边际贡献排序更加准确。（3）精准挖掘制造成本改善空间：按实际工艺路径进行材料成本计算，将材料成本反映到每份合同和明细物料上，揭示生产组织和生产技术指标对产品成本与盈利的影响。系统揭示标准与实际工艺路径材料成本差异，使得在制造中实际偏离标准工艺路径的环节在成本计算中予以捕捉；合同盈利采用全流程归户计算，现货损失责任主体更加清晰和公平，为制造环节隐性成本改善提供精准指导。

（三）搭建从“规划到日”敏捷的经营管控体系

公司将预算管理定位为战略保障、控制、沟通、决策支持和协调功能，并将企业所有涉及现金和财务的活动均纳入预算管理。随着规模和管理幅度的扩大，公司探索推出紧贴经营模式变化、业务特点设计的目标预算管控模式，业务计划和经营预算服务于战略落地，强化总部全局掌控、统筹协调和资源优化配置，形成以经营规划为导向、年度预算为绩效目标、季度滚动预算为决策方向、月度执行预算为控制手段、按日跟踪分析纠偏、覆盖全级次的全面预算管理体系（见图4）。

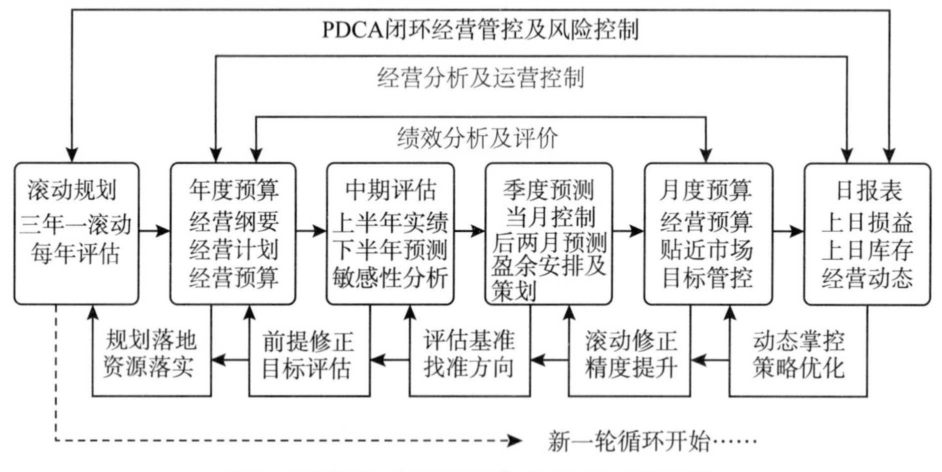

图4　宝钢股份“规划到日”的PDCA闭环架构

从“规划到日”的PDCA闭环：（1）滚动规划求精：顶层设计，结合行业变化、竞争对手预测、资源优化、客户和股东价值增长等导出目标；（2）年度预算求全：规划首年目标即为当年预算目标，业务指标和行动方案与计划无缝链接，按规划倒逼预算前提及优化产销方案；（3）季度预算求实：与绩效结合实行柔性化管理，与市场走势衔接，关注短期经营改善意图和举措；（4）月度预算求准：体现刚性经营管控，强调预测精度和时效性，与绩效评价相结合，与公司营销政策调整相匹配；（5）日报管控求快：每天出上一日“经营日报”，涵盖损益、产销、库存及行业信息，“日清日结”，支撑月预算实现。经过持续改善及运用信息化工具，公司月度滚动预算精度持续保持94%以上，较推行目标预算管控模式前提高20个百分点。

（四）推进营运资金和存货长效化科学管控

具体要点：（1）公司实行资金集中统一管理，即统一融资权，调度、协调金融机构进行规模资金保值增值运作，促使各项业务活动与企业整体经营目标趋同。以效率优先、总量控制、结构优化原则统筹策划营运资金管控，包括购销联动、强化库存管控、严控源头授信、优化付款方式与绿色通道、预警、保障等，并通过经营简报、资金例会等形式确保管理闭环系统的有效运行。积极策划“两金”管控方案，逐级分解下达管控目标，优化工作机制，倒逼管理模式和管控手段改善。（2）推进“可视化”的存货及现金流日管控。钢铁企业库存占流动资产比重较大，库存管控水平直接影响营运资金周转效率与经营获现能力。为达到“可视、可控、可调”管理目标，公司运用“可视化”日库存管控系统进行存货管理，实现多维度、多口径、动态展示每日库存占用、库龄结构及异常情况；借助资金平台、票据系统相关信息，掌握每日现金流状况，盘活各类营运资金占用，提升资金占用效率。（3）持续夯实资产运营效率。2017年末，公司“两金”总额较年初降幅达16.1%；凭借稳健的营运资金管控，有息负债规模降幅达9.5%，财务成本大幅节约。资产负债率持续保持50%左右的合理水平，2017年即宝武联合重组元年，资产负债率同比显著下降（见表1）。国际评级机构对公司良好业绩与稳健的资产负债结构予以充分肯定，公司保持全球综合性钢企最优，高于韩国浦项制铁。

表1　　宝钢股份资金及营运能力管控指标（2017年含武钢有限）

项目	2014年	2015年	2016年	2017年
资产负债率（%）	45.7	47.83	50.96	50.18
经营现金流（亿元）	285.9	176.9	184.11	347.07

续表

项目	2014 年	2015 年	2016 年	2017 年
存货周转天数	61.70	60.70	65.94	54.54
营运周期（天）	37.38	21.40	16.60	19.06

（五）创新市场风险预测及对冲应对机制

具体要点是：（1）创新汇率及利率风险管理模式。通过管理制度确立汇率与利率管理原则及应对机制，每年度研究确定汇率和利率风险管理策略，定期跟踪、评估风险管理策略执行进度，合理匹配外汇收支。通过融资成本率排序，综合考虑利率、汇率变动趋势，从本外币、长短期、间接和直接等多维选择最优融资方式，建立长效汇率、利率风险管控机制，选择合适的衍生工具锁定风险敞口，资金跨境联动降低风险管理成本。（2）创新购销市场风险对冲机制。当前钢铁产业链受金融及大宗商品市场波动影响较大，大宗原燃料及钢价波动会引发成本上升、库存减值等风险。公司利用商品期货套保工具，由财务与业务人员共建虚拟团队，研究掉期、期货等金融衍生品在购销市场风险对冲中的运用。规范操作流程和交易行为，坚持以套保、风险对冲为交易目的，设计包括对冲采购成本、对冲库存减值风险、锁定售价、锁定毛利等多种大宗商品套保模型，针对掉期与期货的不同特点分别建立相应管理流程与风控措施，并通过后评估协助业务部门动态调整套保策略。

（六）持续提升财务专业管理的体系能力

具体表现：（1）以体系能力创新为持续管理机制创新保驾护航。宝钢于2009 年成立“财务共享服务中心”，完成财务管理和服务“管操分离”，强化管理会计拓展和创新能力；优化整合人员配置，精简职能，整个公司现只有 4 人在每月 1 日做成本核算，其余时间聚焦管理分析和业务支撑。（2）加强财务体系制度和内控建设，将监督寓于服务之中；推进标财系统开发和对下属子公司覆盖，实现会计科目、核算标准和系统平台“三统一”。目前，公司 1.5 个工作日完成单体成本核算、2 个工作日完成法人报表编制、5 个工作日完成合并报表编制。近年总部财务职员数量削减了 33%，财务人员劳动效率较金融危机前提升 50% 以上。

三、结语及展望

经过不断变革创新，公司逐步形成一套适应企业自身生产经营管理需要的集中一贯的财务控制体系，在“供产销研财”全流程实施价值管理，全方位降低了企业的成本，有效控制了经营风险，提升了企业的核心竞争力。面对已发生深刻变化的钢铁业生存环境和竞争格局及“灰犀牛”和“未来钢铁”挑战，结合企业战略规划，管理会计的内涵、工具和运用都将持续丰富。公司适应规模快速扩张的新时代要求，打造适应“特大”及“多地”特点的财务集控能力；抓住“智慧制造”转型机遇，构建新时代具有宝钢特色的“智慧财务”管理模式；以价值链为核心，拓展管理会计视角，不局限于内外部经济业务，还需关注“绿色、智能制造”“社会责任”等新兴业务实施。往者犹可鉴、来者更可追，管理会计应用将继续为宝钢股份战略目标提供强有力的支撑，助力企业价值不断提升。

腾讯公司基于网络平台的绩效管理创新*

刘运国　曾昭坤　刘芷蕙

商业模式的选择及与之相应的绩效考核方式是学术界和实务界共同关注的热点话题。腾讯现有的商业模式可归纳为互联网平台（流量 + 游戏）商业模式，注重用户体验和提供相应增值服务是腾讯现有商业模式的两大主要特点。基于网络平台（流量 + 游戏）的商业模式，腾讯建立了以用户体验为中心的结果导向型 KPI 考核模式和全面认可激励机制。而这种绩效评估方法和激励机制的建立有利于企业加速产品更新和迭代升级、拓展业务范围，提升企业核心竞争力。

一、腾讯发展历程回顾

腾讯于 1998 年 11 月成立于深圳市南山区，是一家以互联网为基础的科技与文化公司。2004 年 6 月，腾讯在香港联交所正式挂牌，成为第一家在香港上市的中国互联网公司。经过多年的发展，腾讯已发展成为全球知名的互联网巨头企业，业务范围涵盖社交和通信服务 QQ 及微信、社交网络平台 QQ 空间、腾讯游戏旗下 QQ 游戏平台、门户网站腾讯网、腾讯新闻客户端和网络视频服务腾讯视频等。从 1998 年创建至今，经过 20 年的发展变化，腾讯已经形成了包括社交、娱乐、金融、资讯、人工智能、平台等在内的 7 大业务体系。

* 本文根据中山大学刘运国、广东行政职业学院曾昭坤、中山大学刘芷蕙提供的稿件资料整理而成。

二、腾讯商业模式分析

（一）市场定位分析

商业模式中的“市场定位”分析主要回答企业“做什么”的问题，即企业提供什么样的产品和服务？具体为哪一类顾客提供这类产品和服务？那么，腾讯是做什么的呢？通过对腾讯的年度财务报告分析可知，即时社交平台与数字内容是腾讯的两大核心业务。一方面，腾讯通过微信和QQ等社交平台实现人与人、服务与设备的智慧对接。另一方面，腾讯通过腾讯网络等媒介为用户提供新闻、视频、音乐、游戏、文学等数字内容产品及相关服务。此外，腾讯还通过移动支付等技术支持，推动智慧交通、智慧零售和智慧城市等领域的发展。

（二）系统经营分析

商业模式中的“系统经营”分析主要回答了企业“怎么做”的问题，即企业如何经营，企业的经营能力怎样？梅特卡夫定律中的“网络效应”认为，网络经济的一个显著特点是增加一个用户的边际成本极低，几乎为零。只要增加用户的边际成本小于边际收入，用户的增加就会为企业带来几何级的利润增长。网络平台的价值取决于用户的多少。

由管理会计中的本量利模型分析可知，当企业的业务量达到企业的盈亏平衡点后，企业的固定成本即可得到全部补偿。企业业务量超过盈亏平衡点以后，业务收入则只需要补偿其相对应的单位变动成本。对腾讯这样的互联网平台企业而言，网络平台构建支出是企业项目运营的主要支出，并应按照成本性态分析归类为项目运营的固定成本。网络平台构架的过程也是企业获得客户基础的过程。互联网企业的客户流量在一定程度上代表企业的业务量。由本量利模型分析可知，当企业的业务量达到盈亏平衡点后，企业的网络平台构建支出就能相应地得到补偿。而这对腾讯等坐拥海量客户基础的互联网企业而言并非难事。此外，由于网络支付的及时性和低成本性，互联网企业所负担的单位变动成本极低，几乎可以忽略不计。因而，在企业业务量超过盈亏平衡点后，业务量增加所带来的企业收入的增加将几乎全部可以转化为企业的利润，并为企业带来丰厚的现金流回报。

由前述分析可知，获得广泛、稳定的用户基础是腾讯等互联网企业经营发展的关键。腾讯的经营模式很好地体现了这一点。腾讯的经营模式可以概括为吸引、留住客户和培养用户消费习惯两方面。QQ 和微信是腾讯旗下两款即时通讯社交软件。其中，QQ 可以在陌生人之间建立通讯联系，属于弱关系连接；微信的通讯关系则是基于熟人关系，属于强关系连接。腾讯通过构建强关系沟通平台（微信）和弱关系沟通平台（QQ），以满足用户不同社交需求的方式，吸引了大量用户。对于习惯使用微信或 QQ 的用户而言，转移使用其他社交平台要付出巨大的转移成本（维持已有社交关系的成本）。因而，腾讯可以通过培养用户使用习惯的方式留住客户，从而获得广泛、稳定的客户基础。

除了采取措施吸引、留住客户外，腾讯也积极布局，培养用户的消费习惯。除社交产品以外，腾讯还提供了金融、娱乐、资讯、工具、平台、人工智能六大业务分类产品。以社交网络平台为连接中心，用户只需要登录自身的 QQ 账户或微信账户，就可以便捷地获得相应业务产品的服务。这种“一站式”在线服务不仅提高了用户的账户活跃度，而且增加了用户黏性。

（三）盈利模式分析

商业模式中的“盈利模式”分析，主要回答企业“怎么赚钱”的问题，即企业通过什么方式获得利润。获取流量优势，并发展出与之相对应的获利模式是互联网企业赚取利润的主要方式。在对以往经验教训总结分析的基础上，腾讯提出了“为用户打造一站式在线生活、娱乐服务”的盈利模式。

通过对 2014～2017 年腾讯年度财务报告的分析可知，腾讯的营业收入可分为网络广告、增值服务和其他三大类。其中，增值服务包括网络游戏收入和社交网络收入等，其他收入则包括支付服务和云服务等。增值服务为腾讯收入的主要来源，约占集团总收入的 60%～70%。其他收入增长较快，由 2014 年的 10% 左右增长至 2017 年的 18%。

通过对腾讯的营业收入构成进行分析可知，腾讯的客户主要包括对腾讯旗下社交、金融、娱乐等分类产品有需求的产品用户、利用腾讯流量优势进行广告投放的广告用户和对腾讯有技术服务需求的企业客户三类。针对不同类型的客户，腾讯采取了不同类型的营销手段。

尽管产品用户不直接为企业贡献利润，却是企业获得其他用户类型的基础。因而，针对产品用户，腾讯采取了增强用户体验，提高用户满意度的经营策略。这不仅有助于腾讯扩大用户基础，增强用户黏度，而且有助于部分产品用户进一步向付费用户演化。广告客户的需求是将广告信息有效传递给受众目标。而这离不开庞大的产品用户基础。一方面，庞大的产品用户基础为腾讯提供了多样化的广告投放渠道；另一方面，庞大的产品用户基础有助于腾讯更好地利用大数据、人工智能等技术手段进行数据分析，增强广告投放的精准度。利用企业旗下的开放平台和云服务为客户提供技术支持和问题解决方案是腾讯吸引企业客户的主要手段。广泛的产品用户基础既为腾讯的开放平台提供了流量支持，吸引企业客户使用开放平台，也为腾讯提供了种类丰富的数据样本，为腾讯的云服务分析提供了数据支持。

综上所述，腾讯的市场定位可概括为提供社交服务和数字内容的连接平台；系统经营可归纳为以免费即时通讯工具为入口为用户提供一站式在线生活、娱乐服务；盈利模式则可总结为通过挖掘用户需求提供针对性的产品和服务，引导客户由产品客户向付费客户转变，同时利用产品客户基础，吸引广告客户和企业客户。由此，我们可以将腾讯现有的商业模式归纳定位为网络平台（流量 + 游戏）商业模式。

三、腾讯绩效考核模式

关注用户体验并提供相应的增值服务是腾讯的核心经营理念。这一理念同样体现在腾讯的绩效管理上。腾讯“关注用户体验”绩效管理实践体现在围绕用户体验设计的结果导向型 KPI 考核评估以及全面认可激励机制两方面。

（一）围绕用户体验设计的结果导向型 KPI 考核评估

腾讯由七个事业部组成，根据不同的产品和服务需求，每个事业部下辖不同的大项目组。每个大项目组根据不同的用户需求又分为不同的小项目组。各个事业部在负责各自对应的产品和服务的同时，亦会根据用户需求组成不同的临时项目组，如新年期间的微信红包项目团队。综上，腾讯由数个固定或临时的小项目组构成。腾讯对员工的绩效评估与考核也是以项目组为单位的。

不同于传统企业以盈利指标衡量员工绩效，腾讯主要通过“用户体验”指标评价项目组团队绩效和员工绩效。为更好、更精确地衡量“用户体验”，腾讯设计了顾客满意度模型。顾客满意度模型由顾客期望和感知绩效两个维度构成，具体表现为顾客对产品的抱怨情况以及顾客对产品的忠诚度两方面。为精准量化顾客满意度模型，在用户忠诚度维度上，腾讯设计了诸如产品注册用户数、用户活跃度、付费用户转化率等共性量化指标。此外，鉴于不同互联网产品间差异度较大，腾讯亦为旗下每一款产品设计了不同的量化指标，构建了各自的满意度衡量框架。

（二）全面认可激励机制

1. 物质激励计划

恰当的绩效考核机制加之完善的绩效激励机制是促使员工目标与企业目标相一致的关键。为此，除设计围绕用户体验设计的结果导向型 KPI 考核体系外，腾讯建立了涵盖物质报酬与精神报酬两方面的全面认可激励机制。

腾讯的员工绩效考评分为鞭策后进者、认可绝大多数员工及充分激励排头兵，具体分为 5 个等级（见图 1）。根据不同的员工绩效考评等级，腾讯设计了不同的包括物质激励与精神激励两方面在内的全面激励体系（见图 2）。其中，物质报酬包括薪酬、股份酬金和安居计划三部分。薪酬又包括年度调薪、绩效奖金和特别奖金。安居计划则为员工提供 50 万住房贷款，帮助员工缓解首付压力。

物质报酬中最具吸引力的是对员工的股权激励，而这又分为对高级管理人员的股权激励与对普通员工的股权激励两部分。据 2015～2017 年年报显示，腾讯支付给高级管理人员的薪酬中股权激励占比在 76%～80% 间浮动（见表 1）。股份酬金是高管人员薪酬支付的主要项目。除实施高管股权激励外，腾讯亦通过实施“购股权计划”对员工实施股权激励（见表 2）。员工股权激励约占员工总薪酬支出的 15%～19%，仅次于工资、薪金及花红支出。通过股权激励，腾讯将企业绩效与员工绩效连接在一起，激励员工更好地执行“注重用户体验”的经营理念，实现企业价值最大化。

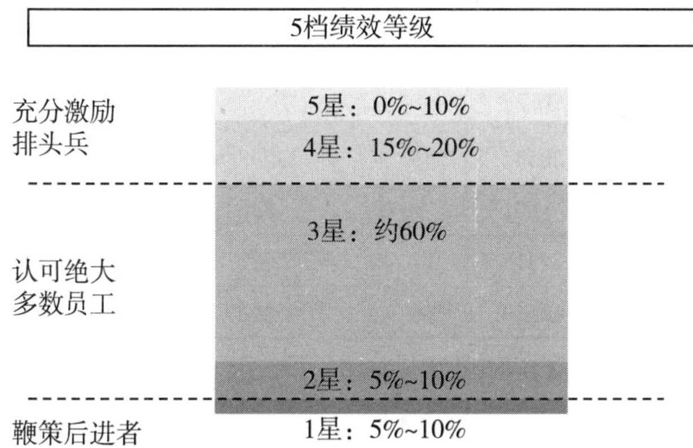

图1　腾讯绩效考核等级

资料来源：腾讯相关资料。

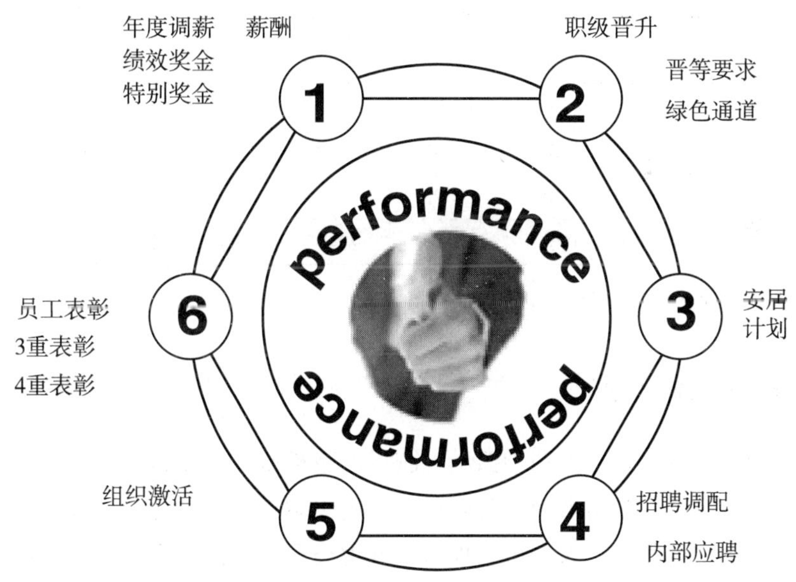

图2　腾讯员工全面激励体系

资料来源：腾讯相关资料。

表 1　　腾讯高级管理人员薪酬构成表

项目	2017 年		2016 年		2015 年	
	金额（万元）	比例（%）	金额（万元）	比例（%）	金额（万元）	比例（%）
薪金、花红、福利及津贴	28532.2	19.54	22798.9	22.67	16560.7	23.59
退休计划供款	891	0.06	826	0.08	699	0.1
股份计划开支	1174316	80.40	776788	77.25	535733	76.31
合计	1460529	100	1005603	100	702039	100

资料来源：腾讯 2015～2017 年年度财务报告。

表 2　　腾讯普通员工薪酬构成表

项目	2017 年		2016 年		2015 年	
	金额（百万元）	比例（%）	金额（百万元）	比例（%）	金额（百万元）	比例（%）
工资、薪金及花红	24194	69.39	15626	66.68	13377	72.41
退休计划供款	1934	5.55	1426	6.09	1112	6.02
股份酬金开支	6253	17.93	4455	19.01	2841	15.38
福利、医疗及其他开支	2400	6.88	1841	7.86	1076	5.82
培训开支	85	0.25	85	0.36	69	0.37
合计	34866	100	23433	100	18475	100

资料来源：腾讯 2015～2017 年年度财务报告。

2. 精神激励计划

腾讯同样注重对员工的精神激励。腾讯的精神激励计划包括荣誉认可和职位晋升两方面。在荣誉认可方面，集团设立了腾讯微创新奖，分月度和年度对员工进行奖励。集团内的员工自行申报项目，并由公司投票产生月度和年度的微创新奖。腾讯微创新奖强调“注重用户体验”的经营理念。这促使员工关注用户意见反馈，更好地促进企业产品的迭代升级。此外，有些荣誉奖项不仅有助于团队成员获得丰厚物质报酬，而且有助于团队成员的职位晋升。例如，公司最高荣誉奖项，年度“名品堂”和“创始人”奖。以腾讯旗下的手游产品《王者荣耀》为例：2015 年 8 月，腾讯推出了新款手机游戏《王者荣耀》。《王者荣耀》上线之初的情况并不如预期，项目团队因而根据各项公测指标对游戏进行了多次迭代升级。2个月后，游戏的新进、留存、付费等关键指标均有所改善。《王者荣耀》项目团队因此获得2015年度公司业务级突破奖。2016年，《王者荣耀》风靡整个手游市场，为腾讯集聚了庞大的用户基础和巨额的经济利润。截至2016年底，《王者荣耀》的日活跃用户已超过5000万人，最高月流水达30亿元。《王者荣耀》因而获得腾讯2016年度“名品堂”奖项，项目团队也获得了高达1亿元的现金奖励。2017年，《王者荣耀》项目团队获得了腾讯用于表彰充分体现公司创始人精神和对公司发展具有里程碑意义的腾讯“创始人奖”。“名品堂”奖和“创始人”奖的获得不仅给团队成员带来了巨大的荣誉，而且为团队成员的晋升积累了资本。

综上，腾讯的全面认可激励机制始终贯彻集团“注重用户体验”的经营理念。这有助于提高各个项目组成员对产品用户体验的重视，激发员工对产品微创新的热情，提升产品质量，增强用户黏性。此外，腾讯的全面认可激励机制将企业利益与员工利益相挂钩，提高了员工的工作积极性，提升了企业价值。

四、商业模式、企业绩效管理体系设计及对企业绩效的影响

商业模式影响企业的绩效管理方式。腾讯网络平台（流量+游戏）商业模式影响集团对绩效评估方法和绩效激励方式的选择。腾讯网络平台（流量+游戏）商业模式的关键在于获得庞大的产品用户基础，并在引导产品用户向付费用户转化的同时利用产品用户基础吸引广告用户和企业用户。腾讯的绩效评估侧重于对用户体验感的关注。为此，集团设计了围绕用户体验感的结果导向型KPI考核制度，并建立了顾客满意度模型对用户体验进行量化衡量。同时，“注重用户体验”是腾讯网络平台（流量+游戏）商业模式成功运行的关键所在。因而，如何促使企业员工认同并践行企业“注重用户体验”的经营理念是腾讯激励机制设计需要考虑的首要因素。为此，腾讯采取了重视股权激励的物质激励体系。

基于网络平台（流量+游戏）的商业模式，腾讯建立了围绕用户体验的结果导向型KPI考核模式和涵盖物质激励与精神激励两方面的全面认可激励机制。这一绩效评估方法和激励机制的建立有助于企业扩大业务范围、提升企业竞争力。一方面，以用户体验为核心，腾讯为旗下每一款产品都建立了顾客满意度模型。

海量用户反馈信息的收集、分析有助于企业更好了解产品运营情况和用户使用偏好，有针对性地实现产品性能的改进与更新迭代。此外，注重用户体验的绩效激励机制使企业利益与员工利益相挂钩，激发员工的创造力和工作热情。这既有助于对现有产品的开发改进，也有助于企业拓展新的业务领域。在这一绩效管理模式的刺激下，腾讯的业务范围已涵盖社交、金融、娱乐、资讯、人工智能等七个领域，实现了产品的全方位、多元化布局。另一方面，腾讯围绕用户体验的结果导向型 KPI 考核模式注重的是结果的实现，而非过程。只要员工能提高用户的产品体验感，就能获得相应的物质或精神奖励。腾讯结果导向型的绩效考核模式不关注实现过程和实现方式。这一弹性考核模式有利于激发员工的积极性和创造性，进而提高企业绩效。据年报显示，2015～2017 年腾讯的营业收入、毛利、经营盈利和净利润各项绝对指标均实现了快速增长，无论是毛利率、经营利率等企业总体盈利指标还是增值服务、网络广告毛利率等各个分部盈利指标均表现良好。因此，结果导向型 KPI 考核模式加大了考核弹性，提高了员工工作绩效，极大地提升了企业的价值创造力。

华新水泥对电商及业财融合的探索*

李宗式　张　林

华新水泥股份有限公司（以下简称华新）始创于1907年，素有“中国水泥工业摇篮”之美称。公司于1994年完成股份制改造，成为中国建材行业第一家A、B股上市公司。

近年来，华新在水泥行业率先推动并开展可替代原、燃料的研发与应用，形成具有国际先进水平的水泥窑协同处置废物技术和环保解决方案，成功实现从传统水泥生产企业向绿色环保企业的转型。企业也从一家单纯从事水泥生产的企业发展成为集水泥、混凝土、骨料、环保处置、装备制造及EPC工程、高新建材等业务的全球化建材集团，在全国十余个省市及海外拥有150余家分子公司，名列中国制造业500强和财富中国500强，规模稳居国内同业前列。

一、信息化建设

华新自2006年开始着手打造高度集成的信息化管理系统，先后实施SAP系统、混凝土ERP专家系统、BI报表系统、OA办公系统等，构建了功能强大的信息化协同应用平台。这些标准化的管理流程与系统，可以被快速复制到新的业务单元，为公司在跨越式发展进程中高效、规范的运营起到了至关重要的作用。

华新自2013年起成立财务共享中心，集中处理各混凝土公司的资金收付、会计核算及财务报表业务。自2015年起，共享服务扩大到销售订单、采购订单处理等业务范围，并逐步涵盖公司的水泥、骨料、环保处置及其他业务单元，财务共享中心也更名为共享服务中心。

---

* 本文根据华新水泥股份有限公司李宗式、张林提供的稿件资料整理而成。

二、华新电商“三步曲”

为了聚焦客户，持续为客户创造价值，李叶青总裁在2010年7月的营销工作研讨会上提出建立“客户信息及产品流向信息查询系统”“网络营销系统”“客户呼叫服务系统”的构想。经过对2个省会城市、8个地级市、9个区县的197个客户进行需求调研，华新开启了水泥行业首个电商平台的“三步曲”：

第一阶段为2011～2013年，是华新对电商平台的初步探索，电商“雏形”阶段。其主要目的是为重点项目工程、商混站、经销商、物流配送商等签约客户打造问题投诉及跟踪处理系统、实现客户网上自助下单及交易信息查询的功能，改变因售中、售后信息不对称，对事件或问题响应速度慢的状况，重在提升客户满意度。同时，通过系统化管理，提高工作效率，使销售业务人员从内部协调或内业工作中解脱出来，集中精力进行客户开发与维护。本阶段的平台操作只是基于Web网页，客户体验不理想。

第二阶段为2014～2016年，Web网页升级为智能手机移动应用（一机），扩展了订单支付系统（一卡）及物流配送平台（一车），并与电商门户集成对接，为客户提供了方便快捷的售中服务。华新通过“一机一卡一车”三位一体的创新营销体系，成功实现了传统营销的数字化转型，B2B、B2C模式的华新电商平台初显成效。客户服务中心经过完善与改进，可以为客户提供多途径（400电话、Web网页、微信、短信等）高效的业务咨询及售后服务。

第三阶段为2017年起，通过重构电商平台，将与之相关的系统进一步优化与整合，使客户可以享受快捷在线创单、安全在线支付的线上购买体验。通过实施“支点计划”，对线下的实体门店进行有效整合与合理布点，为客户提供服务范围内任意区域的全方位覆盖；通过实施“经销商服务计划”，搭建了对实体门店的物流配送体系。这两个计划的有效实施，有助于提升客户线下消费体验的质量，使华新电商具备了O2O功能。

华新电商“三步曲”，让公司的营销模式从传统的线下营销逐步过渡到B2B、B2C模式，再升级到O2O模式，使一个百年企业与时俱进融入大智移云（大数据、智能化、移动互联网和云计算）时代。

2018年上半年，华新电商的水泥销量占公司总销量的90%以上，工厂购买业务覆盖了全国12个省、自治区、直辖市4800余个乡镇，门店购买业务覆盖了全国9个省、自治区、直辖市1100余个乡镇；在线支付率超30%；微信司机平台为22000余名司机提供实时装运信息；客户服务平台为50000余名内外部用户提供365天×24小时全方位支持与服务；客户体验得到明显改善，满意度逐年稳步提升。2018年华新水泥以455.86亿元的品牌价值位列“中国500最具价值品牌”排行榜第88位，这是其五度蝉联“中国500最具价值品牌”，连续4年跻身前一百强。

三、基于华新电商的业财融合

“以业务流程为基础，利用管理会计工具方法，将财务和业务等有机融合”是管理会计应遵循的基本原则。华新在其“传统工业+互联网”的创新战略指引下，勇于探索数字化转型，促进财务人员向决策支持及价值管理转型，为业财融合提供了广阔的空间。

（一）将应收账款风险管理嵌入电商平台

赊销客户的信用额度和信用期限经过线上严格、规范的审批之后，由后台账号自动录入客户主数据，订单创建时进行信用检查，货物交付前进行二次验证，超额或超期的订单将被冻结，特殊情况下可以采用担保临时授信的方式解冻。

为了客户能够方便快捷地付款，有效避免客户资金在途造成信用余额不足的状况，公司开通了在线支付及线下扫码支付方式，并选择中行、建行、招行开通了银企直联业务，客户支付的货款到账时间最短1分钟，最长不超过20分钟，节假日也可自动入账。这样既不影响客户交易，也可不再需要共享服务中心人员节假日加班处理货款收取业务。

当客户账户余额发生变动（缴款/退款或创单/退货）时，系统会实时向客户推送信息，客户也可随时自行查阅账户交易信息。这样既方便客户及时确认交易完成状态，也可防止客户自行操作失误或账户及密码泄露后因所交易的货款与公司发生纠纷。

对于赊销业务，按合同约定的结算周期与客户进行发票交接对账时，系统可准确、快捷地提供交易详细数据。系统也可以实时提供应收账款及发出未结商品的详细数据，便于营销及财务部门进行催收或监管。

（二）通过资金池业务集约化管理公司资金

由于各分子公司资金账户众多、资金分散难以集中管理，造成公司资金总体存量高、贷款余额高而财务费用未能有效降低。公司于2015年开始，选择中行、建行及招行实施资金池业务，客户支付的货款原则上约定汇入这三家银行的账户，通过准确预测和合理安排资金，内部调剂资金余缺，从而减少外部融资额度及资金库存量。

通过集约化管理公司资金，提高了资金使用效率和安全保障，有效降低了财务费用。此举也起到了降低公司负债水平，提升公司信用等级的作用。据统计，实施资金池业务的当年，可比口径资金存量降低13亿元，外部融资降低8亿元，每年节约财务费用约2000万元。随着公司资金规模的增加和资金池运行效率提升，效益提升的效果将更加显现。

（三）通过订单信息促进以销定产，合理控制存货资金占用

以销定产已成为现代企业较为通用的产销模式。水泥的质保期一般为3个月，一些特种水泥还需要提前定制，故以销定产对水泥企业来讲显得尤为重要。华新在电商平台推广应用之前，客户订单为线下提报，需要销售人员另行统计预测销量，结果的及时性与准确性难以保证，容易造成产销脱节。为了不出现产品断供的现象，企业就需要提高产品的安全库存水平，如此则水泥库扩容的资本性支出将增加，存货占用的资金也会增加。电商平台的销售订单由客户自行线上创建，这些包含了提货工厂、产品品种与数量的信息，可以很方便地从系统中获取并传递给各工厂，工厂据此则可以科学排产，从而有计划地保持合理的原材料及产品库存，减少存货资金占用，提高存货周转率。华新工厂所用的水泥包装袋90%以上为华新的包装公司自产，故而包装公司的生产组织也更为便利，存货资金占用也可保持在合理的水平。

（四）实施多维度的盈利能力分析，合理配置资源

通过电商平台及与之集成的其他信息系统，可以方便快捷地统计所有的客户信息、各品种的销量、价格及销售区域信息、运输服务供应商及其提供的运输服

务信息。借助这些信息，华新可以进行分客户、分产品、分区域等多维度的盈利能力分析，合理配置资源进行产品销售与服务，在国家推行供给侧改革的大背景下，进一步维护好高价值客户，必要时可选择性地放弃部分低价值甚至是负价值的订单；也可以根据不同区域、不同品种的销量及盈利水平，制定并及时调整差异化的细分市场策略，积极引导客户消费。

通过电商平台所记录的历史数据，可以统计分析价格与销量的弹性关系，为制定产品价格提供科学的依据，也可以对相关数据进行趋势性分析，以检验营销策略的调整是否达到了预期的效果，力争实现价值最大化。

四、思考与展望

华新水泥通过创新探索与实践，打造了水泥行业首个电商平台，积极促进财务人员向决策支持及价值管理转型，合理配置资源，不断提升品牌价值，使企业成功融入大智移云时代，为数字化转型、业财融合等提供了值得借鉴的经验。未来，华新将升级差异化服务，增强现有客户黏性；解决物流短板，提升潜在客户转化率；多措并举，提升管理报表使用效能，为华新持续高质量发展提供强大动力。

广东移动的内部市场化运作与结算制度*

禄 杰 董 辉 王齐元 罗 振

一、广东移动内部市场化改革的背景

中国移动通信集团广东有限公司（简称广东移动）隶属于中国移动通信集团有限公司，是中国移动有限公司在广东设立的全资子公司。广东移动公司最早推出了“全球通”“神州行”“动感地带”三大品牌，并被集团采纳在全国推广；率先推出“移动梦网”商业模式，引爆了短信量的飞速增长；率先推出“动力100”集团客户服务品牌，全面助力集团客户、中小企业实现转型升级。此外，还推出了手机报纸、移动银行、移动蓝页、彩票投注、随 e 行等多种增值业务，引领了通信消费时尚。在集团客户业务方面，聚焦专线、IDC 等重点业务，为政府、金融、教育、交通、物流、医疗等众多行业的集团客户竭诚服务，产品包括基础集团通信产品，以及为不同行业定制的信息化解决方案等。广东移动省公司共有综合部等 15 个部门、行政管理中心等 10 个中心，财务核算中心等 10 个内设机构，并代管南方基地，下辖 21 个地市公司，并按收入规模分成三类。

广东移动公司从 2013 年起启动内部市场化改革。市场化契约改革就是在公司整体利益最大化的前提下，将企业内部各单元、各个环节以市场往来的形式联接起来，以全成本核算为基础，按照责权利统一原则，以独立运营和内部结算的方式，在集中运营单位（服务方）和被服务单位（被服务方）之间建立市场化结算关系和契约化服务关系，充分发挥市场经济原则下价值规律、价格杠杆和竞争机制的自我调控能力，形成企业内部各组织单位间市场经济为主、行政隶属关

---

* 本文根据中国移动广东公司禄杰、董辉、王齐元、罗振提供的稿件资料整理而成。

系为辅的内部协作管理关系，引导双方树立服务意识和成本理念，从总体上提高业务竞争力和成本使用效率的机制。

推出这些改革的背景除行业竞争的激烈使公司面临的竞争形势更趋复杂外，公司长期积累的深层次问题进一步显现。增收路径依赖明显，新的增长动能亟待培育；协同效能发挥不足，体制机制与转型发展要求不匹配；管理仍较粗放，制度“篱笆”扎得不紧。尤其是省公司集中化运营部门免费为地市公司提供服务，缺乏相应的市场化的资源配置与管理机制，不同主体间供需矛盾和利益冲突显现。通信企业的发展逐渐从单一的属地化、层级化逐步向集中化、专业化、多元化转变，各类集中化设施基地（如南方基地）、增值业务基地（如互联网基地）、集中化运营部门（如网络管理中心）相继成立。公司内部主体不断增多，并进行频繁的内部交易，但缺乏相应的市场化的资源配置与管理机制，不同主体间供需矛盾和利益冲突显现，主要表现在：内部服务未进行产品化的界定，相互之间区隔不清晰，且缺乏公平、公正、公开的定价机制；服务受益方内部服务需求与业务发展需求未形成有效协同，需求盲目扩张，免费服务越多越好，服务提供方内部服务品质管理力度不足，内部服务“物不美、价不廉”的情况时有发生；内部服务买卖主体特定，形成“只有一家”和“只有一价”的垄断局面，缺乏优胜劣汰机制；服务双方责权利不对等，即缺乏对服务双方责任的明确划分，又无法对服务双方的业绩进行全面、客观评价，也缺乏考核激励，服务双方缺乏发展内部服务的积极性。

二、内部市场化与内部结算的制度创新设计

（一）市场化契约机制运行体系

企业内部市场化契约机制管理模式的建立需要按照一定步骤，依次厘清关键问题，才可落实至应用。其核心步骤包括：梳理内部市场的构成要素，明确内部市场化主体和客体范畴；确认内部市场化转移价格，细化价格测算原则和方法；制定内部结算机制，合理选择结算方式；建立配套管理制度，完善支撑保障体系。广东移动基于市场化契约机制的内部结算本质上就是要在企业内部建立市场，通过内部市场的价格机制、供求机制、竞争机制、激励和约束机制进行资源

的配置和管理，提升资源配置与管理的效率和效益。广东移动内部市场化结算体系设计，以“价值”和“效益”为导向，以“市场”为核心，在把握“产品”“成本”“价”“量”等关键市场要素的基础上与企业运营机制形成协同（见图1）。

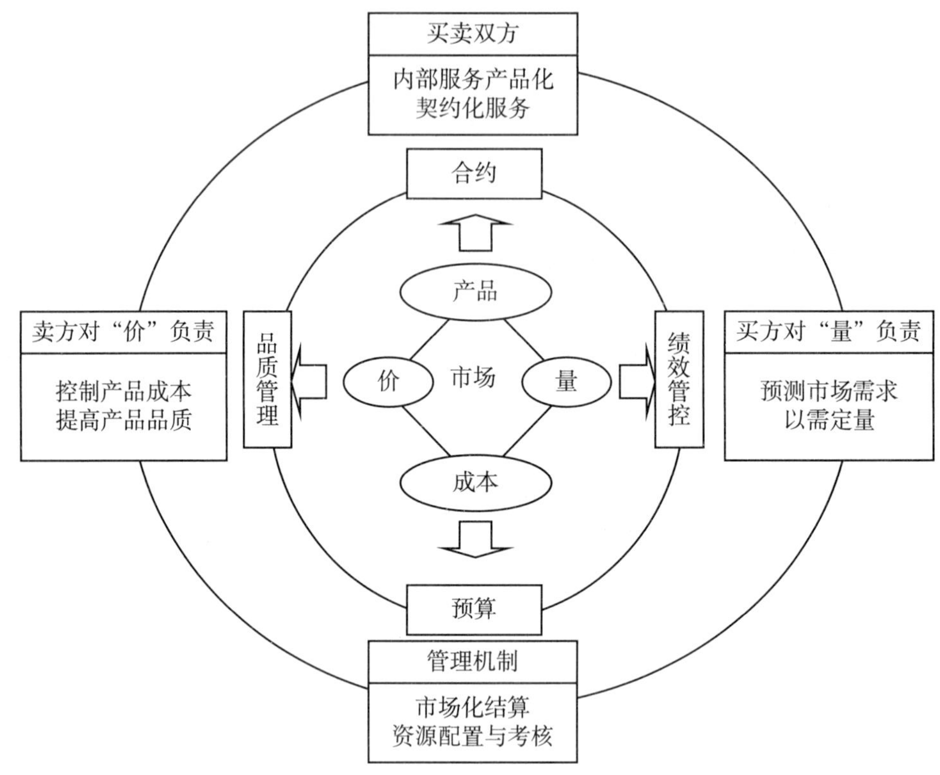

图1　市场化契约机制运行体系

（二）实施对象与组织范畴

结合广东移动组织结构及业务发展状况，选择公司典型的提供和享用共享性服务资源的责任部门为交易主体。具体来讲，服务提供方为客户服务中心、业务支持中心、网络管理中心等，服务享用方为各市公司及省公司相关部门。通过梳理相关业务及产品，如普通人工服务、网站服务、支撑网络服务等，以确认内部交易的产品客体。按照产品分类归集分摊相关成本，核算单位业务量成本，确定业务结算单价（P），最终以成本定价模式按其消耗的业务量（Q）将成本结算给服务受益方。

（三）内部结算管理机制

针对基于市场化契约机制的内部结算研究与实践，广东移动构建了一套机制、两大体系和八项举措，应用于基地与省公司、省公司与地市公司、省市公司内部三个层级（见图2）。

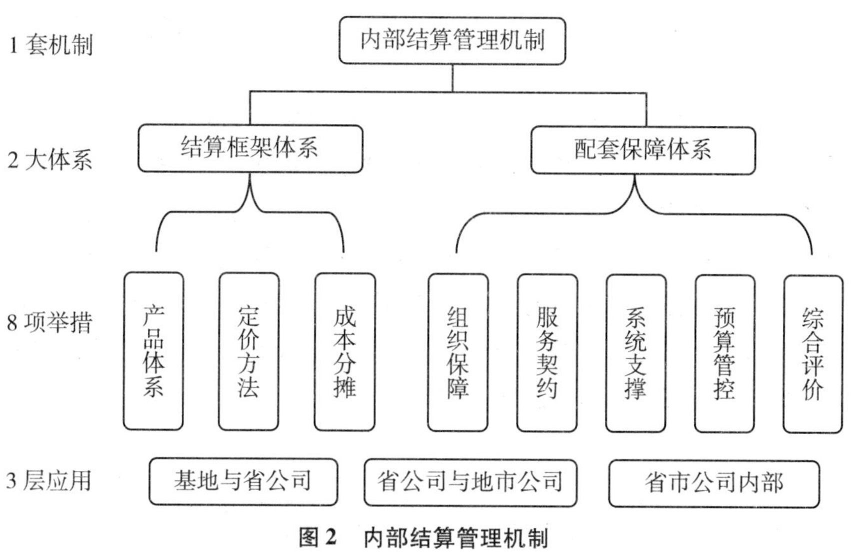

图2　内部结算管理机制

1. 责权利对等的结算框架体系

“责权利对等的结算框架体系”是“内部结算配套保障体系”的前提，也是内部结算管理机制的核心。在内部市场中，参照市场化契约，引入产品、价格、交易等要素，以“谁使用、谁买单，谁提供、谁负责”为原则搭建结算框架体系。

（1）设计标准化、模块化的内部结算产品体系。产品是内部结算体系中服务提供方和服务受益方进行交易的对象，将服务提供方为服务受益方提供的内部服务转化为一套清晰规范的产品体系对建设市场化契约机制尤为关键。广东移动产品体系的设计原则为标准化、模块化和开放性。标准化是指在对服务提供方提供的内部服务进行梳理时要清晰界定各内部服务的具体内容并做好相互区隔，能够全面不重复地覆盖服务提供方的业务领域；模块化是指产品目录可分为不同层级，要将服务提供方提供的内部服务分解为不同颗粒度；开放性是指随着服务提供方业务的创新和经营范围的扩展，产品目录可根据实际情况进行扩展、梳理和调整，产品层级可不断细化。以服务提供方客户服务中心为例，一级目录分为服务、营销、投诉、12580；营销又分为10086和电子渠道两个二级目录；其中的10086下面又分为人工呼入营销、人工呼出营销、IVR营销三个三级目录，其对应的业务量名称均为办理量。

（2）通过成本定价，实现资源耗用的“透明化”。选择适当的定价方法，制定合理透明的单价是进行市场化结算的重要前提。广东移动在建设市场化契约机制的过程中，结合其实施范围，在对业务特点进行分析的基础上选择了成本定价法。

成本定价法的核心是合理的成本归集和准确的成本分摊。为了搭建起服务双方都认可的定价模型，广东移动一是以产品体系为基础，通过梳理每一项标准化产品对资源占用的逻辑关系来划定成本归集的范围；二是建立起与成本相匹配的成本动因库，在明晰成本责任主体的基础上以业务项目为对象进行成本分摊。将服务方的各项成本按照合理的动因规则（如资源占用量、业务量办理量、用户数等）先分摊至业务线条，再分摊至产品，结合该业务的业务总量计算出单位业务成本，在此基础上形成结算单价（见图3）。

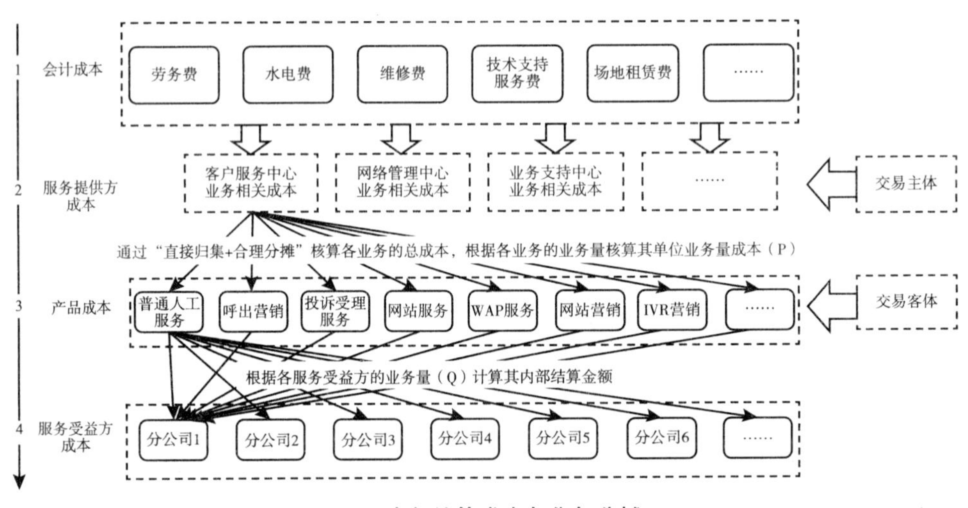

图3　内部结算成本归集与分摊

（3）通过“量价”分摊方法，明晰买卖双方责权，虚拟结算。根据“量价”的分摊方式，服务提供方实际发生的成本等于实际结算单价乘以实际业务量，服务受益方内部结算的预算成本等于标准结算单价乘以预计业务量。服务提供方实际发生的成本与服务受益方内部结算的预算成本之间存在一定的差值。差值中，把实际结算单价与标准结算单价的差值与实际业务量的乘积看作是“价差”，把实际业务量与预计业务量的差值与标准结算单价的乘积看作是“量差”。当线条内总成本超支时，若由“价差”引起，由服务提供方承担；若由“量差”引起，由服务受益方承担。当线条内总成本结余时，若由“价差”引起，优先考虑分配至服务提供方；若由“量差”引起，优先考虑分配至服务受益方。以量价为基础的分摊方式，明晰了量差、价差的责任归属，即服务提供方应对“价”负责，服务受益方应对“量”负责，从而实现权责利的统一，同时促使服务提供方优化成本构成，服务受益方优化自身业务结构。

鉴于目前客户服务中心、网络管理中心、业务支持中心均为非法人、非独立核算的公司内部责任部门，考虑到现有核算模式及对税务影响等因素，广东移动在进行内部结算过程中采用虚拟结算模式。

2. 内部结算配套保障体系

“内部结算配套保障体系”是“责权利对等的结算框架体系”得以实施的重要保障。它从企业管理的角度出发，实行组织保障、服务契约、系统支撑、预算管控、综合评价等五项管理举措，形成满足企业决策需求的一套管理工具（见图4）。

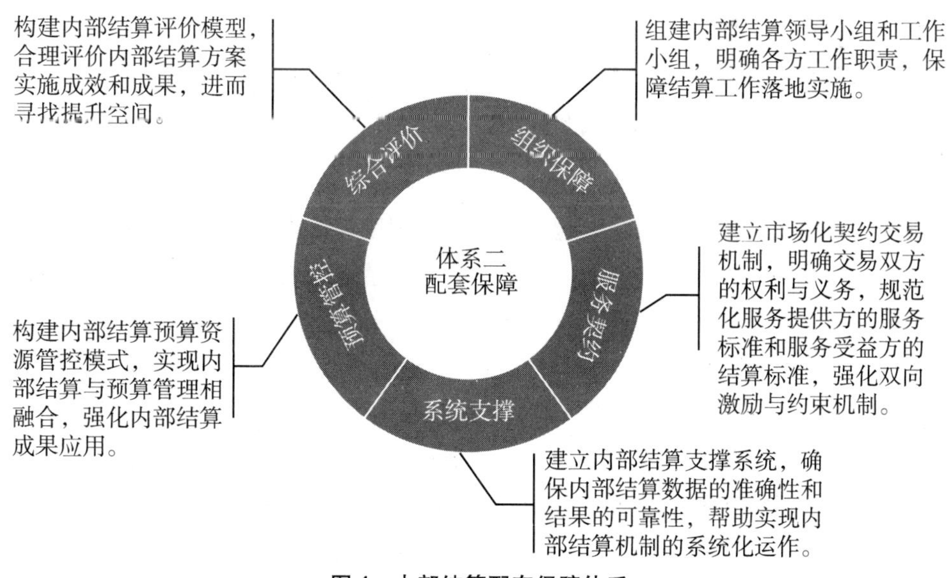

图4　内部结算配套保障体系

（1）搭建省市协同、业财协同的组织保障。广东移动成立了内部结算领导小组和内部结算工作小组，以保障内部结算工作的实施。领导小组把控总体方向，进行方案审议决策，由公司领导、集中化营运部门领导和地市公司领导组成。工作小组由省公司财务部、服务受益方、服务提供方、系统支撑组组成。其中，公司财务部作为内部结算的牵头部门，主要负责总体方案的制定和发行；服务提供方负责内部结算具体实施方案的制定和调整；服务受益方负责对方案进行反馈，实现方案的持续优化；系统支撑组由信息系统和业务支撑系统部门相关人员组成，负责各系统的协调及内部结算支撑需求系统开发和维护。

（2）签订双向激励与约束的服务契约。基于市场化契约理念，服务双方应建立服务契约，对交易的标的，服务提供方的服务标准和服务受益方的结算标准、结算流程和差异处理机制等内容进行明确，从而实现双向激励与约束，以标准化和规范化来实现内部协同。

传统上 SLA 应用于 IT 行业居多。SLA 包含了对服务有效性的保障，譬如对故障解决时间、服务超时等的保证。随着电信网络服务内容越来越丰富，用户对服务质量的要求也越来越高。广东移动在实施市场化契约机制过程中为确保内部服务的品质，对不同的服务双方签订了差异化的服务契约，服务双方通过服务契约实现对内部服务的价格、数量、质量等的协同。如针对业务支持中心以业务服务目录的形式向地市公司提供业务系统运营支撑服务，针对不同类型的服务项涉及的实施成本，将按照不同的结算模型进行成本结算。计价模型公式主要考虑的因素有各子系统服务基础定价（即人天价格）、单个需求所需工作量估算、需求紧急程度、需求中途变更或取消等影响、需求实施质量及周期等。开发类服务定价公式为单个业务活动成本 = 服务基础定价 × 工作量 ×（1 + $\sum$ 加权系数）× 效益指数，开发类的加权系数目前包括需求紧急程度和需求变更。在开发类中，效益指数主要指对需求实现情况的一个评价，综合了验收周期和验收后的运行情况给出的系数。配置咨询类服务定价公式为单个业务活动成本 = 服务基础定价 × 工作量 × 效益指数。在配置和咨询类中，效益指数指完成服务实施后的验收情况。

（3）建立高效便捷的内部结算信息化支撑平台。为提升内部结算海量数据高频次收集、跨省市稽核以及大数据运算的效率，同时满足服务双方及时、准确和便捷的内部结算价值信息获取的需求，广东移动进行了内部结算信息化平台建设，旨在借助现有数据交换接口，构建起集数据自动采集与实时比对、平台主动推送稽核待办、自动计算内部结算结果和查询分析及报表输出等功能于一身的高效便捷的信息化支撑平台。现阶段已针对内部结算工作的要求，制定内部结算系统支撑需求，如图5所示。内部结算支撑系统的建立，可以帮助实现内部结算机制的系统化运作，确保内部结算权责利测算体系的有效落地。同时，可以降低内部结算人工测算的工作压力，提高结算效率与准确性。在内部结算支撑系统未建成时，广东移动针对三个试点结算中心，制定了一整套内部结算方案实施落地数据测算模板，包括内部结算单价测算模板、内部结算金额测算模板。标准化、规范化的测算模板，可以保障结算结果的可靠性，推动内部结算工作的顺利开展。

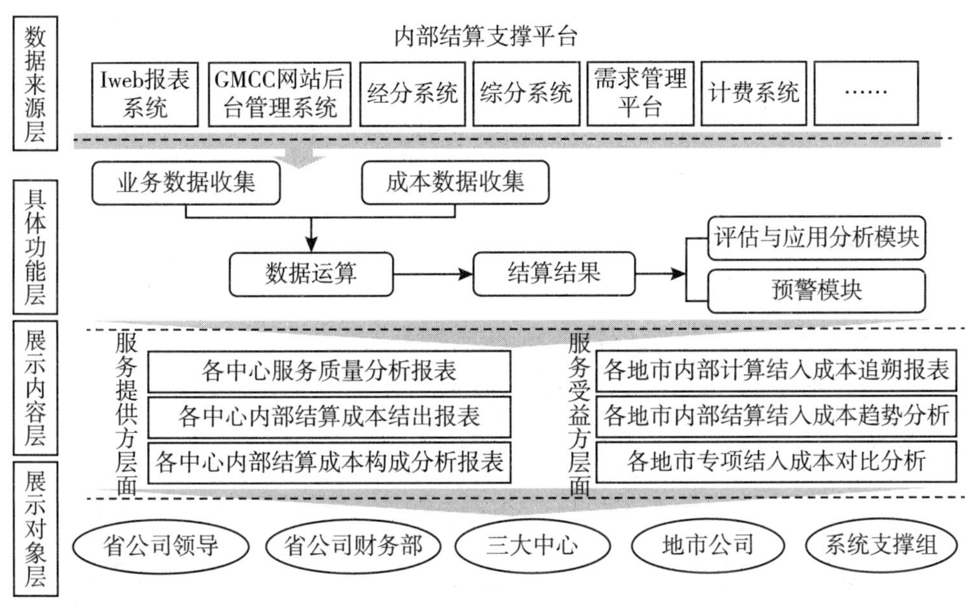

图5　内部结算信息化支撑平台

（4）将内部结算纳入预算管控和经营业绩考核体系。内部结算预算管控与考核机制明确了内部结算预算资源管控模式，建立起从预算编制、预算下达、预算监控、预算调整到预算考核的内部结算预算资源闭环管理机制。

预算编制、审核和上报：服务提供方编制内部结算成本预算并报送省公司财务部；预算下达：省公司财务部下达预算给服务提供方，并将内部结算成本预算下达给服务受益方；预算监控：各服务提供方和服务受益方定期报送内部结算成本监控和预警；预算调整：服务受益方申请预算调整时，需要服务提供方和财务部共同核定审批；预算考核：省公司财务部考核服务提供方成本预算及服务受益方的内部结算成本预算。对服务提供方，将内部结算纳入部门考核，在相应部门的现有部门考核指标中，新增“内部结算成本完成率”“单价合理性”“运营效率”等指标，根据新的指标体系计算出部门考核成绩情况，按照原有部门考核的奖惩机制进行奖惩。对服务受益方，将内部结算预算资源的超支或结余与地市公司资源大盘挂钩，纳入经营业绩考核。

（5）搭建推动前/后向挤压的内部结算评估体系。构建效益评估分析模型，从成本及成本结构、业务及业务结构、单价、资源利用率、服务质量等各方面多维度建立内部结算主要指标变动表，对趋势、差异值、对标等进行联动分析，对比实施内部结算前后的数据，分析变化原因，合理评价内部结算方案实施成效和成果，进而寻找提升空间。服务提供方作为成本发生方，加强管控其总成本及资源使用效率，从源头降低业务单位成本、提升服务质量；服务受益方作为成本结入方，了解结算成本构成、关注业务量变化、寻求提升优化举措，从业务前端实现精细化管理，减少资源浪费。具体的评估维度和评价内容如图6所示。

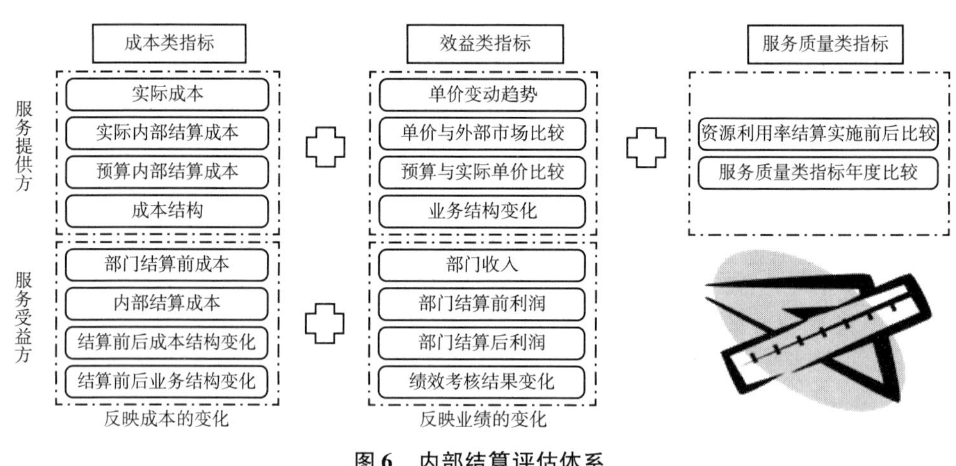

图6　内部结算评估体系

三、制度的实施成效及展望

广东移动开展的基于市场化契约机制的内部结算是对运营模式的再造。在公司整体利益最大化前提下，将企业内部各单元、各环节以市场往来形式联接，以全成本核算为基础，按照责权利统一原则，以独立运营和内部结算的方式，在集中运营单位（服务方）和被服务单位（被服务方）之间建立市场化结算关系和契约化服务关系，充分发挥市场经济原则下价值规律、价格杠杆和竞争机制的自我调控能力，形成企业内部各组织单位间以市场经济为主、行政隶属关系为辅的内部协作管理关系，引导双方梳理服务意识和成本理念，推动服务双方主动进行需求管控，促使服务提供方主动提升内部服务品质，激发服务双方提升资源使用效率积极性，为深化企业战略转型打下良好基础。

未来，随着市场化契约与结算机制实施推进，服务提供方提供的产品或者服务可能会发生变化，因此，需要建立产品业务体系优化调整制度。在定价方法上，持续优化产品定价方法和定价方案；在内部结算方式上，随着市场化契约与内部结算机制实施推行，如果实施真实结算的条件足够成熟，可以选择真实结算代替原有的虚拟结算，提升内部结算的实施效果。

中国工商银行的 MOVA 系统*

夏怡斐

一、中国工商银行 MOVA 系统的制度框架

中国工商银行一直在着力进行管理会计制度建设与探索实践，早在 2000 年，工商银行成立全面成本管理办公室，系统梳理出台了资金集中管理、集中采购、精简机构、网点优化等十多项改革举措，并开始酝酿建立管理会计核算体系，以进一步完善内部管理机制。2001 年，工商银行全面成本管理办公室以深圳分行为试点，重点针对机构、部门、产品及客户四个维度，探索建立起一体化的利润报告体系（简称“四分一体”），初步搭建起工商银行管理会计的核算框架，投产分产品、分部门、分机构业绩价值管理系统（简称 PVMS），2004 年在全行推广应用。该体系从产品、客户等多角度反映成本与收益情况。2009 年 10 月 31 日，工商银行提出“深化绩效考核领域应用系统建设，建立全行统一的绩效考核管理体系”，将绩效考核平台建设纳入统一规划，构建覆盖机构（网点）、部门、产品、客户、客户经理（柜员）五个维度的全行统一的管理会计平台，该平台以 PVMS 为基础，对系统进行整合与技术完善，并于 2011 年更名为 MOVA（Management of Value Accounting）。

MOVA 系统是以价值创造和精细化管理为导向，以管理会计的理念、方法、模型为主要理论基础，实现了对前台营销管理、中台业务核算和后台考核激励的优化集成，打造统一的信息与管理平台，实现系统功能与管理应用的良性互动，将业财融合理念贯穿全行的各个流程、各个环节，为全行深化精细管理、优化资

---

* 本文根据上海财经大学会计学院夏怡斐提供的稿件资料整理而成。

源配置和转变经营机制提供支持，是工商银行管理会计体系建设的重要尝试和业财融合制度创新的集中体现。该系统的制度内容框架包括以下五个重要方面。

（一）MOVA 系统的五个计量对象

MOVA 以全行统一的产品线为依托，实现对机构（含网点）、部门、产品、客户经理（含柜员）、客户五个维度相关绩效指标的计量，重点通过对五个维度的经营事项和投入产出评价计量，从源头上解决经营决策的精细化管理基础问题。如通过对各级行经营性部门评价从定性为主到定量为主的转变，充分调动经营性部门积极性；通过完善产品成本核算与定价机制，制定产品发展战略，提升管理会计对产品合理规划的推动力；通过合理计量客户利润贡献，为客户结构优化及客户定价等提供数据支持；通过对一线员工及时公布透明的业绩数据，强化绩效薪酬与业绩关联度。

（二）MOVA 系统中的五个计量要素

在模型方法上，MOVA 涵盖了资金、费用、风险、税务、资本等现代商业银行五大核心经营要素，实现了对各维度 EVA 及相关核心业务考核指标的计算。资金对应的是资产负债表中的资产、负债，以及资产负债在损益表中所衍生出的利息收入、利息支出、内部资金转移往来收入和内部资金转移往来支出；资本对应的是资产负债表中的所有者权益；风险对应的是资产负债表中的资产减值准备金和损益表中的资产减值损失；费用对应的是损益表中的营业费用；税金对应的是损益表中的增值税和所得税等事项。同时，在技术上，MOVA 基于经济增加值（EVA）的五个维度，投入产出的价值计量结果可以细化到机构、部门、员工、产品、客户各个维度，确保效益管理真正落到实处。

$$
\begin{aligned}
\text{经济利润 EVA} &= \text{税后净利润} - \text{经济资本成本} \\
&= \text{税后净利润} - \text{经济资本占用} \times \text{资本成本率}
\end{aligned}
$$

其中：

$$\text{税后净利润} = \text{营业收入} - \text{营业支出} \pm \text{营业外净收支} - \text{所得税支出}$$

$$\text{经济资本} = \sum \text{某类风险资产额} \times \text{该类风险资产资本配置系数} \times \text{调节系数}$$

资本配置系数是指各类风险资产隐含的风险的资本配置系数，风险种类包括信用风险、市场风险、操作风险、其他风险，是对资产全面风险的识别。调节系数是根据政策导向、区域特点和部门预算特点进行的调整程度。目前工商银行测算 EVA 使用的资本成本率，统一为 10%。

（三）MOVA 的视图展示

工商银行于 2010 年在国内同业中率先按照“统一平台、统一数据、统一模型、统一方法”的“四统一”原则，通过与已经应用的法人客户营销管理系统、个人客户营销管理系统、交易与核算系统、绩效考核与资源配置系统等互联互通，解决了以往管理数据数出多门、来源不统一、口径不统一、计算方法不统一等问题，实现对工商银行前、中、后台数据的有机高效集成，提高管理会计数据的自动化生成能力。近年来，按照信息化银行建设要求，在前期平台稳定运行、重要业务数据实现 T+1 展示基础上，工商银行着力进行管理会计视图化建设，目前已实现网点业绩视图、管理业绩视图、员工业绩视图、手机版视图的管理应用。同时，开创性地研发实现了短信推送、报错等互动交流功能，逐步构建了 MOVA 互动交流平台，缩短问题反映链条，提高了问题解决效率。

（四）MOVA 系统的时间周期

作为贯彻管理会计思维的 MOVA 系统，其计量对象和颗粒度更加精细，由以往的法人层面细化分解到部门、产品、客户、员工和分支机构，因此决策的频度就自然提高。例如，客户维度计量涉及每天的客户营销，需要按日进行分期展现；员工维度主要用于薪酬激励，在以月薪为主的情况下，会计分期按月度即可满足要求。此外，利润指标和存贷情况的进度监测在月末、年末等关键时间点，可能需要到小时粒度，MOVA 系统在关键时间点可实现每两小时更新实时数据，为及时做出科学的经营管理决策提供支持。

（五）MOVA 系统的闭环管理

MOVA 在管理应用中，以营销为起点，以核算为基础，以考核为结果，贯穿于事前、事中、事后管理的全过程，将精细管理渗透于每一个管理对象，将价值管理体现于每一个经营要素，将过程管理反映于每一个业务环节。同时，五个维度的管理遵循“总分一致、相互匹配”的原则，保证业绩计量精准。

综上，MOVA 系统的核心思想就是要通过这个管理会计信息系统的内容架构与持续的转型升级，体现业财融合的制度安排。MOVA 系统已经成为贯穿于业务规划、市场营销、产品决策、过程控制、风险防范、员工评价等各个管理环节，融合企业价值链和业务活动的全过程，形成 PDCA 完整循环的管理会计系统。

二、MOVA 系统在工商重庆分行的具体实践

（一）重庆分行内部机构层面在 MOVA 的实施

在工商银行重庆分行，MOVA 的具体实施主要集中在分行有关职能部门和下属各支行。

重庆分行总部使用 MOVA 系统的主要目的包括：（1）利率审批。分行利率管理部门在做客户利率审批时，首先要通过 MOVA 查询客户的贡献额和同比数据，将 MOVA 数据作为审批的核心依据。（2）数据通报。为提高数据质量和统计工作的效率，个金部、结现部和公司部等主要业务部门的通报数据，逐步从专业系统取数向 MOVA 系统取数转变。（3）绩效考评。财务会计部积极宣传统一考核口径的合理性，人事部门已经逐步加大 MOVA 取数的占比，从专业部门提供数据为准逐步过渡到以 MOVA 系统数据为准。

重庆分行各支行使用 MOVA 系统的主要目的为：（1）网点绩效考核。依托 MOVA 提供的多维度机构数据，对网点进行综合评价、分级管理。（2）部室绩效考核。依托 MOVA 提供的产品业绩数据，进一步强化专业部门量化考核，调动经营性部门积极性。（3）通过客户结构分析，进一步提升财务管理对各级行客户结构优化工作的推动力。MOVA 在支行层面的渗透率正在逐步扩大。

（二）重庆分行员工版 MOVA 的创新细化

特别的是，重庆分行在员工层面 MOVA 系统制度的细化与导入重点发力。2016 年起，重庆分行正式启动了员工版 MOVA 系统推动应用工作，制定了个人业务营销产品池和产品积分标准，下发员工版操作手册，全辖个金从业人员全部开通了员工视图版和 PB 系统，由分行与支行相关专业部门紧密配合，通过“宣

导+培训”的方式对支行行领导、网点负责人、客户经理、员工进行培训和宣导，通过系统功能演示、操作介绍，让每位员工对系统投产的意义了然于心，提高各层级人员对系统投产的认识和应用。

员工考核的计价标准采用一把“尺子”，指标值和积分由分行统一设置。秉持“公开、透明”原则，员工视图查询权限被放开，可以查询同一支行下任一网点和人员业绩。同时，为了减少员工录入量和网点负责人审批量，考核方案实现了指标全自动化的目标。其中，38 个指标由 MOVA 自动取数，剩余 26 个指标由专业部室提供明细导入生成。除了在个人客户管理系统需要进行必要的业绩和利润确认，在 MOVA 员工版中，员工不再需要手工录入，网点责任人不再需要审批，支行不再需要碰对验证，极大减少了员工的工作量，提高了业绩的准确性。2016 年，下辖部分行制定了个人金融全员营销考核办法，按照市行 MOVA 系统员工业绩数据，对员工的绩效进行试点考核。

2017 年分行明确指出，“各行要通过 MOVA 把考核落地，各分支行、各网点个人业务至少 30% 的绩效工资必须与 MOVA 挂钩，必须要把账摆出来，让干得好的员工多劳多得，按照创造的价值进行激励”。为将 MOVA 员工绩效考核真正落实到位，分行推进了以下工作：（1）确定整体考核思路。结合实际，明确考核办法的总体思路是“直通兑现，突出管户，注重长效，精益管理”，通过对员工基础工作考核和全产品计价相结合的方式，使经营任务、业绩计量、资源配置真正落实到每位员工，实现两个转变，即从简单的产品计价考核向客户维护与产品渗透并重的科学考核转变，提升客户维护质量，提高客户贡献度和忠诚度；从粗放式的考核管理向精益考核管理转变，解决考核中存在的矛盾，提高员工营销积极性，有效解决员工考核“最后一公里”的落地问题。（2）构建分支行考核方案。由于具体工作存在各种复杂的情况，支行和网点也更加了解员工的实际业绩，所以支行建立自己的 MOVA 考评体系进行员工考核是 MOVA 考评到人的重要保障。同时，为了保证全行主要战略有效传导，市行指定核心指标作为支行的必选指标，并规定相应权重区间，给予空间满足支行多种多样的考核需求，帮助支行建立“既符合分行战略导向，又体现支行业务特色”的适用的考核方案。（3）保证工资挂钩比例到位。要求各分、支行切块专项 MOVA 工资性费用，根据员工营销业绩直接考核兑现，保证产品兑现标准一致，同时配备相应的工资性费用用于网点二次分配，由市行人力资源部监测 MOVA 工资的兑现比例。

基于 MOVA 系统的考核体系与以前相比有两大不同。一是双线考核、直通兑现。分、支行过去的考核办法主要是针对网点进行考核，一般没有直接涉及员工层面的考核，这就造成了网点间考核兑现标准不统一，对员工的考核没有真正落地等问题，形成了一定的消极导向，不利于员工积极性的调动。新考核方案通过实行对网点和员工的双线考核体系，由分、支行根据员工营销业绩直接考核兑现，有效解决了过去同样的产品在不同网点间计价标准不一致或由于网点费用紧张无法兑现的问题。直通兑现是由分、支行根据员工营销业绩直接考核兑现，对于员工的定量考核由分、支行制定考核办法，统一确定计分指标和计分规则，对有营销业绩的员工由分、支行按月进行直通式考核兑现。二是突出管户、注重长效。过去单一的产品计价考核方式，营销人员为了业绩多顾及眼前利益，注重产品营销，而忽略对客户的长期维护，同时在营销中偏向一些容易营销的理财、基金等产品，对一些营销难度大的核心产品，如存款等营销较少，不利于业务的可持续发展。新考核方案通过突出管户考核，依托 MOVA 建立以价值创造为导向，更加注重长远效益的业绩考核体系，以客户资产变化反映客户经理维护能力，以绩效考核兑现反映客户经理营销业绩，引导客户经理做好客户认领、产品认领及业绩管理等工作，推动客户经理队伍职责发挥到位。

（三）MOVA 系统在重庆的实施效果分析

重庆分行将 MOVA 考核的运用工作落到实处，实现了员工营销积极性、客户经理管户意识、绩效考核精细管理水平、经营业绩等方面的提升。

（1）促进了员工成为自己的管理者，或者说员工也成为管理会计主体。MOVA 员工系统可提供计价到员工个人的业绩归属模式，将每个岗位、每名员工的收入与其自身业绩贡献紧密挂钩，使员工真切感受到全产品计价带来的收益。员工开始主动研究考核办法，关注对自己的考核内容，更加清楚自己的工作职责，工作变得有目标、有针对性，在日常的工作中都会积极地、全方位地寻目标、挖潜力，营销中“比、赶、超”的氛围日趋浓厚。

在实际运用后切身感受到，MOVA 员工业绩视图能协助解决员工考核“最后一公里”问题，实现产品计价，多劳多得，激发了全员营销热情。对于客户经理，从“要我营销”转变为“我要营销”，因为产品计价，销多奖多，“我乐意营销！我愿意做客户经理！”对于柜面人员，从“要我推荐”转变为“我要推荐”，因为计奖分成，推荐有奖，“我愿意推荐！”对于网点负责人，从“要我管理”转变为“我能管理”，因为可以及时了解自己网点卖了什么产品、谁卖的、卖了多少以及其他网点的营销情况。

（2）促进了客户经理管户意识的提升。考核办法将客户经理管户业绩纳入考核，对客户经理均设置管户资产增量等基础性考核指标。资产（存款）增量的计分结果与收入直接挂钩，进一步丰富了客户管理内涵，延伸了考核维度，有效增强了客户经理管户意识和日常维护客户的主动性。

（3）促进了精细管理水平的提升，实现业财深度一体化。MOVA 系统提供了网点业绩视图、员工业绩视图，全辖员工及各级管理人员可按机构、按产品、按人员等进行多维度、多层级业绩查询与比较分析，信息共享，互通互联，实现了产品、员工业绩考核“大数据、精细化”管理，为全面深化精益管理、强化客户经理队伍建设及产品精准营销起到了积极的推动作用。

财务共享服务在中国企业的应用现状调查*

陈 虎 孙彦丛 郭 奕

全球化时代的到来以及技术的飞速进步让复杂多变的商业世界更加难以预料，企业需要获得财务支持的广度和深度与日俱增。财务部门服务的，不再仅仅局限于外部客户，而是包括了企业主价值链上的各个业务单元以及企业的各级管理者。面对这样的挑战，企业开始寻求新的财务管理的组织形式和结构：一方面，企业试图取得成本上的优势；另一方面，又致力于财务资源整合，为公司的价值链管理及其战略决策提供财务支持。过去分散、网状的财务管理模式已经越来越不能适应公司的快速发展，财务管理模式开始发生变化，逐步形成一个完整的、四位一体的管理模式，即公司层面控制管理的战略财务、全价值链财务管理支持的业务财务、交易处理为主的财务共享服务以及财务核心能力的专家团队，这一财务管理模式将稳定地支撑企业的快速成长与发展，是创造价值的财务管理模式（见图1）。

其中，财务共享服务将分散于各业务单位、重复性高、易于标准化的财务业务进行流程再造与标准化，并集中到财务共享服务中心统一进行处理，达到降低成本、提升客户满意度、改进服务质量、提升业务处理效率的目的。财务共享服务管理框架是由财务共享服务发展各阶段所包含的关键影响因素及各关键因素间的相互关系所构成的组合。财务共享服务的管理框架主要包含以下六个要素：战略定位、业务流程、组织与人员、信息系统、运营管理和风险与变革管理。“战略指导、四大要素、变革管理”形成的“1 +4 +1”框架，是在实践中逐步积累形成的有效的实施方案（见图2）。

---

* 本文根据陈虎、孙彦丛、郭奕提供的稿件资料整理而成。

战略财务	公司层面——控制和管理 •制定财务政策，发挥导向作用 •为公司领导提供决策支持 •建立交易控制管理体系 •人员专业、精干	技术中心——技术和专业 •对全球商业模式，税务，核算，资金，外汇等领域集中研究，输出业务指南 •对重点项目或事项提供专业财务支持 •总部技术专家	专家团队
业务财务	全价值链财务管理支持 •提供全价值链业务财务管理 •分析、计划、预测和业绩管理 •贴近业务单元的财务组，融入业务，促进公司价值最大化	共享服务——财务数据中心 •交易处理中心 •财务基础信息管理 •面向业务财务报表输出 •由全球和地区的共享服务中心或外部供应商提供	共享服务

图1　创造价值的财务管理模式

图2　财务共享服务管理框架

财务共享服务的战略定位处于框架的统领位置，从战略层面决定了整个共享服务的导向，指导框架中其他模块的实施不偏离既定的轨道，始终与组织战略保持一致；业务流程、组织与人员、信息系统和运营管理模块如同财务共享服务框架的四根支柱，支撑起了整个框架的实体，为财务共享服务的实施奠定了基础；而风险与变革管理贯穿共享服务的整个阶段，是在实施财务共享服务过程中降低变革冲击、规避项目风险、优化管理模式的重要工具。

共享服务为企业提供的服务并非单一的，它可以在财务、人力资源管理、信息服务、后勤、物料管理、客户服务、金融后台业务、法律事务服务等诸多方面为企业提供专业的、标准化的服务。因此，共享服务能给企业带来的诸如成本降低、服务质量与效率提高、促进企业核心业务的发展、加速企业的标准化进程、增强企业规模扩大的潜力等多方面的益处。

2017 年，ACCA、中兴新云和 GE 全球运营中心三家机构对中国财务共享服务的应用现状开展了问卷调查，收到 398 份有效问卷，并发布“中国共享服务领域”调研报告（2017）。2018 年，ACCA、中兴新云和上海财经大学又发布了“中国共享服务领域”调研报告（2018），该报告内容基于 213 份有效问卷。这两份调研报告展示了共享服务模式在中国的实践应用和成熟程度，总结了成熟运营的财务共享服务中心的特点，为中国企业未来推进财务共享服务提供了有益的启示和指导。

一、应用现状概况

根据 2017 年发布的关于中国共享服务领域的“中国共享服务领域”调研报告显示，54% 的企业已经建立了财务共享服务中心。调查显示财务共享服务在中国企业的应用有以下几个主要特点：

（1）规模百亿以上的企业，有更强的动力建立共享服务中心。年收入 100 亿人民币以上的受调研企业中，76.0% 的企业建立了共享服务中心；而在年收入 100 亿人民币以下的受调研企业中，这一比例下降到了 38.1%。由此可知，只有当企业规模达到一定程度时，共享服务模式才会产生更大的经济性。

（2）共享服务中心的选址集中于北上广深等一线城市或地区。63.7% 的受调研企业共享服务中心建立在北上广深等一线城市或地区。同时，受调研企业表示，与总部沟通的便利、劳动力的可获得性与受教育情况，是共享服务中心选址时首要考虑的关键因素。

（3）共享服务中心的业务范围集中于财务核算类业务流程。受调研企业共享服务中心的现有业务范围主要集中于费用报销、应付账款、总账管理、应收账款及资产管理等财务核算类业务，主要由于这几类业务是共享服务中心发展过程中形成的典型业务，最易实施。

（4）共享服务中心服务对象和收费方式。65.7%的受调研企业将共享服务中心作为成本中心，未向服务对象收取费用或进行内部结算。与此同时，28.6%的受调研企业选择与服务对象进行集团内部结算，4.7%的受调研企业的共享服务中心向服务对象收取费用。由此可知，大部分中国企业现阶段共享服务中心的主要目标是提高服务质量、效率和满意度，未来会考虑内部结算或收取费用。

（5）共享服务中心与公司总部财务部门的组织关系。60.5%的受调研企业的共享服务中心属于总部财务部门下属组织单位，隶属总部财务部门有利于财务政策的执行，上下级关系也有利于财务部门总体的管理和协调。在25.2%的受调研企业中，共享服务中心与总部财务部门平级，因为这一方式有利于共享服务中心直接获取公司高层领导的支持和指导，更具管理灵活性。

（6）共享服务中心标准化和自动化保证流程质量。流程标准化和集中化（95.3%）是共享服务中心保证流程处理质量最主要的措施。此外，工作流程自动化（65.1%）、端到端的流程管理（37.3%）、精益管理和六西格玛管理（21.2%）也成为保证流程处理质量的有效措施。

（7）服务质量是中国现有共享服务中心绩效衡量的最重要标准。80%以上的受调研企业将业务处理质量、业务处理时效、服务满意度作为共享服务中心业绩表现的衡量标准。共享服务中心的实施始于客户需求，并以提高服务水平作为中心的运营目标。

（8）共享服务在业务标准化、总部管控与数据中心建设方面取得成效。调研显示，大部分企业通过实施财务共享服务，实现了各地业务处理标准统一，有利于总部管理；提高了工作效率，促进了业务处理流程标准化。同时，还有助于形成企业数据中心，为企业经营决策分析提供数据基础。

在调查中发现，受调研企业建立共享服务中心的原因多样化，其中，“通过标准化、流程化的作业模式，使企业更加灵活地应对业务扩张及市场波动”占比76.7%，“通过基础职能与管理职能的分割，使企业聚焦核心业务”“通过合理规划选址、再造业务流程、优化信息系统等手段降低人工成本”均占比60%以上。此外也有40%以上的企业表示通过建立共享服务中心，支持企业实现组织变革、加快企业转型。

在领先实践企业的访谈中，有共享中心的管理者提到，共享服务中心设立的初衷旨在加强总部的管理，实现流程标准化。十余年前，该企业开展了全球业务的收购，为了实现中国总部对海外业务的集中管理，企业着手建立共享服务中心。

此外，另有共享中心的负责人提到，建立共享服务中心的意义远不止于单纯的成本节约，其根本目的在于加强管控、提升工作效率，获得最有效、最全面、最客观的数据（包含报告数据及财务大数据），这些对于企业整体管理将大有裨益。

71.2%的受调研企业表示通过实施财务共享服务，实现了各地业务处理标准统一、方便总部管理和监控；70.2%的企业认为共享服务提高了工作效率、促进了业务处理流程标准化；42.8%的企业认为通过实施财务共享，有助于形成企业数据中心、为经营决策分析提供数据基础。在实践企业访谈中，多位共享中心的管理者提到，实施共享服务，有助于形成企业的数据中心。共享服务中心可以根据管理者的需要迅速反应，提供多维度的数据支持。

二、成熟财务共享服务中心的创新特征

2018年发布的“中国共享服务领域”调研报告显示，财务共享服务模式在中国的应用有了进一步提升。通过分析有效问卷，展示了共享服务模式在中国的实践应用和成熟程度，总结了成熟运营的财务共享服务中心的特点。

（1）服务对象广泛、覆盖全面。成熟运营的财务共享服务中心承担了企业或企业集团内部大多数分子公司、分支机构的财务基础业务。财务共享服务中心的业务范围集中于与管理决策相关度较低、发生频繁且易标准化的财务核算流程，包括费用报销、采购到付款、订单到收款、成本核算、固定资产核算、总账到报表等。除了核算流程，36%的财务共享服务中心还承担了资金结算、发票管理、纳税申报等财务流程。财务共享服务中心从核算共享逐步向资金共享、税务共享一体的方向发展。

（2）财务信息化程度高。成熟运营的财务共享服务中心从交易数据采集、财务处理到数据分析，流程自动化程度较高，应用了如商旅系统、供应商协同平台、增值税进项发票管理系统、增值税销项开票系统、合同管理系统、电子报账系统、电子影像系统、电子档案系统、资金管理系统、银企互联等信息系统。信息技术的应用，极大提升了财务共享服务中心的业务效率和服务能力，并推动财务共享服务中心向企业“数据中心”转型。

（3）运营体系成熟。成熟运营的共享服务中心有完整的运营管理机制，包括绩效管理体系、全面质量管理、流程优化机制等，有利于财务共享服务中心的稳定运营和持续改进。运营成熟的共享服务中心的特征可概括如下：①具备一定的人员规模；②为企业绝大多数（如 80% 以上）分子公司或分支机构提供服务；③在费用报销、采购到付款、订单到收款、存货到成本、固定资产核算、总账到报表、会计档案管理、资金结算管理、纳税申报九大业务流程中，覆盖多数（半数以上受调研共享服务中心已覆盖 8 个以上的业务流程）；④电子影像系统、电子报账系统、电子档案系统、进项发票系统、销项发票系统、银企互联系统、资金管理系统、税务管理系统等信息系统，在实践中较多应用（半数以上受调研共享服务中心已应用其中至少 5 个信息系统）。

三、中国财务共享服务行业发展的趋势和特点

（1）共享服务呈现数字化和智能化趋势。企业积极利用大数据、人工智能等新兴技术，将共享服务中心打造成为企业的数据中心和信息中枢。企业财务部门将在共享服务的支持下，实现财务的工业化革命，建立起企业的数字神经网络，利用数据进行管理、决策与创新。

（2）共享服务中心的选址逐渐倾向于二、三线城市或地区。接近半数的受调研企业将共享服务中心建立在二、三线城市或地区。共享服务中心的选址会综合考虑运营成本、人力资源、基础建设等因素，越来越青睐武汉、西安、苏州、成都等二、三线城市或地区。

（3）共享服务中心越来越关注质量、效率和服务满意度。共享服务中心的运营管理体系日益成熟，作为向企业集团内部业务单位或外部企业客户提供服务的机构，共享服务中心的质量和效率等绩效评价体系得到了管理者的最大关注，外包行业关注的服务满意度指标也逐渐在企业共享服务中心引起重视。

（4）共享服务中心将向人才中心、多职能中心、全球中心的方向发展。不少共享服务中心渴望继续拓宽职能范围，发展成为企业的全球共享服务（Global Business Services，GBS）中心，为企业创造更多价值。同时，随着中国企业的全球化发展，受调研的全球化企业已经或者规划将海外的财务业务纳入共享服务中心。随着运营管理体系的完善与成熟，不少共享服务中心尝试向外部组织提供产品和服务从而获得收益，由成本中心发展成为利润中心。此外，越来越多的共享

服务中心也在逐渐成为企业的财会人才中心，新进员工在 GBS 获得相应的能力后，更容易成功成长为业务和战略部门的支持者。

（5）共享服务中心服务的区域逐渐拓展到全球范围。在受调研企业中，58.0%的共享服务中心服务于本企业/集团在中国大陆地区的业务，20.8%的共享服务中心为企业全球范围业务提供服务。在经济全球化背景下，以及“一带一路”倡议带来的“走出去”的新机遇，中国企业的海外投资增长迅速。与相对熟悉的国内经营环境相比，国际经营环境具有高度的复杂性和不确定性，企业面临着更多的国际化经营风险。我们在访谈中发现，许多全球化的中国企业已经开始筹备将海外业务纳入共享服务中心的服务范围，或单独建立海外共享服务中心，从而为全球业务提供服务。

（6）组织设计是共享服务中心的效率保障。后台职能平台、财务转型基础和总部财务管控方式是共享服务中心的主要定位。不同企业对共享服务中心的战略定位有不同的考虑：作为公司的后台职能平台，提高资源的配置效率，以降低成本（69.0%）；作为财务转型的基础，提升财务对企业经营管理的支持（67.1%）；作为总部财务管控的方式，加强对分支机构运营情况的管控（61.9%）。同时，调研数据显示，企业愈来愈注重共享中心作为数据中心（50.0%）的职能。财务部门是企业最重要的数据中心，财务数据处理过程涵盖企业所有的经营环节和流程，财务共享服务中心要利用数据展示企业经营全景，为企业的管理、决策和创新提供支持。

（7）专业化分工是共享服务中心内部组织架构设计的主要考虑因素。调研结果显示，专业化分工、工作内容不断细化与标准化，以提高组织效率（85.3%），以及组织设计与流程匹配，每一流程团队作为一个组织单元（68.7%）是共享服务中心内部组织架构设计最主要的考虑因素。根据访谈情况与行业观察我们发现，成熟的共享服务中心是流程型组织，设置有 PTP（Purchase to Pay，采购到付款）中心、OTC（Order to Cash，订单到收款）中心，ATR（Accounting to Report，总账到报表）中心等组织。

（8）财务共享服务中心与战略财务和业务财务之间的协作关系。调研发现，46.7%的受调研企业目前尚未完成战略财务和业务财务的体系化建设，而46.2%的受调研企业的财务共享服务中心与战略财务和业务财务有固定的沟通机制。很多受访企业表示，虽然共享服务中心的运营日渐成熟，但尚未完成业务财务转型，未来将逐渐明确业务财务的工作定位和职责范围，进一步推动财务转型。同时，调研发现，对于共享服务中心持续运营时间超过3年的受调研企业，战略财务、业务财务与共享服务中心有固定的沟通流程、定期会议和报告机制。

（9）人力资源是共享服务中心“使能者”。72.5%的企业共享服务中心人员规模在100人以内，13.0%的企业人员规模在101~200人之间，4.3%的企业在201~300人之间，10.2%的企业人员规模在300人以上。相比外资企业，中国企业共享服务中心的整体规模较小，人员规模达到百人的中国企业共享服务中心占21.2%，而外资企业在中国大陆地区设立的共享服务中心（通常是企业的区域分中心），人员规模超过百人的比例为39.4%。

（10）流程再造与优化是共享服务中心的核心能力。在此次调研中定义的14项共享服务中心的业务范围中，受调研企业共享服务中心的现有业务范围排在前五位的是：费用报销（96.0%）、采购到付款（76.1%）、资金结算（72.1%）、总账到报表（71.1%）及固定资产核算（66.7%）。这几类业务交易频繁且易标准化，是共享服务中心发展过程中形成的典型业务，最易实施。共享服务中心通常也承担一些税务职能，如集中进行发票开具（43.1%）和纳税申报（36.3%）。从共享服务中心流程数量分布来看，现有业务范围超过10项的共享服务中心占23.1%，现有业务范围在6~10项之间的共享服务中心在受调研企业中占比接近一半（48.8%）。

（11）信息技术是共享服务中心数字化转型的动力。受调研企业的财务共享服务中心最常应用的信息系统有财务核算系统（100.0%）、电子报账系统（100.0%）、银企互联（77.4%）、电子影像系统（75.8%）、资金管理系统（69.0%）、电子档案系统（52.4%）。一方面，共享服务的高效运营需要互联互通的系统平台支持，信息系统的架构、功能以及与业务系统、其他财务系统的集成，是系统规划的重要内容，关系着共享服务中心能否实现端到端流程效率与流程自动化的提升。另一方面，数据的价值得到了共享服务中心的空前关注，从企业经营数据的采集、处理到分析利用，共享服务中心不断进行着财务信息化的创新。

（12）运营管理是共享服务中心持续发展的引擎。32.7%的受调研企业对每份单据的处理成本进行了统计，而大多数受调研企业对单据处理成本的关注度并不高。68.1%的共享服务中心的每份单据处理成本不超过10元。建立科学的运营管理体系，对价值链上的各项活动进行分析和设计，制定科学高效的运作体系，不断优化、创新工作流程，将帮助共享服务中心以低成本提供高效率、高质量、高满意度的服务。共享服务充分发展后，将向社会化的方向进一步延伸。各企业的财务工作可能会外包给社会上更专业和更具有成本优势的财务外包公司，企业内部的财务部门则专注于对信息的使用和管理。外包具有流程高效率、灵活性、可扩展性，以及在合约的约束下不断改进等优点。在受调研企业中，30.3%的共享服务中心选择将部分业务流程外包。

（13）流程和信息系统是成功运营共享服务中心最关键的因素。受调研企业认为成功运营共享服务中心最为关键的因素是流程优化与再造（80.0%）和财务信息系统整体规划与设计（67.5%）。流程优化与再造使共享服务中心实现对业务流程不断进行分析、鉴别、改进、优化，使流程的效率和质量实现最优。流程标准化和科学化是共享服务得以高效运作的基础，也是实现信息化的前提。基于流程管理的重组和优化，共享服务中心得以使共享模式的标准化、规模化、高效化的优势不断凸显。

四、总结和展望

2018年“中国共享服务领域”调研报告显示，流程优化与标准化和新兴技术的使用是共享服务中心主要的优化方向。72.4%的受调研企业认为共享服务中心未来需要持续对流程进行优化和标准化；59.0%的受调研企业将信息技术的使用、提高业务处理自动化与智能化作为未来优化方向之一。此外，降本增效（38.1%）、扩展业务范围（35.7%）、拓展服务范围（33.3%）、加强员工培养与人才建设（28.1%）也是企业共享服务中心主要的优化方向。通过访谈发现，随着企业信息化进程的快速推进，共享服务中心越来越注重财务人员信息化能力的培养，对兼具财会背景和信息化知识的复合型人才的需求越来越大。

财务共享服务有三个主要方面的发展趋势：第一是共享服务中心的全球化。中国会涌现越来越多的全球化的企业，意味着中国会有更多的全球化的共享服务中心出现。只有世界级的企业才能产生世界级的管理理念和管理系统。第二个趋势是智能化。过去我们经常说，会计的职业判断是会计最重要的素质，而未来这个职业判断会逐渐被计算机和智能化所替代。未来的财务部门需要具备洞察和解决“未知的问题”的能力，为企业守护和创造价值。第三个趋势是共享服务中心会向GBS（Global Business Service）的方向发展，非核心业务领域都可以被共享，共享服务中心不再仅仅局限在财务领域，而会扩展到包括人事、法务、采购、商务、客服、IT等领域，企业在进行集团化、全球化、多元化的发展进程中，把价值链的辅助活动集中起来，建立GBS的趋势也是不可阻挡的。

“大智移云”技术在中国企业的应用现状调查*

李扣庆　邱　铁　赵　健

“大智移云”是指将大数据、云计算、物联网等信息技术相综合，外加人工智能、移动互联网做辅助，形成一种全新的信息技术产业互联新时代。在“大智移云”下，互联网不断开发新的领域，为我们带来技术上的透明、管理上的进步，缩短了各个企业间的差距。围绕“大智移云”产业发展、传统产业转型升级、科技创新等话题层出不穷。信息技术的发展正步入一个崭新的阶段，将会对财务未来的工作流程、组织、信息系统乃至财务的整体运作模式产生巨大的冲击，也许会彻底颠覆财务现有的模式。那么“大智移云”等技术在企业实际应用的情况如何？在企业的经营管理中到底发挥了什么样的作用？企业在“大智移云”时代有哪些应对措施以及准备情况如何？企业中财务人员对这些技术的了解情况如何？在短期和长期内这些技术对财务工作岗位的影响程度如何？上海国家会计学院会计信息调查中心和全球特许管理会计师协会（CGMA）联合开展了此项调查研究，希望找出这些问题的答案。对这些问题进行分析研究可以为企业在今后开展技术应用提供一定的指导，也可为财务人员工作转型提供建议参考。

一、调查过程与问卷填写人的背景情况

本次调查由上海国家会计学院会计信息调查中心组成专门团队开展，采用问卷调查的方式进行。为了更符合企业的实际情况，团队成员在设计调查问卷时通过通讯方式咨询了相关领域的专家和企业财务负责人，力求调查问卷设计的科学合理。

* 本文根据上海国家会计学院李扣庆、邱铁、赵健提供的稿件资料整理而成。

调查问卷通过上海国家会计学院会计信息调查中心平台和CGMA官方微信发布，调查时间从2018年5月17日开始到6月27日截止，共回收517份问卷。为保证调查数据的有效性，我们对样本数据进行了筛选，剔除无效问卷14份，最后筛选出有效问卷为503份。

本次调查问卷填写人的背景情况：（1）企业所有制结构。调查问卷中的企业所有制性质包括国有独资或国有控股企业、民营或集体企业、欧美外资企业、其他外资企业和其他所有制企业。通过对问卷的分析，我们看到企业所有制性质的比例比较集中，其中，国有独资或国有控股企业占40.16%，民营或集体企业占40.56%，外资企业（含欧美外资和其他外资）仅占7.16%，其他企业占12.12%。分析结果对于说明“大智移云”技术在中国企业中的应用现状比较有说服力。（2）企业是否为高新技术企业。为了解技术在传统企业和高新技术企业的应用是否有所不同，在调查问卷中专门做了传统企业和高新技术企业的划分。其中，传统企业占比49.11%；高新技术企业占比50.89%。（3）企业营收规模。调查问卷中的企业营收规模划分了五个档次，其中，营收在1亿美元或以下的占50.84%，营收在1亿美元以上10亿美元以下的占25.14%，营收在10亿美元以上50亿美元以下的占11.17%，营收在50亿美元以上100亿美元以下的占3.07%，营收在100亿美元以上的占9.78%。（4）职位层次。本次调查问卷将问卷填写人的职位层次划分为两个类别，四个层次，其中一个类别是管理人员，包括高层、中层和基层管理人员，另一个类别是普通工作人员。高层管理人员占17.1%，中层管理人员占34.59%，基层管理人员占19.48%，普通工作人员占28.83%。从职位层次分布来看，中高层和基层的比例分布较为均衡。（5）工作内容。在调查问卷设计中特别对财务人员所从事的工作内容做了适当划分。具体包括综合管理工作、会计核算、财务分析、审计、税务、投融资、资产评估、财会类教师和其他财务工作。其中，综合管理工作占20.28，会计核算占35.79，财务分析占13.72%，审计占13.52%，税务占5.96%，投融资占3.98%，资产评估占0.98%，其他占5.77%。

二、调查发现与启示

（一）技术在企业中的应用并不如想象中普及

围绕“大数据、人工智能、移动技术、云技术”等相关技术及应用的论坛、会议、论文经常见诸各类媒体，会让我们感觉这些应用已经无所不在。但实际上，从调查的情况来看，其在企业中的应用并不如想象中的普及。特别是此次调查中参与调查的人员至少是已经关注到这些技术的人群，调查投放的渠道也主要通过移动互联网来进行，更多未应用、不了解“大智移云”技术的财会群体可能根本无法接触到此次调查，因此，考虑到存在“幸存者偏差”的影响，这些技术在企业中的实际应用只会比调查的情况更不乐观。

（1）企业对“大智移云”技术的应用并不如想象中普及，不同技术之间应用程度的差别也相当大。调查显示，大家比较熟悉的“移动互联网”应用程度最高，“大数据”和“云计算”技术应用程度差别不大，“人工智能”技术应用程度最低（见表1）。

表1　是否应用了“大智移云”技术　单位：%

类别	已应用	打算应用并已做出准备	打算应用但不了解	未应用且不打算应用
大数据	18.49	24.45	37.18	19.88
人工智能	8.15	20.87	39.36	31.61
移动互联网	50.50	17.89	21.07	10.54
云计算	16.70	23.46	38.37	21.47

（2）高新技术企业对各项技术的应用程度均高于传统企业。高新技术企业在大数据和人工智能领域的应用明显高于传统企业，分别高出34%和44%，而在移动互联网和云计算领域的应用虽然高于传统企业，但差异并不显著（见图1）。

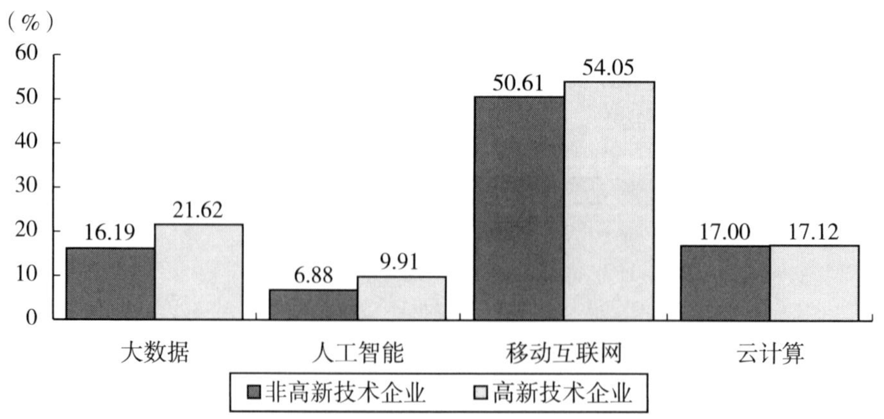

图1　高新技术企业和非高新技术企业的技术应用情况

（3）企业的所有制情况影响技术的应用程度。国有独资和国有控股企业对“大智移云”技术的应用程度较高，民营或集体企业的应用程度最低。但在移动互联网和云计算方面则差异较小，可能是与移动互联网和云计算普及率较高有关（见图2）。

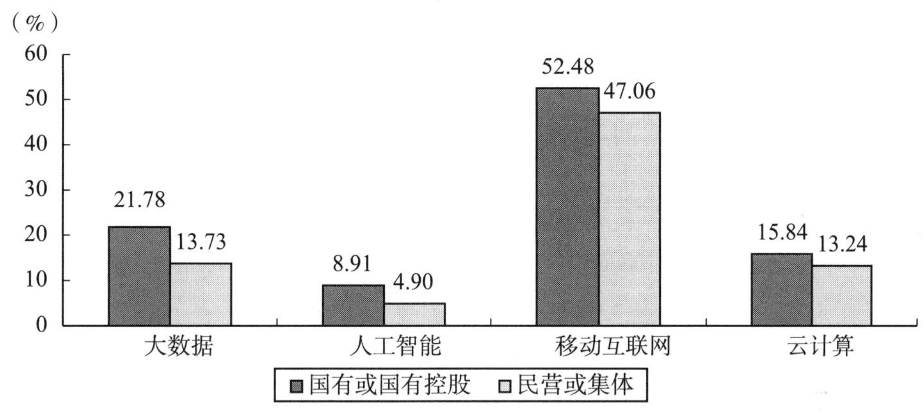

图2 不同所有制企业的技术应用情况

（4）企业营收规模影响企业对技术的应用。调查前我们的预期是收入规模越大的企业对技术应用的程度越高，但调查结果显示，业务收入为50亿~99亿美元规模的企业对“移动互联网”“大数据”“云计算”技术的应用程度最高，而“人工智能”技术在100亿美元以上收入规模的企业中应用程度最高。不同收入规模投票人对技术应用情况意见差异最大的是“人工智能”技术，变异系数为0.522；意见差异最小的是“移动互联网”技术，变异系数是0.230（见图3）。

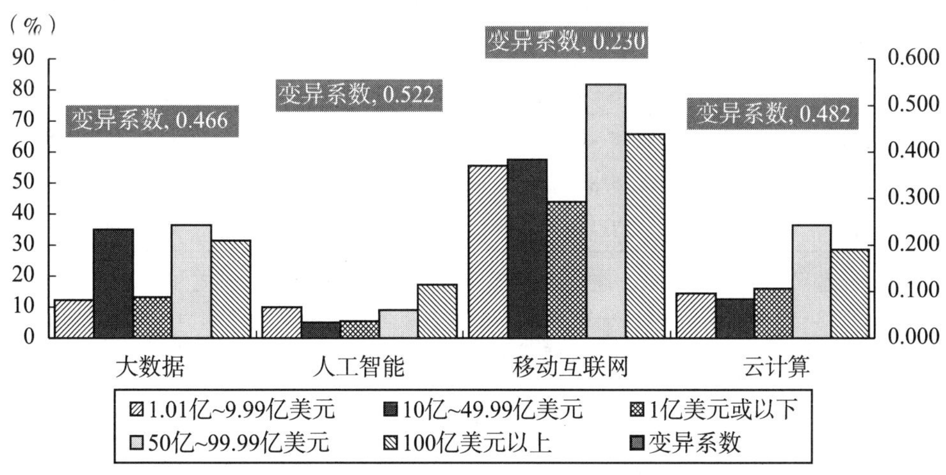

注：变异系数 C×V=(标准偏差 SD/平均值 Mean)×100%

图3 不同收入规模企业的技术应用情况

（二）技术已应用并不代表对技术熟悉

尽管“大智移云”各项技术在企业实际应用程度不高，但我们认为，已应用这些技术的企业的问卷填写人对这些技术的熟悉程度应该相对较高，调查数据也验证了这一点。问卷填写人对技术的熟悉程度，与该企业是否应用这项技术是大致同步的。但我们也发现，已应用并不必然会了解，因为在应用该项技术的企业中，仍有一定比例的问卷填写人表示对该技术“完全不了解”。

（1）对“大智移云”技术的熟悉程度。问卷填写人对“大智移云”各项技术的熟悉程度都不高，即使是熟悉程度最高的“移动互联网技术”，熟悉程度指数也仅有3.25，刚刚超过“3——知道”，还远达不到“4——了解”；而其他技术的熟悉程度指数甚至达不到“3——知道”（见表2）。但即使是这个数据也不能代表问卷填写人对各项技术的真实认知。我们发现，有些问卷填写人会把简单的办公智能化、“财务机器人”、“人脸识别”、“图像识别”、客服系统、流程自动化等都认为是人工智能范畴。这实际上是对“人工智能”概念的误解。对其他技术的认知也有类似的情况。问卷填写人对移动互联网的熟悉程度最高，其次是大数据，对于人工智能和云计算来说，表示了解或非常了解的仅占投票人的21%左右。

表2　　对“大智移云”技术的熟悉程度

类别	1——完全不了解（%）	2——不大了解（%）	3——知道（%）	4——了解（%）	5——非常了解（%）	指数
大数据	5.17	26.04	42.15	23.86	2.78	2.93
人工智能	4.97	29.42	44.53	19.09	1.99	2.84
移动互联网	2.58	16.30	39.96	35.79	5.37	3.25
云计算	6.56	27.24	45.33	18.49	2.39	2.83

注：熟悉程度指数计算方式：根据对熟悉情况的调查打分；5——非常了解，4——了解，3——知道，2——不大了解，1——完全不了解。

熟悉程度指数＝非常了解百分比×5＋了解百分比×4＋知道百分比×3＋不大了解百分比×2＋完全不了解百分比×1

（2）已应用企业的投票人对“大智移云”的熟悉程度。在已应用了某项技术的企业中，仍有一定比例的投票人表示是对该技术“完全不了解”，尤其是

“人工智能”技术，在已实施“人工智能”技术的投票人中，有7.32%的投票人表示“完全不了解”（见表3、图4）。

表3　已应用企业中投票人对“大智移云”技术的熟悉程度　　单位：%

类别	1——完全不了解	2——不大了解	3——知道	4——了解	5——非常了解
大数据	2.15	16.13	25.81	44.09	11.83
人工智能	7.32	19.51	29.27	29.27	14.63
移动互联网	4.33	24.80	37.40	28.74	4.72
云计算	2.38	21.43	39.29	26.19	10.71

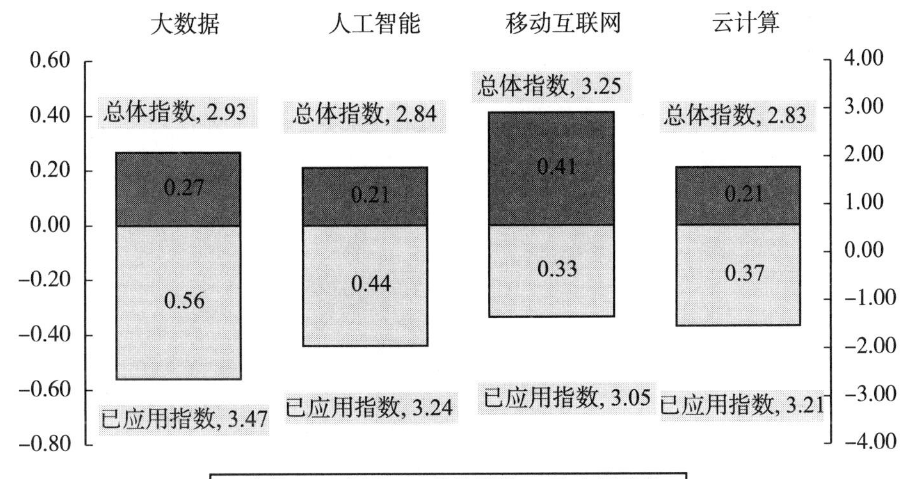

注：熟悉程度指数计算方式：根据对熟悉情况的调查打分；5——非常了解，4——了解，3——知道，2——不大了解，1——完全不了解。熟悉程度指数 = 非常了解百分比 ×5 + 了解百分比 ×4 + 知道百分比 ×3 + 不大了解百分比 ×2 + 完全不了解百分比 ×1

图4　总体和应用企业对技术熟悉程度对比图

（3）职位层次和对技术的熟悉程度正相关。调查显示，职位层次越高，对技术的熟悉程度就越高，即投票人的职位层次高低与其对“大智移云”技术的熟悉程度正相关，且每一项技术都显示出同样的正相关趋势。不同职位层次的投票人对“大智移云”技术熟悉程度意见差异最大的是“大数据”技术，变异系数为0.094；意见差异最小的是“移动互联网”技术，变异系数是0.036（见图5）。

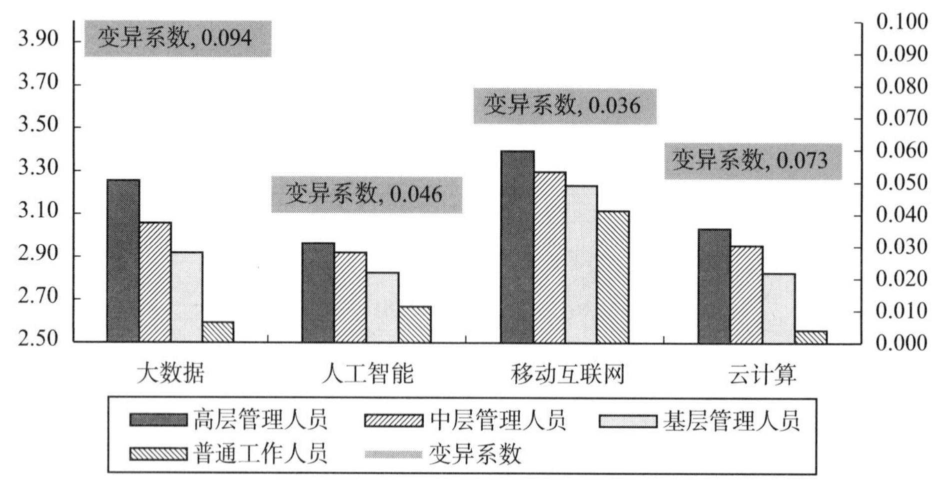

图5　不同职位层次投票人对“大智移云”的熟悉程度

（4）不同企业所有制对技术的熟悉程度存在差异。国有或国有控股企业的投票人对各项技术的熟悉程度都要超过民营或集体企业，不同所有制企业的投票人对“大智移云”技术熟悉程度意见差异最大的是“大数据”技术，变异系数为0.067；意见差异最小的是“移动互联网”技术，变异系数是0.043（见图6）。

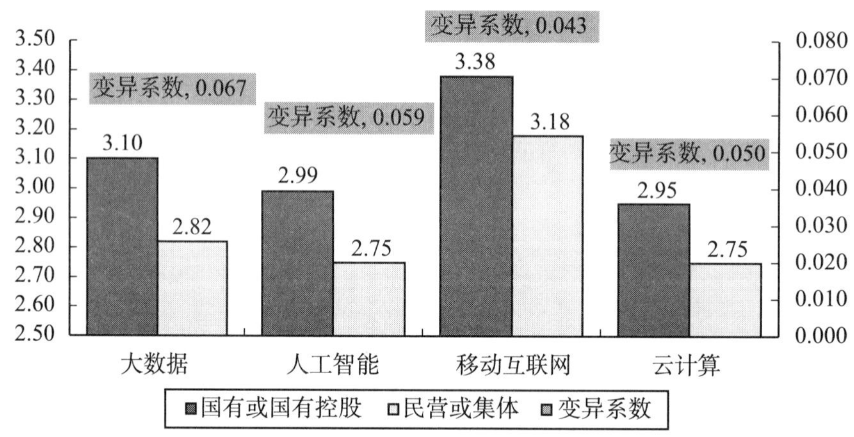

图6　不同所有制企业投票人对“大智移云”的熟悉程度

（5）高新技术企业对各项技术的熟悉程度均高于传统企业。高新技术企业的投票人对各项技术的熟悉程度均高于传统企业，高新企业和传统企业的投票人对“大智移云”技术熟悉程度意见差异最大的仍是“大数据”技术，变异系数为0.064；意见差异最小的是“移动互联网”技术，变异系数是0.041（见图7）。

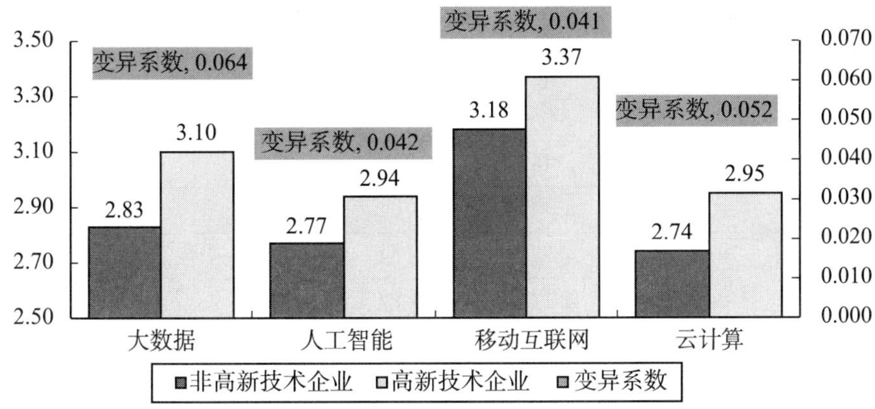

图7　高新技术企业和非高新技术企业投票人对“大智移云”的熟悉程度

（三）对技术的冲击有清晰的意识

对于“大数据、人工智能、移动技术、云技术”等信息科技，作为财务人员，免不了会受到各种论坛、会议、论文等资讯的影响，即使不了解，总不免多多少少接触过这些话题。大多数财务人员对来势汹汹的技术对工作岗位的冲击，是有意识的。越了解的技术，人们对其可能带来的职业冲击预测越紧迫；而对不太了解的技术，对其带来冲击的预测会延缓。对技术冲击的预测也和技术本身的成熟程度相关。

（1）“大智移云”技术对财会工作岗位的冲击程度。对于“大智移云”技术对财会工作岗位在1～2年内的影响程度，冲击程度指数在3.39～3.43之间，整体差别不大（见表4）。更多的人对3～5年内“大智移云”技术对财务人员的工作岗位产生的冲击感受颇深，对各项技术，认为3～5年内“基本没有影响”或“完全没有影响”的投票人均不到5%。对于“大智移云”技术对财会工作岗位在3～5年内的影响程度，冲击程度指数在3.85～3.88之间（见表5）。

表4　　1～2年内，“大智移云”技术对财会人员的工作岗位的冲击程度

类别	1——完全没有影响（%）	2——基本没有影响（%）	3——有影响（%）	4——有较大影响（%）	5——有很大影响（%）	指数
大数据	0.80	10.74	45.33	31.21	11.93	3.43
人工智能	1.79	13.52	43.34	27.04	14.31	3.39
移动互联网	1.99	11.13	42.94	28.83	15.11	3.44
云计算	1.39	11.93	45.53	27.44	13.72	3.40

注：冲击程度指数计算方式：根据对熟悉情况的调查打分；5——有很大影响，4——有较大影响，3——有影响，2——基本没有影响，1——完全没有影响。

冲击程度指数＝有很大影响百分比×5＋有较大影响百分比×4＋有影响百分比×3＋基本没有影响百分比×2＋完全没有影响百分比×1

表5　　3～5年内，“大智移云”技术对财会人员的工作岗位的冲击程度

类别	1——完全没有影响（%）	2——基本没有影响（%）	3——有影响（%）	4——有较大影响（%）	5——有很大影响（%）	指数
大数据	1.39	3.18	29.42	41.35	24.65	3.85
人工智能	0.99	4.17	29.62	36.38	28.83	3.88
移动互联网	0.99	4.77	29.82	35.59	28.83	3.86
云计算	0.99	4.17	30.82	37.18	26.84	3.85

（2）技术冲击的短期和中长期增长对比。在3～5年的中长期维度，每项技术对工作岗位的冲击程度都是增加的。但不同技术的冲击程度增加幅度略有不同，增加幅度在0.42～0.49之间。熟悉程度比较低的人工智能和云计算技术相对于熟悉程度高的移动互联网和大数据技术，在3～5年内对财务工作岗位的冲击增长幅度更大（见图8）。

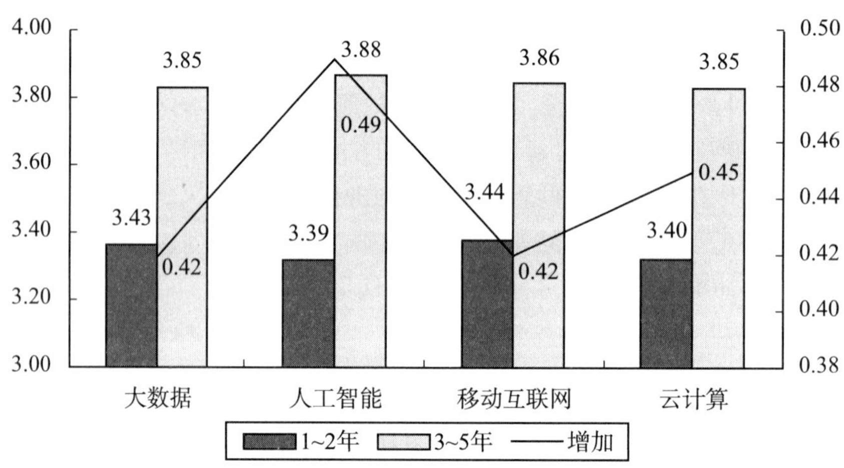

图8　“大智移云”技术对财会工作岗位的冲击长短期变化

（3）职位层次对财会工作岗位的冲击程度存在影响。参与调查的中层管理人员认为各项技术在1～2年内对工作岗位的冲击程度均高于其他职位人员，普通工作人员对各项技术冲击程度的预测最低。放到3～5年的时间维度，每个职位层次的投票人对每项技术对工作岗位的冲击程度都是提升的。其中，除了人工智能技术，普通工作人员预测各项技术对财会工作岗位的冲击程度提升的幅度最大；高层管理人员预测人工智能技术的冲击提升幅度要高于其他技术，也高于其

他职位层次投票人对这项技术的预测。可见，高层管理人员并非认为人工智能技术对财会工作岗位的冲击不大，而是认为该技术在 1 ~2 年时间内尚未达到成熟，要在更长的时间维度内考虑技术可实现的可行性。我们前面提到，职位层次越高，对“大智移云”技术的熟悉程度也越高，因此可以认定，高层管理人员对技术冲击程度的判断，是基于对技术更高的熟悉程度而做出的判断。为何普通工作人员对 1 ~2 年内技术对工作岗位的冲击程度提升较低，而在 3 ~5 年的维度又提升幅度很大呢？可能的原因是普通工作人员相比管理人员来说，在实际工作层面能接触到的技术比较少，对技术的冲击缺乏认识。但尽管如此，他们仍认识到在可预测的将来，这些技术总有一天会对工作岗位带来不可估量的冲击（见图 9）。

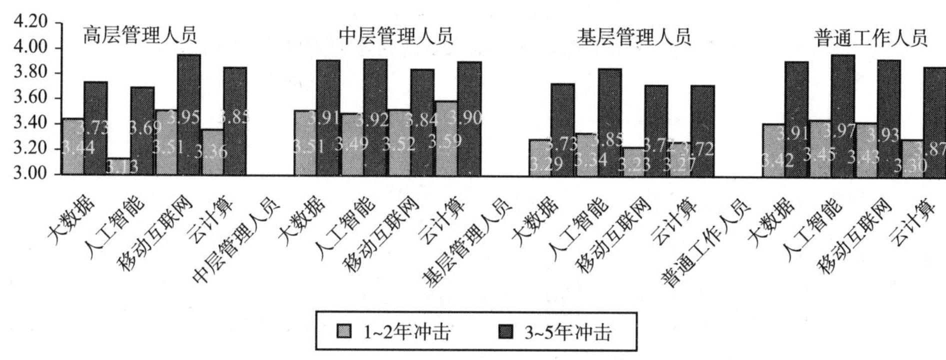

图 9　不同职位层次的投票人认为技术对财会人员工作岗位的冲击

（4）高新技术企业相对于传统企业对技术带来冲击的感受更为敏感。高新技术企业无论是在 1 ~2 年内的短期还是 3 ~5 年的长期对工作岗位的冲击程度都要高于传统企业。从 1 ~2 年到 3 ~5 年的区间，高新技术企业预测冲击提升幅度也要高于传统企业（见图 10）。

（5）是应用情况影响了对未来的判断，还是对未来的判断影响了企业对技术的应用决策。在已应用这些技术的企业里，问卷填写人对该技术在 1 ~2 年内对财会岗位的影响判断比较高；在打算应用这些技术的企业里，问卷填写人对“人工智能”和“移动互联网”对财会岗位的影响判断还要高于已应用这些技术的企业；在未应用且不打算应用这些技术的企业里，不管是对 1 ~2 年的短期还是 3 ~5 年的相对中长期，其预测对财会工作岗位的影响程度都低于其他企业（见图 11）。

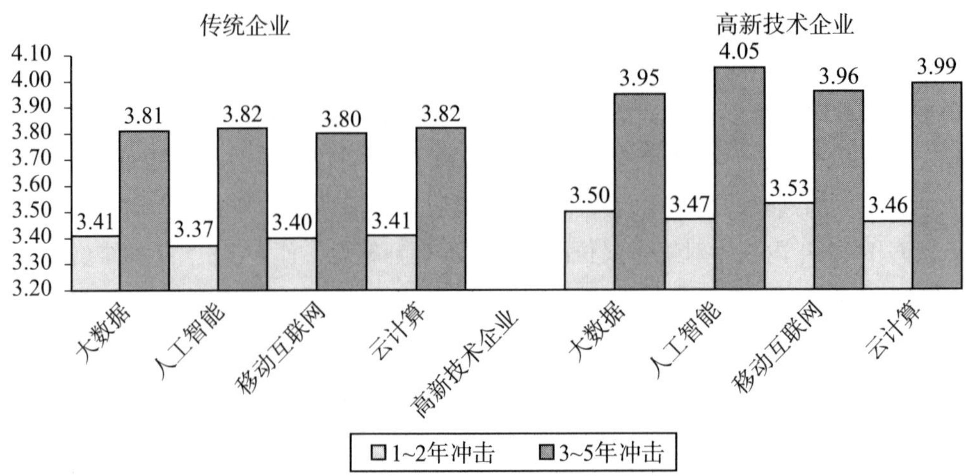

图10 高新技术企业和传统企业投票人认为技术对财会工作岗位的冲击

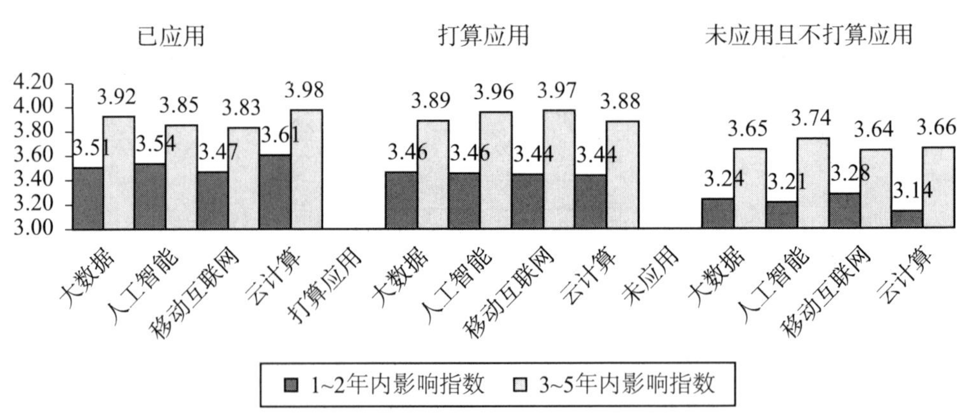

图11 技术的应用情况不同的投票人认为技术对财会工作岗位的影响

（四）阻碍“大智移云”技术应用的原因

（1）影响技术应用的相关因素。通常来说，阻碍一项技术实施的原因不外乎几个原因：缺人、缺钱、缺技术、时间不够、怕不安全，等等。但从调查情况来看，对于不同的技术来说，阻碍其实施的主要原因各不相同，实施“移动互联网”技术的各项阻碍都小于其他技术，而实施“人工智能技术”的障碍要大于其他技术（见表6）。除此之外，很多问卷填写人还提到，影响单位实施这些技术的重要原因还有领导层和企业员工对各项技术的认识不足、重视不够、员工学习能力有限、人才梯队建设困难、国家政策支持不够、担心实施了技术会影响到自身等，不一而足。

表6　　阻碍企业实施“大智移云”技术的主要原因　　单位：%

类别	预算问题	人才不足	安全问题	开发时间	如何与现有工具的集成
大数据	58.85	60.83	62.82	52.68	60.64
人工智能	64.21	71.57	52.68	66.00	53.08
移动互联网	28.83	34.00	36.18	35.19	44.14
云计算	46.72	49.11	52.49	52.29	50.30

由表6可知，实施大数据技术最重要的阻碍是安全问题；实施人工智能技术最重要的阻碍是人才不足；实施“移动互联网”技术的阻碍虽比其他技术小，但其最重要的原因“如何与现有工具集成”占44%；阻碍云计算技术实施的原因同“大数据”一样，也主要是安全问题。另外，相比传统企业，高新技术企业的投票人在“大数据”和“人工智能”两项技术上考虑各项影响技术实施的原因比重都高。这可能并不是高新技术企业在这方面的阻碍真的比传统企业高，而是因为高新技术企业的投票人技术实施更多、对技术更熟悉，考虑问题也会更深入、体会更深。

（2）企业在技术应用方面缺乏与此相关的预算、人员和相关培训支撑。面对来势汹汹的技术冲击，大多数企业和财会人员尚未做好准备，预算、技术人员和培训均不充足。对技术的培训充足与否也与问卷填写人对这些技术的熟悉程度以及问卷填写人所在单位对这些技术的预算、技术人员的充足程度正相关。对于实施“大智移云”技术，问卷填写人普遍表示预算不足；即使预算最充足的“移动互联网”技术，也仅有23.26%的问卷填写人表示预算充足；预算最少的是人工智能技术，有61.83%的问卷填写人表示没有这方面的预算（见表7）。

表7　　是否有实施“大智移云”技术的预算　　单位：%

类别	有，很充足	有，但不够	没有
大数据	12.33	43.94	43.74
人工智能	8.15	30.02	61.83
移动互联网	23.26	47.51	29.22
云计算	11.73	38.17	50.10

相对于“大智移云”方面的预算，技术人员更为紧缺，这也有可能是因为某些企业实施这些技术是通过购买服务或外包。同“钱”一样，“人”方面最充足的仍是“移动互联网”技术，但也仅有12%的问卷填写人表示有足够的技术人员，表示“人工智能”方面技术人员充足的不到4%（见表8）。尽管大多数人意识到“大智移云”技术即将对会计工作岗位产生或多或少的冲击，但对于“大智移云”技术方面的培训，问卷填写人表示“有很多培训”的比例依旧很小，即使培训量最多的“移动互联网”技术，表示“有很多培训”也仅有6.36%，而其他几项技术在3%～6%年之间（见表9）。中层管理人员对大部分技术的“预算”，以及“技术人员”认为“很充足”的比例都是最低的。对于投票人熟悉程度较低的两项技术“云计算”和“人工智能”，在所有职位层次的投票人中认为“没有相关预算”的比重都占绝对优势。对投票人熟悉程度较高的“移动互联网”和“大数据”技术，表示有相关预算的投票人比重稍多，但表示预算“很充足”的比重依然很小。有意思的是，对于“大智移云”技术预算的充足程度并不和投票人的职位层次正相关或负相关，除了“人工智能”技术，中层管理人员对其他技术的预算认为“很充足”的比例是最低的；而高层管理人员与之正好相反，除了“大数据”技术，高层管理人员认为预算“很充足”的比例是最高的。中层就像连接上层和下层的一座桥梁，发挥着承上启下的作用。因为十有八九的中层主管都是从业务骨干、业务能手里选拔的，他们既要了解前线业务又要具有战略眼光，因此，对各项技术的冲击感受也是最深的。然而，虽然多数中层管理人员会参与制定预算、了解预算明细和目标，但不一定能决定预算的最终数额，所以，他们对预算不足的感受最深（见图12）。

表8　是否有实施“大智移云”技术的技术人员　单位：%

类别	有，很充足	有，但不够	没有
大数据	6.56	40.76	52.68
人工智能	3.98	27.83	68.19
移动互联网	12.13	49.70	38.17
云计算	6.16	35.19	58.65

表 9　　公司是否会对“大智移云”技术进行培训　　单位：%

类别	有，很多培训	有，部分培训	没有相关培训
大数据	5.17	43.94	50.89
人工智能	3.78	25.25	70.97
移动互联网	6.36	48.11	45.53
云计算	4.17	33.00	62.82

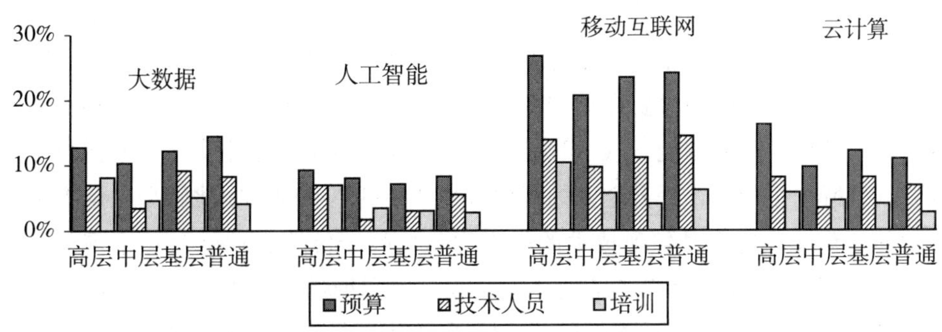

图 12　不同职位层次投票人“大智移云”技术预算、技术人员和培训充足程度

另外，高新技术企业在技术人员和培训方面的预算都高于传统企业。对于每项技术，表示“有预算”“有技术人员”“有很多培训”的高新技术企业问卷填写人都多于传统企业。(见图 13)。

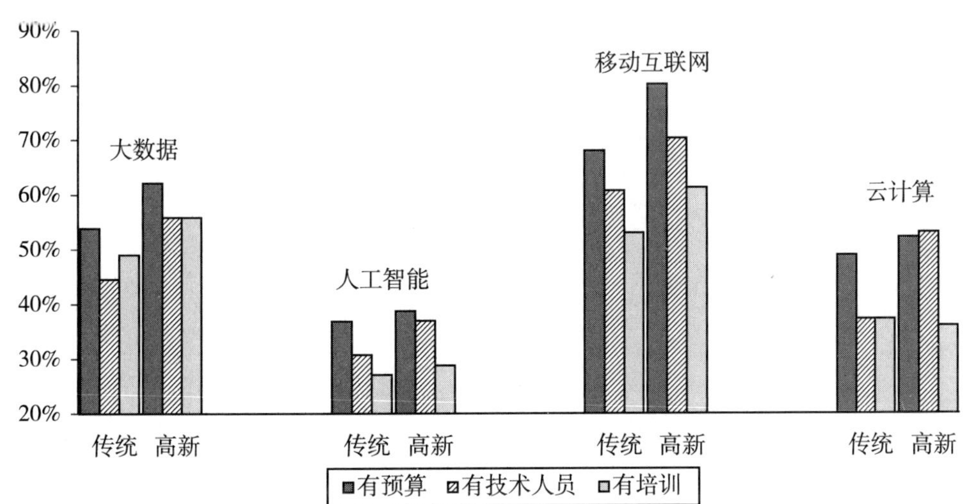

图 13　高新技术和传统企业投票人“大智移云”技术预算、技术人员和培训

三、结论和建议

围绕“大智移云”产业发展、传统产业转型升级、科技创新等的话题层出不穷，其已经成为我们生活当中一个高度生活化的概念。从调查的反馈来看，“大智移云”在企业中的实际应用并不像大家想象的那么普及，谈论热烈和企业实践应用之间存在一定缺口。这个缺口既存在于对“大智移云”技术及其发展趋势的理解，也存在于这些技术的应用将对企业变革带来何种影响的理解。因此，既要重视理念的传播，同时又要促进“大智移云”相关技术在企业的应用落地。企业可借助云计算、商业智能、人工智能、移动互联等技术，运用多元化的视角对海量数据进行挖掘分析，提升企业的管理水平并促进企业的数字化转型。调查中所显示的高新技术企业对各项技术的应用程度均高于传统企业就是一个佐证。此外，“大智移云”应用和落地需要多方联动、协同推进。既需要政府层面做好顶层设计，适时制定国家层面在“大智移云”方面的发展规划和实施纲要，加强对企业应用“大智移云”发展的引导和管理；也需要企业层面逐步推进和持续改进“大智移云”的应用和发展；还需要财务人员自身的转型升级，从原来的核算型会计向能够帮助企业创造价值的管理会计转型，提高自身的综合能力，以具备更广阔的视野和更全面的知识体系。

第四篇 研究与交流

2014 年以来，在财政部《关于全面推进管理会计体系建设的指导意见》(以下简称《指导意见》)“推进管理会计理论体系建设”和“加强管理会计国际交流与合作”的政策引领和指导下，“政、产、学、研”协力推动，中国的管理会计理论研究取得了丰硕的成果，国际国内交流与合作取得新进展，中国特色管理会计在国际上的影响力不断提升并开始发挥引领作用。

过去5年，中国管理会计理论研究如火如荼，既产生了一批前沿的学术成果，也产生了极具中国情境的管理会计实操研究新主张。财政部发布的管理会计指引体系是重要理论成果，全面介绍了管理会计的一般问题以及不同应用领域的管理会计工具方法，引领了中国管理会计的理论研究。对于管理会计的一般问题，理论界深入探讨了管理会计的控制职能和价值创造职能；对于管理会计工具方法，“政、产、学、研”合力将案例研究与理论推演相结合。中国经济和企业影响力的持续增强，推动更多中国情境下管理会计议题的研究。近年的国际顶级管理会计研究提倡运用中国经济发展过程中的特殊情境去解决管理会计长期关心但又难以着手的研究问题。我们看到，在中国的管理会计理论研究接近甚至达到国际发展前沿后，其最新研究成果也开始推向全世界，为全球经济发展提供了强有力的理论支持。

为共同推动管理会计的发展，财政部、中国总会计师协会、国家会计学院等机构或组织与 CIMA、IMA 等国际会计组织在管理会计体系建设、国际化人才培养等方面展开交流与合作；同时，中国总会计师协会和国家会计学院等组织积极筹办管理会计论坛、沙龙、研讨会等活动，推动管理会计理论探讨与实践交流。

中国管理会计的发展一直沿袭“政、产、学、研”精诚合作的道路。在财政部的顶层设计与支持下，各地区积极行动。浙江搭建产学研一体化平台，专家与企业组成团队，共同推进试点企业管理会计应用；山西建立信息交流机制，组织管理会计专家团队全程免费深入企业开启“会诊帮扶计划”，帮助企业提升解决问题能力。

中国管理会计理论研究和国内外交流合作的新进展充分体现了中国管理会计“放眼世界”的国际化视野、“与时俱进”的发展战略和“开拓创新”的实现路径，必将引领世界管理会计的发展，为全球经济治理体系贡献更多的中国智慧！

管理会计研究：国内学术界*

王　满　于浩洋　马　影　马　勇

本文以《指导意见》颁布以来发表于2014～2018年间重要的管理会计理论研究文献为样本，通过描述性分析和文献内容分析等方法，对我国管理会计理论研究的总体情况及发展动态进行回顾与分析。

一、2014年以来我国管理会计理论研究的总体发展情况

总体而言，管理会计理论研究范围区分为一般问题以及应用领域两个方向。在管理会计的一般问题方向，包括了管理会计职能、管理会计组织、管理会计应用以及管理会计信息和报告等内容。在管理会计应用领域方向，则涵盖了出现在管理会计基本指引或应用指引中的七个应用领域的所有工具方法。

依据管理会计基本指引和各项应用指引界定的管理会计理论研究范围，如表1所示。

表1　管理会计理论研究范围界定表

研究方向	研究范围
一般问题	管理会计职能、管理会计组织、管理会计应用 管理会计信息、管理会计报告
战略管理领域	战略地图、价值链管理
预算管理领域	全面预算管理（★）、滚动预算管理、作业预算管理、零基预算管理、弹性预算管理

* 根据王满、于浩洋、马影、马勇所提供的稿件资料整理而成。

续表

研究方向	研究范围
成本管理领域	目标成本管理、标准成本管理、变动成本管理、作业成本管理、生命周期成本管理（★）
营运管理领域	本量利分析、敏感性分析、边际分析、标杆管理
投融资管理领域	贴现现金流法、项目管理、资本成本分析、情景分析（▲）、约束资源优化（▲）
绩效管理领域	关键业绩指标法、经济增加值、平衡计分卡、股权激励（▲）、绩效棱柱模型（▲）
风险管理领域	单位风险管理框架、风险矩阵模型、风险清单（▲）

注：★表示该工具方法仅出现在基本指引中；▲表示该工具方法仅出现在应用指引中。

通过以表1所列的研究范围为主题词，检索中国知网中发表于2014～2018年间的收录于CSSCI中的期刊（辑刊）文献，再通过手工整理得到326篇文献样本，以此为基础对《指导意见》发布以来我国管理会计理论研究的总体振兴发展态势进行回顾与分析。

（一）管理会计一般问题

1. 管理会计职能

管理会计服务于企事业单位的内部管理需要，对单位的业务活动发挥控制职能是对其的必然要求。此外，管理会计的战略导向，又是以持续创造价值为核心的。学者对管理会计所发挥的控制职能和价值创造职能展开了深入的讨论。王斌和顾惠忠（2014）就认为现代管理会计作为一种直接参与过程管理的控制系统，其终极目标在于落实组织战略，实现组织价值。

在控制职能方面，傅元略（2014）以及张先治等（2017）分析认为应该将管理会计和控制机制加以融合，并以此为基础构建出新的理论框架和管控模式。王满和姜洪涛（2018）则从管理控制系统理论出发，归纳出包括财务控制导向、行为控制和支持决策导向、战略导向以及价值创造导向四个管理会计演化阶段。此外，毛洪涛等（2014）、于增彪和桑向阳（2014）以及曾祥飞等（2018）分别实证检验了管理会计与控制技术、业务流程管理中管理会计的应用以及管理会计正式控制与非正式控制对企业绩效的促进作用。

在价值创造职能方面，冯巧根（2014）以及朱学义和朱亮锋（2017）分别采用理论分析与案例研究的方法探讨了管理会计的应用对价值增值目标实现的推动作用。杨雄胜等（2016）在信息化背景下，提出了价值创造基本单元（VCU）和价值创造导航系统（VCPS）概念，以此使企业创造价值过程更为具象化。谢志华和敖小波（2018）分析了在不同的市场发展阶段，管理会计价值创造所具有的生产效率和成本控制、收入扩张以及价值链重构等不同逻辑起点。宋雪（2018）则通过构建管理会计应用评价系统实证检验发现了管理会计对企业价值的提升作用。

2. 管理会计组织环境

不同的组织环境会对组织如何应用管理会计产生重要的影响。冯巧根（2015）认为组织内部环境的变化会引发管理会计变迁。戴天婧和汤谷良（2015）阐释了企业承担不同类型的社会责任对管理会计创新的内在要求。黄贤环和吴秋生（2018）在理论分析的基础上，以宝钢金属为案例研究了在阿米巴模式下管理会计的应用。而在大数据环境下，面临着业财融合的要求，刘思宇（2016）、陈东玲（2017）对管理会计与财务会计相融合的必要性、基础以及途径等进行了分析。

培养管理会计人才是《指导意见》明确指出的目标之一。人才也是单位应用管理会计所依托的一项重要的内部组织环境。佟成生等（2014）以及熊焰韧和苏文兵（2016）采用问卷调查的方式了解了我国管理会计人才的基本情况，在分析了实际需求与现实能力之间差异的基础上为进一步培养管理会计人才提供了依据。

3. 管理会计应用情况

从静态的角度来看，佟成生等（2017）基于《管理会计基本指引》中所包含的要素，从多个角度对我国企业的管理会计应用情况进行了问卷调查。沙秀娟和王满等（2017）则调查分析了各项管理会计工具方法在价值链不同节点上的重要性。从动态的角度看，戴璐和汤谷良（2014）发现国有商业银行与外资银行之间的显性知识传授和吸收会改进其风险管理、信息技术以及经营模式，而与隐性知识有关的竞争能力则不会受到显著影响。戴璐和支晓强（2015）以山推股份作为案例研究发现，尽管在引进管理会计过程中会有排斥效应，但在权衡市场竞争和体制约束的过程中会进行后续变革。

除企业组织以外，刘永泽和况玉书（2014）以及王华和李扬子（2015）还对管理会计在行政事业单位以及财政治理方面的应用进行了讨论。这也反映出了管理会计应用主体多样性的特征。

4. 管理会计信息与报告

管理会计通过提高其信息的决策有用性来实现其职能。从组织环境的角度来看，冯巧根（2014）认为组织文化以及环境不确定性会对使用者如何认知管理会计信息的有用性产生影响。邓博夫等（2015）认为市场化所推动的内部分权会提高管理会计信息的决策有用性，而行政干预的作用却具有两面性。从信息的传递与使用的角度来看，唐亚军等（2014）以及毛洪涛等（2014）认为信息以图表形式呈报以及充分考虑到信息使用者能力水平时，管理会计信息会具有更高的决策有用性。而李子扬等（2018）则发现管理会计报告中的数目启发式会对投资决策产生显著的影响。

管理会计报告是管理会计信息在不同主体间传递的具体形式。张先治等（2015）的问卷调查研究表明，尽管83%的企业在编制内部报告时会包括管理会计报告，但是其仍存在着内容不全、体系不整的缺陷。刘运国等（2014）以及敖小波等（2016）结合企业经营实践，分别构建了纵贯企业价值链环节以及纵贯企业战略层、经营层和业务层的管理会计报告体系。

（二）管理会计应用领域的工具方法

1. 战略管理领域

学者们对战略地图的研究多是分析其在单位面临新形势下实现转型升级等战略目标过程中所发挥的作用。分析的单位包括了电视媒体（严威等，2014）、大学（韩双森和钟周，2014）、工程中心（王方，2015）、创新平台（王磊和谭清美，2017）、图书馆（王晓湘，2017）等。更具有理论意义的是，何园和张峥（2016）将战略地图的系统性与系统动力学中的动态反馈性二者结合，构建并检验了技术创新能力模型。

类似地，对价值链管理的研究也多表现为分析单位如何对价值链进行评估（申俊龙等，2014；袁国宏和郭强，2015）或实现价值链重构（丁宁，2014；王鹏涛，2016；周焱和王晓燕，2018）。对价值链管理研究的另一个角度是基于阎达五（2003）所提出的“价值链会计”这一概念，分析如何以价值链为依托加强单位的财务或会计等管理工作（徐咏梅，2015；朱炜和綦好东，2016；孙丽华和倪庆东，2016；吴本健等，2018）。此外，张忠明和郭宁娟（2015）以独立分量分析（ICA）为基础，实证检验了企业家心态对价值链优化的积极作用。

2. 预算管理领域

除了通过案例研究分析预算管理领域中各项管理会计工具方法的实践情况外，学者们也采用了实证分析方法检验了提高预算管理水平的诸多途径。如孙健等（2017）发现信息系统的整合会推动预算程序的公平性，并进而影响到企业业绩。刘凌冰等（2018）发现只有加强战略导向、落实控制与评价制度，预算目标设置的科学性才能够带来更好的预算管理效果。

2018 年 9 月颁布的《关于全面实施预算绩效管理的意见》必然会推动关于预算绩效的研究热潮。马蔡琛和赵青（2018）将国际经验与中国实践相结合，构建了一套预算绩效评价体系和赋值方法。而在该意见发布之后，林慕华（2018）等诸多学者也对我国全面实施预算绩效管理的路径等问题表达了自己的意见。

3. 成本管理领域

作业成本法是成本管理领域研究中受到最多关注的管理会计工具方法。杜荣江和马祥兰（2014）、杨朝晖（2014）以及张彩霞（2016）分别选择高校、图书馆以及商业银行为对象，分析了其对作业成本法的应用。刘学文等（2014）利用聚类分析法探讨了使用作业成本法时涉及的动因选择与合并等问题。吴晓丹等（2016）分析了资源共享性差异导致的作业成本法的计量误差。

学者们对生命周期成本管理的研究大多是与其他学科的理论或方法相结合进行的。如刘远等（2015）针对生命周期成本管理问题构建了成本控制屋模型，以此来制定资源配置方案、实现多目标优化。胡有林和韩庆兰（2016）利用贝叶斯网络模型分析了产品生命周期成本的优化问题。综合考虑采购、生产以及销售三个生命周期阶段，供应链成本管理也成为一个重要话题。王满等（2016）构建了集成制造环境下的组织间成本管理框架。张士强和徐国伟（2014）以及宋妍和张明善（2014）分别分析了零售业和乳制品企业的供应链成本管理问题。

学者们对成本（费用）黏性展开了大量的实证研究。从其影响因素的角度来看，从机会主义动机出发，研究代理成本或治理机制的诸多代理变量对成本（费用）黏性影响效果的文献较多①。但是也有越来越多的学者开始通过综合分析其多种影响因素来展开研究，如王雄元和高开娟（2017）以及于浩洋和王满等（2017）站在供应链视角上，分别研究了客户关系和供应商关系对成本黏性的影响效果。从其经济后果的角度来看，大多是基于韦斯（Weiss，2010）构建的成本（费用）黏性的直接度量方法进行的，如林晚发和李殊琦（2018）检验了成本黏性降低信用评级，提高债券信用利差效果的作用效果。

4. 营运管理领域

专门针对营运管理领域的管理会计工具方法进行理论研究的文献不多。张惠君和刘静（2018）以及王伊琳等（2018）对中小企业商业信用以及企业年金替代率进行了敏感性分析。汪文雄等（2014）以及万莉等（2018）将标杆分析与DEA技术相结合，分别研究了农地整治和图书馆管理的效率问题。

5. 投融资管理领域

近年来，学者对贴现现金流法和资本成本分析等传统的管理会计工具方法的关注度不高。在投融资管理领域中，理论研究主要集中于对项目管理、情景分析以及约束资源优化等工具方法如何解决单位内部某一责任中心所面临的具体问题上。在项目管理方面，既有针对单独项目管理的研究，如科技计划项目（张智等，2018），也有对于项目组合管理的研究（王益锋和仲毅，2014；沈志锋等，2018）。杜亚灵等（2015）以及尹贻林和王垚（2015）均实证检验了信任、合同柔性对项目管理绩效的提高作用。在情景分析方面，学者们通过结合现实环境或模拟环境，具体分析了创新能力建设（王玲玲等，2015）、产权保护（李建民等，2015）等问题。在约束资源优化方面，张俊光和万丹（2018）将约束理论运用到了项目管理当中，提出了在不确定环境下，可以通过对关键链项目进行实时滚动监控来提高项目的完工率。对新兴的管理会计工具方法进行深入的研究，有助于充实管理会计理论体系的内容，并推动相关工具方法在更广阔范围内应用。

6. 绩效管理领域

围绕着关键业绩指标、经济增加值以及平衡计分卡，绩效管理领域也形成了较多的管理会计理论研究文献。除了针对工具方法所展开的案例研究之外，在推

① 班克和贝扎洛夫（Banker and Byzalov，2014）提出成本（费用）黏性有调整成本、管理者对未来业务的乐观预期以及管理者机会主义动机三类成因。

动理论发展方面，吴涛等（2015）利用模糊计算法建立了关键质量指标（KQI）与关键业绩指标（KPI）之间的映射关系。胡元林和黎航（2017）通过对重污染企业进行问卷调查来获取样本，利用结构方程实证检验了平衡计分卡四个维度之间的因果关系。经济增加值是对央企负责人的考核指标之一，左晓慧和吕洁瑶（2014）以及欧佩玉和孙俊勤（2018）对实施经济增加值考核影响企业并购绩效以及投资效率的效果进行了实证检验。邓同钰和干胜道（2014）在指出传统经济增加值考核办法所存在缺陷的基础上，进一步提出了改进对策。杨婷蓉和丁慧平（2017）将生态资源的机会成本考虑在内，构建了绿色经济增加值评价体系。

对于两项仅出现在应用指引中的绩效管理领域的管理会计工具方法而言，绩效棱柱模型将利益相关者的关切纳入绩效评价体系当中，李升泽（2014）以及彭兰香等（2015）分别研究了公共科技创新平台和水环保问题中对绩效棱柱模型的应用。股权激励越来越多地出现在企业实践和学术研究当中。王在全（2015）分析了在新一轮国企改革过程中，增加员工持股能够在缩小贫富差距、推动混合所有制经济建设等方面的积极作用。将股权激励的对象由高管扩展到员工，有利于在治理机制之外研究这项制度在更宏观层面的经济后果。

7. 风险管理领域

对风险管理领域的管理会计工具方法同样是以案例研究居多。如利用风险管理框架分析 IT 风险（周常兰，2014）、大数据隐私风险（朱光等，2016）、数字档案馆项目（颜祥林，2017）、供应链金融风险（宋华和杨璇，2018）等；利用风险矩阵模型对企业技术创新行为分析（高昕欣，2014）；针对我国建筑企业承包的国际建筑工程构建风险清单（于丰等，2016）。此外，在风险管理理论创新方面，吕文栋等（2017）针对难以识别的、不可量化的风险，如战略风险，将传统的风险管理创新扩展为弹性风险管理。

8. 领域间的整合研究

无论是理论界还是实务界都逐渐意识到对不同领域间的管理会计工具方法加以整合会产生“1 +1 >2”的效果。田玲玲（2014）以及孙莹和孟双（2016）分别分析了标杆管理以及战略地图与预算管理的整合应用。池国华和邹威（2015）以 EVA 为基础，整合了全面预算管理、管理会计报告、平衡计分卡等工具方法。罗乾宜（2017）以及敖小波等（2017）分别以兵器工业集团和新兴际华集团为案例，介绍并分析了其对多种管理会计工具方法整合的实践。姜洪涛和王满

（2018）通过对问卷调查数据进行结构方程分析后发现，企业面临的环境不确定性越高，其越倾向于对管理会计工具方法加以整合应用，并且这种整合应用还会促进企业绩效的提高。

本文以收录于CSSCI期刊中的管理会计理论研究文献进行了统计和分析，其从“质”上推动了管理会计的振兴。与此同时，非CSSCI的财务与会计类期刊所发表的大规模文献也在“量”上为管理会计的振兴积攒着力量。在非CSSCI的财务与会计类期刊中，学者们以及企业中的管理人员更多地表达出了对管理会计如何顺应时代而发展的感性认识，其观点不仅有助于管理会计的推广，同时也在一定程度上预示着未来管理会计的发展方向。这类期刊中还包括了大量的在更为广泛的行业中，针对组织内部更为多样的业务活动中应用管理会计工具方法的案例。尽管其中也涉及不同领域间管理会计工具方法的整合，但是对其应用的分析较为机械或表面，缺少理论深度。

二、研究结论

以2014～2018年间发表于CSSCI期刊中的管理会计理论研究文献为样本，通过描述性统计分析以及文献内容分析等方法，对《指导意见》颁布以来我国管理会计的振兴发展之势加以描绘，研究发现：

（1）文献样本在时间、期刊、研究方向三个维度上的分布特征表明，2014年和2018年所发表的文献数量及其所属的期刊数量较多，其间3年虽然数量维持稳定但却处于较低水平，而相较于前4年，2018年的文献/期刊比有了明显的提升。

管理会计理论研究文献较多地发表于如《会计研究》《南开管理评论》等经济学或管理学期刊中，如统计学、新闻学与传播学等其他社会科学学科的期刊中也发表了一些管理会计工具方法在相关组织中应用的案例类文献。其内容以讨论成本管理、绩效管理、战略管理以及预算管理领域中管理会计工具方法的文献数量较多，在《指导意见》颁布之后，有更多的文献从整体上对管理会计一般问题展开研究或对属于不同领域的管理会计工具方法进行整合研究。

（2）在对管理会计一般问题的研究中，学者们通过多种研究方法证明了管理会计所能发挥的控制职能和价值创造职能；研究发现各类组织环境的变化对管理会计的变迁有推动作用，特别是在大数据环境下，对管理会计与财务会计之间的融合性也进行了深刻的讨论。此外，针对我国企业管理会计人才的调查也为实现管理会计人才培养目标提供了必要的依据；学者们检验了多种可以提高管理会计信息决策有用性的途径，并结合单位的经营实践设计了管理会计报告体系。

在对管理会计工具方法的研究中，学者们更多的是采用案例分析的方法对某一管理会计工具方法展开研究，这类文献通常能够与当时的宏观经济环境特征紧密地结合起来或者是针对新兴或重点行业的单位来进行讨论，顺应了时代的发展。由于纳入管理会计指引体系中的管理会计工具方法均较为成熟，因此推动其理论发展的文献数量不多，通常的形式是联系其他学科理论或方法来进行研究。最后，管理会计工具方法之间的整合应用越来越受到学者们的关注。

上述研究结论表明，《指导意见》颁布以来，我国学者积累了一定规模的管理会计理论研究文献，也得到了高水平期刊的认同。学者们从管理会计指引体系出发展开研究，形成的研究成果又作用于指引体系的建设和完善过程中，这一良性循环必定会推动着中国管理会计的不断振兴。

管理会计研究：国际期刊发表*

汤谷良

由于经济制度环境的特殊性，早期中国情景的管理会计论文在西方会计杂志的文章不多。究其原因，可能是研究者常需要对研究动机和结论的普适性进行更多的说明和验证。近10年，随着中国经济和企业影响力的持续增强，中国管理会计问题本身的重要性和研究的现实意义均得以提升，从而推动更多中国情境下管理会计议题的研究。我们相信基于中国经济发展过程中的特殊情境以分析研究管理会计系统中的问题的文献，有的发表在西方非会计专业杂志上，或者在会计杂志上，但这次没有编辑进来。

这里收录2014～2018年5年期间西方会计杂志上发表的9篇文章，扼要简介如下：

（1）Ho, J. L. Y., A. Wu & S. Y. C. Wu. （2014）, Performance Measures, Consensus on Strategy Implementation, and Performance: Evidence from the Operational－level of Organizations. *Accounting, Organizations and Society*, 39（1）. 该文研究的是中国企业的业绩指标有效性的影响因素，认为运营层面的管理者和员工在战略执行上的一致性程度会影响业绩指标的激励效果和员工绩效。研究结果发现，执行客户导向战略的一致性和一线员工业绩正相关。同时，在绩效考核和升职中采用业绩指标的激励方式对一致性强的员工更为有效。研究结果表明，管理者和员工对战略执行的一致性认可是组织战略的成功执行和业绩指标有效性的重要影响因素。

（2）Chen, C. X., S. Chen, F. Pan, and Y. Wang. （2015）, Determinants and Consequences of Transfer Pricing Autonomy: An Empirical Investigation. *Journal of Management Accounting Research*, 27（2）. 该文以中国企业内部的转移定价为背

* 根据汤谷良提供的稿件资料整理而成。

景，研究了高管分权的决定因素，具体分析了高管如何在授权分部经理自主进行转移定价与保持控制权以防止功能失调行为之间进行权衡。文章发现公司整体绩效在分部经理业绩评价中的比重越大，转移定价的自主权越大，而中间产品标准化程度越高、国外投资水平越高、不同部门间税收差异程度越大，转移定价的自主权越小。文章还讨论了不恰当的分权可能带来的后果，发现转移定价自主权和组织特征的错配会导致分部经理低水平的公平感知和低水平的转移定价有效性感知。

（3）Yang，C. L.，and S. Modell.（2015），Shareholder Orientation and The Framing of Management Control Practices：A Field Study in A Chinese State - Owned Enterprise. *Accounting*，*Organizations and Society*，39（1）. 该文借鉴了社会运动相关文献的研究形式，运用实地研究方法讨论了加强股东导向这一理念在过去 10 年中如何影响管理控制体系在中国国有企业中的实践和发展。研究阐述了以股东为导向的管控体系如何对现有的事业部管控体系形成挑战，在公司业绩出现危机时如何与现有管控体系互为补充。

（4）Narisa Tianjing Dai，Guliang Tang et al.，（2017），IPOs，Institutional Complexity，and Management Accounting in Hybrid Organisations：A Field Study in a State - Owned Enterprise in China. *Management Accounting Research*，Vol. 36，pp. 2 - 23. 该文通过对首次公开发行 IPO 的中国国有企业的研究，论证了包括国家、企业和资本市场逻辑在内的多种逻辑的相互作用，塑造了管理会计的经营方式。该文发现 IPO 对一个组织来说是一个重要的里程碑。除了资本市场不可避免地对新上市公司施加压力之外，来自它们所处的制度环境的其他信念、理论和要求可能会占主导地位，并影响企业的管理会计实践。本文从制度逻辑理论出发，对上市后面临多重制度需求的公司中管理会计的实施情况进行了研究。此外，该文还发现，不同的管理会计实践倾向于以不同的方式、不同程度地涉及制度需求。然而，无论管理会计实践仅仅是为了回应多元化的机构期望、综合不同的组织原则，还是平衡多种逻辑，它们都具有混合实践的功能，有助于保持企业“上市国企”的混合性质。

（5）Du，David，Young，Tang（2018），How Adopting New Performance Measures Affects Subjective Performance Evaluations：Evidence from EVA Adoption by Chinese State - Owned Enterprises，Vol. 87（5），pp. 1555 - 1588. 该文以国资委规定自 2010 年起在央企改净资产收益率（ROE）指标为经济增加值（EVA）指标为背景，探讨了从 ROE 到 EVA 业绩评价体系的转变是否会影响国资委对央企的业

绩评价调整。为此，该文作者通过采用企业调研的方式了解，在新的业绩评价体系下如何衡量企业是否达到基准值，以及如何构建调整指标。

（6） Narisa Tianjing Dai, Du, Young, Tang （2018） Seeking Legitimacy Through CSR Reporting: Evidence from China. *Journal of Management Accounting Researchs*, Vol. 30 （1）, pp. 1-29. 该文研究发现，发布高质量企业社会责任报告的中国企业具有更高的合法性（即通过政府和媒体给予的合法性来运作）。发布高质量企业社会责任报告的中国企业，随后会获得政府和媒体给予的更高水平的合法性，从而带来更好的财务业绩。研究表明，企业社会责任披露质量与后续财务绩效之间的正向关系是由企业的合法性水平调节的；政府赋予企业的合法性对于欠发达地区企业的中介作用更强。

（7） Alnoor Bhimani, Narisa Tianjing Dai, Prabhu Sivabalan, Guliang Tang （2018）, How do Enterprises Respond to a Managerial Accounting Performance Measure Mandated by the State? *Journal of Management Accounting Researchs*, Vol. 30 （3）, pp. 145-168. 该文研究了中国国有企业（SOEs）实施国有资产经济增加值（EVA）绩效评价指标的监管要求下。以机构工作（institutional work）和公共责任（public accountability）相关概念为基础构建理论框架，阐释关键参与者对EVA强制应用的反应机理。该文数据来自对三家国有企业及其监管机构（国资委）管理人员的30次采访。该文构建了与管理者相关的两个维度：会计中心度（accounting centricity）和制度潜力（institutional potential），并发现在缺乏强制执行的情况下，上述两个维度增加了参与者反应的真实性。当会计中心度和制度潜力符合较高执行机构的要求时，即使没有执行，问责要求仍然很高。当这两个因素不一致时，即使高度政治化和正式的问责要求很高，问责也会失败。当这两个因素部分存在时，问责制的反应是混合的。

（8） Narisa Tian jing Dai, Guliang Tang et al. , （2018）, Differential Weighting of Objective Versus Subjective Measures in Performance Evaluation: Experimental Evidence. *European Accounting Review*, Vol. 27 （1）, pp. 129-148. 该文以中国情景的实验数据为基础，通过两个实验来研究管理者在客观和主观指标上的不同权重如何影响他们的绩效评估决策。根据心理学理论，作者预测管理者会直观地认为客观指标比主观指标更科学。因此，他们的绩效评估决策受客观指标的影响程度大于受主观指标的影响程度。实验结果与预测相符。补充分析进一步支持了笔者的理论，表明参与者既不认为客观指标对绩效评估更重要，也不认为主观指标是不合适的。此外，该文还探讨了此研究结果对管理会计的研究和实践的意义。

（9）Narisa Tianjing Dai et al.，（2018），Interview-based Research in Accounting 2000 – 2014：Informal Norms，Translation and Vibrancy，*Management Accounting Research*，Vol. 42，pp. 26 – 38. 该文揭示了在会计领域中基于访谈的研究成果中的非正式规范，尤其是访谈数量、饱和概念、文章长度、专门方法部分长度、对数据编码的引用以及每篇文章的区块引用数量。该文研究的前提是，虽然关于定性研究的正式方法的相关文献提供了指导原则，但这种指导往往是笼统的，有时是矛盾和模糊的，从而使其实施成为一项棘手的工作。因此，这一正式指导需要在具体研究项目的背景下进行重要的翻译。笔者认为对研究方法的理解和实践受到众多制度因素的影响，以及研究项目中非正式社会规范的影响（但并非决定性的）。为了进行调查，该文将 2000 ~ 2014 年 15 年间发表在主要会计期刊上的 639 篇基于访谈的研究论文制作成表格，并分析了其利用访谈数据支持研究主张的模式。在这段时间内，在主要会计期刊发表的文章中，访谈的中位数为 26 次，并且随着期刊发行渠道和时间的变化而变化。作者发现只有少数论文提到了饱和的概念。此外，当提到饱和时，其往往以一种模糊的方式表达出来。该文还发现了此期间内的其他趋势，如在发表的文章中采访数量的减少，文章篇幅的增长，方法部分篇幅的大幅增长，数据编码方式模块的显著增长，以及引用数量的增加。

国际交流合作[*]

耿云江

2014 年 10 月财政部出台《指导意见》以来，政府、学术界、实务界等社会各界积极行动起来，采取各项有效措施，大力推进管理会计体系建设，加强管理会计人才培养，提升管理会计工作总体水平，共同推动我国由会计大国向会计强国迈进。在此过程中，我国一直秉承“放眼世界”的国际化视野、“与时俱进”的发展战略和“开拓创新”的发展路径，在加强与国际会计组织交流与合作的同时，借鉴其先进经验与做法，并在消化吸收后立足中国国情，探索具有中国特色的创新性做法或实践，以切实推动中国特色管理会计体系的建设和管理会计人才的培养，进而有效推动中国管理会计的理论发展与实践应用。

一、放眼世界，加强国际交流与合作

在大力发展管理会计过程中，我国一直十分重视与国际同业组织的友好往来和交流合作。2014 ~ 2018 年，与英国皇家特许管理会计师公会（CIMA）、国际注册专业会计师协会（AICPA | CIMA）、美国管理会计师协会（IMA）、澳洲会计师公会（CPA Australia）、英格兰及威尔士特许会计师协会（ICAEW）等国际会计组织广泛开展工作，并在推进管理会计发展等方面加强了交流与合作。

（一）国际交流

2014 年以来，我国与国际会计组织的沟通与交流不断加强。财政部、中国

* 根据耿云江提供的稿件资料整理而成。

总会计师协会、国家会计学院等机构或组织的有关领导多次会见 CIMA、IMA、AICPA｜CIMA、AIA 等国际会计组织的来访人员，不仅加强了与这些国际会计组织在管理会计体系建设、国际化人才培养等方面的信息交流，学习借鉴了其先进理念和做法，而且宣传了中国管理会计的发展，提升了我国在世界管理会计界的话语权和影响力。

1. 英国皇家特许管理会计师公会（CIMA）

2014～2016 年①，我国与英国皇家特许管理会计师公会（CIMA）的国际交流不断加强。

2014 年，中国注册会计师协会与 CIMA 代表在京会晤，明确了 2014 年注册会计师行业的国际交流合作重点为发展管理会计。

2015 年，中国总会计师协会不仅与 CIMA 就中国管理会计体系建设、全球管理会计原则等议题进行了交流，而且就进一步深化战略合作伙伴关系达成共识，并签署了达成战略合作备忘录，计划在人才培养、资格认证、会员服务及师资培训、案例研究、专题研究等方面开展积极合作。

同年，北京国家会计学院秦荣生院长在会见 CIMA 代表时表达了加强沟通的愿望，并就人才培养与合作建立管理实验室等方面达成初步意向。2016 年双方就管理会计发展趋势、管理会计的应用及国际交流与合作等议题进行了会谈。

2. 国际注册专业会计师协会（AICPA｜CIMA）

2017 年初，国际注册专业会计师协会（AICPA｜CIMA）成立。该组织成立后，CIMA 的一些国际交流与合作也随之转向 AICPA｜CIMA。

2017 年 4 月，中国注册会计师协会与来访的 AICPA｜CIMA 管理会计学术执行总裁一行进行了卓有成效的交谈。5 月，AICPA｜CIMA 副会长一行分别拜访了财政部会计资格评价中心、中国注册会计师协会及北京国家会计学院。期间，财政部会计资格评价中心不仅向其介绍了目前中心的业务运营相关状况及中国会计职业资格认证的发展，而且与其在国际合作等领域的合作进行了探讨和沟通；北京国家会计学院与该协会在国际合作、考试、人才培养等方面的合作等话题着重进行了探讨；中国注册会计师协会与其就双方各自感兴趣的合作领域展开了深入

① 2017 年初，美国注册会计师协会（AICPA）和英国皇家特许管理会计师公会（CIMA）共同创立国际注册专业会计师协会（AICPA｜CIMA）。自此，我国转而加强与 AICPA｜CIMA 的国际交流与合作。

和具有建设性的对话与沟通。上海国家会计学院也与 AICPA | CIMA 签订了 2017 年度合作备忘录，并就上海国家会计学院承担的课题研究“中国企业管理会计人才能力框架”和 AICPA | CIMA 正在开展的“财务的未来”研究项目展开了深入探讨。

3. 美国管理会计师协会（IMA）

作为 COSO 委员会的创始成员及国际会计师联合会（IFAC）的主要成员，美国管理会计师协会（IMA）在管理会计、公司内部规划与控制、风险管理等领域均参与到全球前沿实践。

2014 年，中国总会计师协会与 IMA 积极探讨管理会计体制机制建设、管理会计师知识能力框架等问题；北京国家会计学院与 IMA 签署了战略合作框架协议，双方将根据中国管理会计发展与建设的需要，在中国管理会计公告的开发与撰写发布、管理会计最佳实践的开发撰写与发布、培训与论坛、政策与学术研究、执业化服务与国际交流等领域开展深入合作；财政部代表团一行前往 IMA 全球总部考察，并就管理会计在经济转型升级和优化企业绩效中的重要作用、管理会计在全球及中国的发展情况、管理会计人才的培养、IMA 在中国的发展等问题进行了交流分享。

2015 年，财政部和国家会计学院代表团一行前往 IMA 总部，就 IMA 在全球的发展情况、管理会计人才以及当前经济环境下企业财务面临的机遇等问题进行了交流。

2016 年北京国家会计学院在与 IMA 来访人员的交流中，表达了加强沟通的愿望，并就继续教育人才培养、给予学生绿色通道优惠政策、全球化管理会计能力素质、资质认证、创新开发、本土化融合及未来开展更深层次合作达成初步意向。

4. 国际会计师公会（AIA）

2017 年 11 月，中国总会计师协会会长刘红薇在京会见到访的国际会计师公会（AIA）会长一行时指出，双方可以考虑在管理会计课题研究、管理会计案例分析、高端管理会计人才培养等方面积极开展合作。同年 10 月，刘红薇会长应 AIA 会长之邀赴英国出席 AIA 成立 90 周年年会，并在会上发表了题为“深化合作、互利共赢、积极推动会计人才国际化发展”的主旨演讲。她在讲话中希望未来加强两会合作，积极发挥专业协会作用，共同促进中国会计人才职业化和国际化发展；并向与会者介绍了中国管理会计近几年取得的发展和创新，希望双方探索管理会计在各国本土化与国际化的融合之路，得到 AIA 高层的积极回应和与会代表广泛关注和高度评价。

财政部会计司、中国注册会计师协会、中国总会计师协会、国家会计学院等相关领导还多次会见英国特许公认会计师公会（ACCA）、国际会计师公会（AIA）等的来访代表，在加强沟通与交流的同时，对如何加强双方在会计人才培养等方面的合作进行了探讨。中国注册会计师协会、中国总会计师协会、国家会计学院、高等院校等也应邀出席上述国际会计组织在华举办的管理会计类论坛、研讨会等活动，加强了彼此的相互了解，并为进一步开展合作打下良好基础。

（二）国际合作

1. 联合发布《全球管理会计原则》（中文版）

2014 年 11 月 27 日，厦门大学管理学院会计系、厦门大学会计发展研究中心与 CIMA 联合合作发布了《全球管理会计原则》（中文版），有助于中国的管理会计理论与实务工作者系统、全面地解读《全球管理会计原则》，进而推动中国特色管理会计体系建设与发展。

2. 携手发布《管理会计基本工具手册》（中文版）

2015 年 10 月 15 日，中国注册会计师协会携手 CIMA 在北京国家会计学院举办了《CGMA 管理会计基本工具手册》（中文版）发布仪式。《CGMA 管理会计基本工具手册》能够帮助会计师和业务经理从浩如烟海的备选项中识别出正确的工具，以帮助企业推行管理会计实践，为企业创造可持续价值。

3. 联合编撰《全球特许管理会计师（CGMA）职业能力框架》（中文版）

2016 年 1 月 27 日，由中国总会计师协会与 CIMA 联合编撰的《全球特许管理会计师（CGMA）职业能力框架》（中文版）隆重发布。

《全球特许管理会计师（CGMA）职业能力框架》（中文版）对管理会计人才提出了全面的能力标准及要求。它以道德、诚信和专业精神为基础，构建了全球特许管理会计师的四方面职业技能：技术技能、商业技能、人际技能和领导技能，并据此重新构建了 CIMA 管理会计职业资格框架及考试大纲。《全球特许管理会计师（CGMA）职业能力框架》（中文版）的发布对于借鉴国际上其他国家的经验，建立适合中国国情的管理会计制度体系，推动管理会计在中国进一步发展做出了积极贡献。

4. 共同举办管理会计峰会、论坛、讲座等活动

2014 年 10 月 17 日，由国家外国专家局培训中心与北京国家会计学院主办、IMA 协办的第三届“中国管理会计国际化人才建设大会”在京举行。财政部会计司负责人在会上明确表示：“要推动经济转型升级，推动企业加强管理，必须大力培养管理会计人才”。

2016 年 6 月 8 日，中欧国际工商学院与 CIMA 共同主办“2016 北亚管理会计领袖峰会”，与会专家与代表对管理会计的相关国家政策解读、行业准则分析、最新学术研究成果普及以及管理会计在公共领域和企业界的应用实践、经验分享等议题进行了深入探讨。

2017 年 11 月 11 日，上海国家会计学院、上海财经大学与 ICAEW、CGMA、ACCA、IMA、CPA Australia 联合主办“大数据与管理会计创新”论坛，探讨了大数据趋势下的管理会计理论创新与实践应用。

2018 年 4 月 27 日，清华大学与 AICPA | CIMA 共同主办“清华大学首席财务官论坛暨 2018 CGMA100 北亚管理会计领袖峰会”，共同探讨管理会计在中国、北亚及全世界的发展。

2018 年 7 月 6 日，AICPA | CIMA 与上海市成本研究会联合举办“数字时代下财务的未来”联合讲座，共同促进中国管理会计全面快速的发展。

5. 携手推出管理会计实践案例集

2016 年 12 月 28 日，厦门大学管理会计研究中心携手 CIMA 推出《CGMA 管理会计实践案例集》，有助于推进和发展国内管理会计的实践应用和创新。合作过程中，CIMA 主要负责联系和落实案例合作企业的受访，厦门大学管理会计研究中心负责安排案例企业调研和编撰的团队，编写案例调研提纲，现场访问和案例最终的编撰。

6. 联合研究并发布研究报告

2017 年 11 月 11 日，浪潮集团、上海国家会计学院与 ICAEW 联合研究推出

了《中国企业大数据应用报告》(中文版)。该报告以“中国企业大数据应用实践与启示”为题,从财务领域的视角观察大数据时代下中国企业经营与管理实践创新。

2018 年 1 月 28 日,浪潮集团、上海国家会计学院与 ICAEW 联合研究推出的《中国企业大数据应用报告》(英文版)在英国伦敦金融城市长官邸发布,中国企业大数据创新实践成为世界样板。

四、总结展望

2014~2018 年,我国管理会计界对英国皇家特许管理会计师公会(CIMA)、国际注册专业会计师协会(AICPA|CIMA)、美国管理会计师协会(IMA)、澳洲会计师公会(CPA Australia)、英格兰及威尔士特许会计师协会(ICAEW)等国际会计组织在推进管理会计体系建设、推动管理会计人才培养等方面的进展与经验做法给予了关注,加强了与这些组织的沟通、交流与合作。

在此过程中,我国管理会计不仅吸收借鉴了上述国际会计组织的先进经验与做法,为我所用,而且开拓创新,实施了多项具有中国特色的推进管理会计发展和管理会计体系建设与人才培养的重大举措,在充分体现了中国管理会计“放眼世界”的国际化视野、“与时俱进”的发展战略和“开拓创新”的实现路径的同时,也有力推动了我国管理会计的发展。我们坚信,以此为基础,中国的管理会计必将迎来新的、更辉煌的发展。

中国管理会计论坛综述（2014～2018）

中国总会计师协会秘书处

2014 年，中国管理会计事业迎来飞跃式发展的黄金时期，管理会计发展在全国范围内呈现出勃勃生机的喜人景象。在这种大环境下，中国总会计师协会为探索中国管理会计发展之路，助力管理会计理论和实践经验的传播和创新发展，提升企业决策、公共管理和社会治理的能力，搭建了管理会计领域最具影响力的“政、产、学、研”理论和实务交流平台——中国管理会计论坛。

中国管理会计论坛每两年举办一届，2014～2018 年中国总会计师协会成功举办三届“中国管理会计论坛”，从 2014 年首届论坛向大家介绍中国管理会计整体发展状况，到 2016 年第二届论坛同大家分享管理会计在中国企业中具体的实践经验，再到 2018 年第三届论坛与大家共同探讨新时代下中国管理会计发展的大势所趋，论坛在规模逐年扩大、关注度稳步提高、品牌影响力随之提升的同时，也见证了中国管理会计事业不断进步和转型的过程。论坛活动累计吸引了超过 1200 名企事业负责人、财务高管、业内知名专家学者齐聚一堂、交流研讨。短短几年间，中国管理会计论坛成为推动中国管理会计发展具有标志性意义的平台，是管理会计业界极具影响力的行业盛会。

一、第一届中国管理会计论坛：当代管理会计的趋势与挑战

2014 年 10 月 11 日，中国总会计师协会与中欧国际工商学院共同主办，中国资产评估协会、中国财经出版传媒集团、中国财经报社和中国财政杂志社协办的“2014 中国管理会计论坛”在北京隆重举行。论坛围绕中国管理会计行业的发展现状及未来趋势等议题展开高端对话，内容丰富，观点新颖，交流充分，对管理

会计行业的发展影响深远。财政部领导、地方总会计师协会及中国总会计师协会分会、代表处的代表，企业界的代表、国际同业组织的代表以及国内外研究机构和院校的专家共计400余人参加了论坛。本次论坛各方观点包括：

1. 中国管理会计的发展趋势和政策支持

财政部副部长胡静林作了题为“管理会计在中国：回顾与展望”的主题演讲。他认为加快构建中国特色管理会计体系有四个关键：一是以理论建设为基础，不仅要引进国际先进理论和经验，更要结合中国管理会计实践发展，融合多重主题、多重背景、多重理论，开展跨学科管理会计研究；二是以标准建设为保障，系统地梳理和总结管理会计工具方法，积极构建具有中国特色的管理会计指引体系；三是以人才培养为关键，推动研究发布管理会计人才能力框架，培养更多高端管理会计人才；四是以信息化建设为支撑，共同推进管理会计信息化的跨越发展。

中国总会计师协会会长刘红薇指出，我国的经济发展近几年面临着越来越多的挑战，随着资源衰减、环境恶化、外贸市场下滑和科技及竞争环境的急速变化，我国企业的生存和发展必须通过精细挖潜和以创新突破传统束缚的方式来实现。她认为管理会计为中国企业迎接挑战提供了强有力的工具和方法，助力企事业单位有效应用管理会计是中国总会计师协会的一项重要责任。

中欧国际工商学院副院长张维炯认为管理会计应该成为为中国经济持续发展和中国企业提升竞争力的重要驱动杠杆。

2. 管理会计在中国企业的实践

海尔集团CFO谭丽霞指出，战略定位需要是海尔管理会计实践创新的基础。海尔将财务组织分为小微财务、生态财务和共享财务中心，有效推动了集团整体管控体系的建设。中欧国际工商学院教授许定波在点评中指出，海尔的创新打破了企业内部各个部门间的界线，将组织打造成一个矩阵式的复杂生态体系。海尔的最大创新是根本上改变了组织做预算的方式。

宝钢集团副总裁陈缨认为管理会计实践中有两大难点：第一是考核政策和考核目标的问题；第二是文化的形成。在这个过程中，能够形成一种大家接受考核、接受挑战、接受被约束的文化非常重要。中欧国际工商学院教授黄钰昌进行了点评，他认为管理会计起源于组织内部信息的不对称。绩效考核本质是一种信息的搬运和优化运营管理的过程。绩效考核不只是绩效考核，还涉及组织设计，最终才是激励。

中国兵器装备集团总会计师李守武认为兵装集团的管理会计实践可以概括为三个方面：首先是顶层设计，推进管理会计体系化，以管理提升推动公司战略落实，创造价值；其次是立足企业实践，深化精细管理；最后是助力产业发展，提升企业价值。中国航空工业集团总会计师顾惠忠在点评中表示，兵装集团管理会计的实践非常有特点，表现在一是领导重视；二是成体系；三是有序推进；四是讲实效。

新华人寿首席财务官陈国钢认为预算管理既是科学也是艺术，一方面包括设计科学的指标体系、客观的评价体系和合理的预算制定程序；另一方面也需要深入思考如何实现愉快地做预算，真正帮助公司和业务部门等实现共赢。清华大学教授于增彪在点评时认为，预算体系的内容应该有四个方面的考虑：预算与战略相结合；构建预算联动模型；预算与非财务指标结合；预算和奖惩结合。

美的集团首席财务官袁利群将美的推行管理会计的模式总结为以下几点：战略成本管理，围绕企业转型战略，加大研发技术投入、提升产品力，建立新的竞争优势；价值链成本管理，以产品生命周期为主线，对影响产品创造的各个环节进行监控；供应链成本管理，推动产销衔接、信息数据化、降低渠道库存，严格控制渠道风险。厦门大学教授毛付根点评认为，中国企业原来是靠粗放式、大规模的竞争获得成本优势，应对环境的变化，应找出一种新的成本管理的模式和方法。

3. 国外政府和事业单位成本会计的经验

北京大学经济学院特聘教授陈立齐作了题为“困难而必要的成本会计”的主题演讲。他认为，如何配合中国市场经济的发展提供高质量、低成本的公共服务，是中国政府和事业单位现在及未来面临的一个重要挑战。他从五个方面论述了成本会计在国内外的发展与运用情况，向与会者介绍了国外大学、政府对管理会计运用的先进经验。

二、第二届中国管理会计论坛：投资战略与价值

2016 年 11 月 3 日，中国总会计师协会、中国财政学会和中国兵器装备集团公司共同举办“2016 中国管理会计论坛”。与会者围绕企业战略投资和管理会计

实践创新展开热烈讨论。演讲嘉宾分别从我国管理会计发展形势、政策支持、企业实践、理论创新等方面展开全面探讨，为我国管理会计进一步发展指明了方向。来自财政部、国务院国资委等政府有关部门、地方总会计师协会和中国总会计师协会分会、代表处，企业界及国际同业组织的代表们与国内外研究机构及高等院校的专家学者400余人参加了本次论坛。论坛的几个议题包括：

1. 中国管理会计发展的形势分析

时任财政部部长助理赵鸣骥作了题为“适应经济新常态：推进管理会计新发展”的演讲。他认为，大力加强管理会计工作对于推动建立现代财政制度，建立完善现代企业制度，以及推动行政事业单位增强成本意识、防范内部风险、提高财政资金使用效益都具有十分重要的意义。

中国总会计师协会会长刘红薇在致辞中表示，管理会计将成为总会计师履职的重要工具和手段。中国总会计师协会将借鉴国际上其他国家的经验，努力培养一批能够结合理论与实务的管理会计人才，推动管理会计在中国进一步发展，并为建立适合中国国情的管理会计体系不断探索。

财政部会计司司长高一斌指出，我国大力发展管理会计正逢其时，需要各方的共同努力。理论界与实务界要坚持实践创新、重视人才培养、加强理论指导，建立健全“产学研”相结合的模式。

中国财政科学研究院党委书记兼院长、中国财政学会秘书长刘尚希认为应加大预算制度改革与税制改革等财政改革力度，推动结构性改革，形成未来发展的新动能。

中欧国际工商学院法国依视路会计学教席教授许定波认为发展管理会计的关键是观念的转变，其重中之重是将机会成本与未来价值创造作为关注的核心。

2. 管理会计的实践经验分享

中国兵器装备集团公司董事长唐登杰提出，管理会计的应用需要业务与财务的深入融合，需要企业内部形成广泛的共识，是典型的“一把手”工程。他从企业领导者的角度分享了中国兵器装备集团在全系统导入十大管理会计工具的经验与体会，并指出管理会计体系的逐步完善有力地支撑了兵装集团持续快速发展。

中国投资有限责任公司首席风险官赵海英结合历史与当前国际国内经济、金融形势进行全面分析，她认为成功的投资选择需要足够的流动性做保证，而流动性的保持需要企业运用管理会计理念做好长期战略决策。

杉杉控股董事局主席郑永刚认为产业调整是必然的，企业转型升级必须要有清晰的发展战略，必须不断加强内功修炼，必须始终把吸引一流人才放在首位。他对未来的企业发展提出建议：一是加快转型升级；二是把风险防范放在重要位置；三是重视企业文化建设。

中国铁塔股份有限公司总经理佟吉禄提出首席执行官既是组织战略目标的制定者，又是价值创造的引领者，更是管理创新的实践者。他认为企业管理会计应用需要服务公司战略，需要贯穿于生产运营全过程，需要抓住业财融合这一核心。

中国五矿集团公司总会计师沈翎认为，企业发展需要财务组织在整个价值创造的过程中筹集更多资源，进行合理配置，管理会计一方面可以助力价值创造，另一方面可以提升财务风险控制能力。

国网江苏省电力公司南通供电公司总会计师陈启忠介绍了基于资产组的管理会计实践，指出在管理会计落地实践中挖掘内生动力和借助外因驱动的重要性。他认为产学研结合是促进管理会计落地的有效方式，构建管理会计体系是公司级的，需要业财深度融合、整体推进。

3. 中国管理会计理论研究

南京大学会计与财务研究院院长杨雄胜作了题为“投资与公司价值”的报告。他简要回顾了管理会计的发展历程，并结合企业具体情况分析了投资决策理论与企业探索实践、资产组理论的提出与公司资产组识别、基于资产组的投资决策体系，并以南通供电公司为例，深入介绍了基于资产组的投资决策体系应用。

三、第三届中国管理会计论坛：“大智移云”中的管理会计

2018 年 9 月 21 日，中国总会计师协会和《中国管理会计》杂志主办，上海国家会计学院、中国石油天然气集团有限公司、中国财经出版传媒集团、浪潮集团、中税网控股、中通诚资产评估有限公司协办的“2018 中国管理会计论坛”在北京隆重举行。本届论坛在“大智移云”等新一代信息技术背景下，聚焦管理会计如何助力数字经济的发展展开热烈讨论。来自财政部、国务院国资委、全国人大财经委等政府部门领导，实务界高管和学术界专家 400 余人参加了论坛。

1. 中国管理会计发展的政策支持

财政部部长助理许宏才提出，构建管理会计发展生态圈，助力数字经济强国战略。为适应数字经济发展，财政部主动作为，在推动我国会计体系建设，特别是管理会计方面取得了积极的进展和成效。要重视中国总会计师协会在总结推广管理会计实践经验、加强管理会计指引体系宣传和培训方面的作用，支持协会为推进管理会计工作做出新贡献。

中国总会计师协会会长刘红薇指出，企事业单位应对网络信息技术革命，应主动适应新技术变革，加快经济转型升级，通过不断的学习，不断的温故知新，而提升客观总结昨天、求实分析今天、超前谋划明天、深度洞察后天的能力，从而在企事业单位的发展中能准确做出战略决策，有效控制投资风险，无限扩大货殖能力，合理优化绩效目标，积极开发人力资源。她提出要充分认识管理会计在创业、建业、兴业、守业、继业的突出作用，“政、产、学、研”共同推进管理会计发展。

2. “大智移云”和管理会计信息化

财政部会计司司长高一斌围绕新技术对会计行业的挑战和影响，提出需要认真总结会计改革实践和管理会计创新经验，进一步丰富完善管理会计方法工具，指导会计行业更加深入地融入新技术浪潮和数字经济大潮。

国资委财务监管局局长郧红兵结合国资委和中央企业的实践提出，中央企业是管理会计信息化应用的积极探索者，管理会计信息化对中央企业高质量发展发挥着重要作用。

时任第十二届全国人大财政经济委员会副主任委员黄奇帆发表主旨演讲，对“大智移云”背景下的经济社会发展新特征、新趋势进行了深入的分析和阐述。

3. 管理会计信息化实践

蚂蚁金服集团财务融资部总监边卓群介绍了蚂蚁金服在管理会计结合大数据技术、人工智能算法和数据建模等新一代信息技术的应用创新，可帮助全面提升商业洞察、动态预测和精准定价等能力。北京大学光华管理学院教授王立彦在点评时提出管理会计分析问题的逻辑起点是未来的不确定性，管理会计报告的形式是多元的，需要满足不同管理需求。

海尔金控副总裁刘钢分享了海尔集团“共赢增值表”创新实践，他提出海尔的财务转型最新阶段是网络化战略阶段，需要创立互联网范式价值体系。中欧国际工商学院教授许定波在点评时认为海尔从传统的三角形金字塔组织变成了生态体系，而大部分企业在创新过程中没有足够关注风险的管控，希望风险管控能够引起大家的高度重视。

亚马逊财务总监刘宪娜指出，互联网行业对财务人员提出了更高要求，管理会计人员要懂得大势，拥抱趋势，预见未来。南开大学商学院副院长刘志远在点评时认为首先要能够认识未来，其次要主动适应，而适应的核心是创新。

浪潮集团执行总裁王兴山介绍了浪潮集团管理会计实践并以中国铁塔为例，分享了数字化转型中对企业管理会计实践的认识。北京工商大学副校长谢志华在点评时认为信息化时代的到来形成了虚拟的世界，虚拟世界的本质是“整合”。

4. “大智移云”中的智能管理会计理论研究

复旦大学管理学院副院长吕长江发表题为“基于互联网视角的管理会计理论与实践”的演讲。他通过阿里巴巴、亚马逊、居隆泰、国美、阿里和腾讯等案例对比，深入分析了互联网时代管理会计新模式。南京大学教授杨雄胜在点评时认为，在互联网时代，管理会计的理论挑战概括为三大方面：一是生产主义转变为消费主义；二是有限理性转为充分理性；三是工业经济转变为信息经济。

上海国家会计学院院长李扣庆基于“大智移云”在企业中应用情况的调查问卷分析认为“大智移云”的应用并不像想象中那样普及，“大智移云”将带来对支撑管理决策质量、开展管理控制活动能力和管理会计投入等多方面的影响。重庆大学经济与工商管理学院刘星教授在点评时认为，“大智移云”如何应用到管理会计实践尚停留在基本概念框架阶段，未来应该更加重视其应用创新。

厦门大学教授傅元略认为在人工智能时代，智能 MA 理论和应用体系将优先在中国建立和应用，并深远地影响全球的财务机器人、业务流程管理自动化、ERP、内控和审计等系统和平台。保利集团总会计师傅俊元在点评时提出，新一代信息技术构想提出相对容易，但落地还有相当的距离。管理会计研究不能搞一刀切，应该有针对性地进行研究。

中国管理会计沙龙综述
(2017 ~2018)

中国总会计师协会秘书处

为促进企业（包括国企、民企、外企）和行政事业等不同性质单位，与高校等学术机构交流管理会计应用，促进学术与实践的融合创新、企业与企业之间的互动创新，提升管理会计实践水平，2017 年中国总会计师协会搭建了管理会计领域理论与实践互动交流的又一平台——中国管理会计沙龙。

中国管理会计沙龙由中国总会计师协会主办、中国总会计师协会管理会计分会承办，每季度举办一次，2017 ~2018 年成功举办了 9 期。每一期沙龙的主题选题力求与《中国管理会计》杂志当期的主题文章相对应，形成理论与实践的完美融合、相得益彰。9 期沙龙累计参加现场交流人员突破 1500 人，中国总会计师协会管理会计分会及管理会计沙龙的微信关注人数突破 8500 人，通过微信传播的数量更是数以万计，活动取得非常好的社会反响。

一、第一期管理会计沙龙：全面预算的整合与创新

2017 年 3 月 25 日，首期“中国管理会计沙龙”在对外经贸大学成功举办，主题为“全面预算的整合与创新”。中国兵器装备集团公司总会计师李守武担任沙龙主持人，中国总会计师协会会长刘红薇致开幕辞。北京工商大学教授谢志华、兵装集团重庆建设工业有限责任公司总会计师潘锡睿分别做主题演讲，对外经贸大学教授汤谷良、元年科技总裁韩向东做专业点评。国资委、财政部相关领导和企业界学术界的专家学者参与交流。本次沙龙活动中各方主要观点包括：

（1）关于预算的整合性。预算不仅通过目标分解落实将内部各责任主体的行为整合到一起，而且也为实现责任目标将企业资源有效配置到各个预算责任主体。

（2）关于预算的基本功能。预算的首要职能是规划。基于业务的规划是预算的本质，预算是资源配置和战略落地的工具，控制、考核是实践中附加给预算的功能。

（3）关于战略型预算。预算的战略功能主要有四点：一是构建多维度目标平衡的业绩评价体系；二是以全面预算为核心的管理会计信息系统；三是构建结构化的管理会计报告体系；四是调整业务模式、优化组织结构。

（4）关于全面预算管理。一是预算目标由单位“一把手”负责，而非仅由财务负责人负责；二是学习先进企业的管理会计案例；三是预算指标中减少财务指标的比例，增加业务指标的比例；四是与业务部门沟通预算时，多讲过程指标，少讲结果指标。

二、第二期管理会计沙龙：基于“报告”的管理会计信息化

2017年5月21日，第二期“中国管理会计沙龙”在中央财经大学顺利举办，主题为“基于‘报告’的管理会计信息化”。中央财经大学教授刘俊勇担任主持人，北京国家会计学院教授张玉琳、浪潮集团行业总监刘家斌做主题演讲，元年科技总裁韩向东、重庆理工大学教授程平做专业点评。国资委相关领导，管理会计理论界、实务界专家围绕沙龙主题进行了分享交流。本次沙龙各方观点包括：

（1）关于管理会计信息系统的内涵。管理会计信息系统融入企业的运营管理系统，是“虚拟”的闭环信息系统或模块组合，分交易型和分析型两类系统。

（2）如何基于“报告”搭建管理会计信息系统。管理会计信息化应坚持报告导向和输出导向。通过决策支持系统输出有用的和有价值的信息，服务于管理层决策，这是管理会计信息化的核心功能。这种信息系统应该是明确的、分层次的、简约的和相互关联的。

（3）如何建设管理会计信息系统。首先，自上而下做规划，自下而上做建设。其次，需要搭建多维度的数据模型。数据模型是企业业务和用于决策的管理会计信息之间的桥梁，也是实现管理会计信息化的基础和前提。

三、第三期管理会计沙龙：标准成本的应用与创新

2017 年 7 月 22 日，第三期“中国管理会计沙龙”在北京金龙潭酒店举行，主题为“标准成本的应用与创新”。元年科技总裁韩向东担任主持人，中南财经政法大学教授王华、国家电网财务资产部主任冯来法做主旨演讲，对外经贸大学教授汤谷良和上海财经大学教授潘飞做专业点评。本次沙龙各方观点包括：

（1）关于标准成本理念的形成。随着经济的全球化，许多跨国公司已经普遍实行严格的标准成本管理，标准成本法体现出“业本融合”的特征。

（2）关于标准成本管理的实践体会。领导重视是基础，统一标准是核心，全员参与是前提，因地制宜是根本，系统建设是保障。工业 4.0 生产模式主要是小批量、多品种的个性化制造，标准在不断发生变化，维护标准成本体系的代价较高，生产工艺的变化对缩短作业转换时间提出更高要求。

（3）关于标准成本的应用创新。“人本管理”是企业标准成本管理的发展方向。企业应树立人本管理的理念，从以工作任务为中心向以实现员工价值为中心转变，标准成本管理也将面临颠覆性的变化。

（4）关于标准成本的理论创新：从生产标准化向管理标准化发展。企业不仅要做到生产标准化，更要追求管理标准化，以客户价值为基础的会计模式是未来的发展方向。

四、第四期管理会计沙龙：医院管理会计的应用与创新

2017 年 9 月 23 日，第四期“中国管理会计沙龙”在中央财经大学学术会堂举行，主题为“医院管理会计的应用与创新”。北京国家会计学院教授贺颖奇担任主持人，华中科技大学同济医学院财务处副处长戴小喆、吉林大学中日联谊医院财务部主任车飞做主旨演讲，北京工商大学教授王斌、中国医学科学院肿瘤医院总会计师徐元元做专业点评。本次沙龙各方观点包括：

（1）关于医院应用管理会计的动力。医改促进了医院传统财务向管理会计转型，进一步提升财务精细化管理水平成为医院管理会计体系建设的内生动力。

（2）关于医院实施全面预算管理的必要性。在制度层面，新《医院财务制

度》明确要求医院要实行全面预算管理；通过实施全面预算管理，医院能够动态掌握拥有资源的总体情况、提高资源的配置效率。

（3）关于大型医院集团的财务集团化管控。财务集团化管控助力医院的机制改革和跨越式发展，同时集团化管控对医院整合医疗资源、提高医疗资源使用效率、分流患者以缓解看病难等问题也将产生巨大作用。

五、第五期管理会计沙龙：管理会计应用指引——新起点、新挑战

2017 年 11 月 26 日，第五期“中国管理会计沙龙”在北京世纪金源大饭店成功举行，主题为“管理会计应用指引：新起点、新挑战”。北京大学光华管理学院教授陈磊担任沙龙主持人，中欧国际工商学院教授许定波、中国交建财务总监傅俊元、浪潮集团执行总裁王兴山做主题演讲，北京大学光华管理学院教授王立彦、对外经贸大学教授汤谷良、中国兵器装备集团公司总会计师李守武做专业点评。本次沙龙各方观点包括：

（1）关于管理会计的发展创新。随着产品和服务、市场和客户复杂程度的增加，以及信息技术的快速发展，管理会计工具需要应用型创新，激励机制的设计也需要更加精准。

（2）关于管理会计的边界。管理会计不受会计准则的束缚，且需要无限贴近实际管理需要，因此，推动管理会计无需纠结边界问题，满足企业实际管理的需求最重要。

（3）关于管理会计报告。管理会计报告是推动管理会计应用的有利抓手，应具有标准化、个性化、可视化的特征，以满足不同决策者的需要。

（4）关于新技术给管理会计带来的冲击和挑战。在信息技术革命下，大数据的思维和技术将服务于配置资源和优化决策，使各种复杂管理会计工具方法的应用及融合应用成为可能，且更加便捷高效。

六、第六期管理会计沙龙：金融风险与管理会计

2018 年 3 月 16 日，第六期“中国管理会计沙龙”在中国工商银行总行大楼

举行，主题为“金融风险与管理会计”。安永大中华区行业发展主管合伙人王鹏程担任沙龙主持人，中欧国际工商学院教授许定波、中国工商银行财务会计部总经理张文武、中国华融资产管理有限公司副总裁王利华做主题演讲，复旦大学管理学院教授吕长江、北京大学光华管理学院教授王立彦、北京工商大学教授谢志华做专业点评。本次沙龙各方面观点包括：

（1）关于金融企业管理会计信息系统的探索。中国工商银行经过多年实践，建立了一套较为完整的管理会计体系，即 MOVA 系统，形成业绩预算、核算、考核、绩效分配直至信息披露的完整管理体系。

（2）关于金融企业应用管理会计的前景。金融机构可借助管理会计工具方法，有效计量、预测和防范金融风险，在做好风险管控前提下实现最大的价值创造。

（3）关于金融企业风险管理。利用管理会计工具方法对金融与财务风险进行识别、计量、监测、预警是非常必要的。现代商业银行可以利用管理会计，实行精细化管理，对可能出现的金融风险进行有效防范。

七、第七期管理会计沙龙：财务智能化背景下管理会计实践探索

2018 年 7 月 8 日，第七期“中国管理会计沙龙”活动在济南市浪潮科技园举办，主题为“财务智能化背景下管理会计实践探索”。浪潮集团副总裁胡海根担任沙龙主持人，国资委财务监管局副局长刘绍娓致辞，浪潮集团执行总裁王兴山、厦门大学会计系教授傅元略、中国中铁股份有限公司财务总监杨良、中国铁塔股份有限公司财务部总经理杨晓伟做主题演讲，北京大学教授王立彦、对外经贸大学教授汤谷良、上海国家会计学院院长李扣庆做专业点评。本次沙龙各方观点包括：

（1）关于智能财务的特征。一是为财务管理赋智，智能化要融入财务信息系统中，为领导决策提供价值；二是为企业管理赋能，通过财务与业务等深入融合，使管理更加规范高效，推动引领企业管理水平提升。

（2）关于数据应用在管理会计落地中的核心作用。数据应用是管理会计创新的核心，通过对实时数据、沉淀数据两类数据的应用和深度挖掘，实现全员决策和风控。

（3）关于深化管理会计信息化建设。通过推动管理会计体系建设，向智慧财务转型，需要“数据中心”和“协同中心”的双中心信息化架构，从而搭建业财资税数字化生态圈，实现生态良性循环的创造价值。

八、第八期管理会计沙龙：管理会计在新销售中的应用创新

2018年9月20日，第八期“中国管理会计沙龙”在京东集团总部成功举办，主题为“管理会计在新销售中的应用创新”。中欧国际工商学院教授许定波担任主持人，京东集团副总裁曹冬、华新水泥股份有限公司IT总监李宗式做主题演讲，对外经贸大学教授汤谷良、北京大学光华管理学院教授王立彦做专业点评。本次沙龙各方观点包括：

（1）关于管理会计在无界零售中的应用。管理会计部门需要通过合理制定KPI指标、管理企业预算以及组织开展经营分析会等工具和方式，推动无界零售落地。

（2）关于IT技术在传统企业发展中的作用。“互联网+”对传统企业带来巨大挑战和创新，在企业创新的过程中，数字化创新需要靠IT技术来支撑和落实。

（3）关于新业态对管理会计的影响。面对企业新生态、新发展的大环境，传统的ROA、ROE等指标不够全面，在无界零售或者其他行业的发展过程中，管理会计人员需要不断地学习业务、理解业务的实质，提出更适合的反映企业发展状态的衡量指标。

九、第九期管理会计沙龙：管理会计在医院的应用创新

2018年11月24日，第九期“中国管理会计沙龙”在中央财经大学举行。中央财经大学会计学院院长袁淳致辞，中央财经大学教授刘俊勇担任主持人，河南省肿瘤医院总会计师韩斌斌、北京东软望海科技有限公司CEO段成卉做主题演讲，中国医学科学院肿瘤医院总会计师徐元元、安贞医院总会计师王成做专业点评。本次沙龙各方观点包括：

（1）关于医院管理模式的转型。医院要成为国内一流、在国际上有影响力，发展模式就必须从数量型转变为质量型，粗放型转变为精细型，管理模式由经验型转变为科学型。

（2）关于新一代信息技术在医院的应用。信息化手段的应用将对医院的成本管控、精细化管理以及医疗资源的优化配置产生积极深远的影响。数据共享和智能互联可为医院运营和政府决策提供数据服务和决策依据。

国家会计学院管理会计活动综述（2014～2018）

一、北京国家会计学院管理会计活动综述*

2014～2018年，北京国家会计学院（以下简称北国会），作为财政部直属事业单位，结合自身的地域优势和资源优势，积极响应、贯彻落实财政部《关于全面推进管理会计体系建设的指导意见》（以下简称《指导意见》）的要求，参与财政部《管理会计基本指引》《管理会计应用指引》等系列政策文件的制定，开展相关调研、课题研究、高峰论坛、人才培养与培训、咨询服务等形式多样、内容丰富的管理会计活动。

（一）设立专门机构，积极参与财政部有关管理会计的政策制定、贯彻落实与人才培养工作

2013年5月，在财政部部署发展管理会计工作之初，北国会在秦荣生院长的直接倡导和指导下，成立管理会计研究所（简称研究所），宗旨是在中国会计改革与发展大背景下，以国际化视野，立足本土，围绕管理会计理论、政策、应用与实务的前沿问题开展研究与人才培养，打造管理会计“产、学、研、政”一体化平台，逐步发展成为在管理会计领域具有影响力的研究与应用推广基地。2014～2018年，北国会以研究所为依托，为中国管理会计政策、发展规划、推广应用、人才培养等献计献策，承担财政部发展规划课题研究5项，

* 根据北京国家会计学院提供的稿件资料整理而成。

直接参与《指导意见》《基本指引》《应用指引》相关调研、研讨和起草等工作，围绕人才培养举办“管理会计人才培养工程”“管理会计指引体系与应用”“管理会计应用指引与示范案例”等教授负责制培训项目20余期。

（二）开展《中国企业管理会计实践调查研究》，为财政部制定《指导意见》提供支持

2014年4月，北国会与ACCA合作开展《中国企业管理会计实践调查研究》，从中国企业对管理会计认知、实践作用、作用有效程度、应用基本环境、应用领域、常用工具方法、信息化水平、人才结构、能力需求、培养模式等多维度，通过访谈（三次圆桌会议）和问卷（552份有效问卷）开展深入调查，研究结果发现：（1）中国企业管理会计在实践中起到了一定作用，但是实施效不显著，且亟待提高。而影响管理会计作用的主要原因主要包括：管理会计人才缺乏，管理会计理论和方法指导体系缺乏系统性和可操作性，信息系统无法有效支持信息采集和整合。（2）中国企业发挥管理会计价值创造作用的基本环境要求，按重要性依次是领导的重视、明确制度、提高管理会计工作地位、管理会计人才培养、完善管理会计方法的使用流程、管理会计理论指导体系和面向管理会计的信息化。（3）管理会计职能领域在实际中更多是成本费用管理、预算管理、财务数据分析、财务预测、资金管理财务领域，而面向未来和决策支持领域的职能，诸如参与战略制定、投资项目绩效考核与评价、盈利性分析、运营管理、为董事会考核经理人提供依据的应用程度等，却远远落后于实际需求。（4）在当今新技术革命的情况下，影响中国企业管理会计实施的十大技术排名是数据安全、大数据使用和分析、移动技术、云计算和云平台、支付系统的变化、数字服务以及教育技术的新趋势和发展、人工智能、虚拟现实以及社交媒体。（5）关于管理会计人才培养模式，企业首先是将管理会计人才能力框架纳入会计人员继续教育、大中型企事业单位总会计师素质提升工程和会计领军人才（后备）培养体系（80.07%）；其次是赞成改革我国现有会计专业技术资格考试内容，适当增加管理会计专业知识的比重（56.52%）；再次是高校与企业合作建立管理会计人才实践培训基地，优化管理会计人才培养模式（52.9%），以及将专业的会计师资格考试体系的资格证书与职业规划、岗位聘用、职务晋升挂钩（50%），最后是加强管理会计国际交流与合作（43.84%）。该研究报告为财政部制定《指导意见》等文件提供很好的支持。

（三）开展财政部政策课题研究，参与管理会计相关政策的制定工作

2014年6月，北京国家会计学院为财政部制定《指导意见》提供前置性研究，并直接参与了《指导意见》的起草、研讨工作。2015～2016年，北国会主持财政部“中国管理会计发展规划课题”之《管理会计概念框架研究》和《面向管理会计的信息标准、生成应用研究》，为《基本指引》和相关《应用指引》的制定提供依据和建议稿。2016～2018年，北国会主持财政部管理会计规划课题之《案例库的开发与构建研究》，并承担财政部组织管理会计示范案例的入库的修改、评审等工作。2017年3月24日，北国会组织召开管理会计示范案例交流培训班，来自中央企业、各省财政厅局的共400余人参加，交流案例选择、案例写作与案例推广经验工作，得到与会人员的好评；组织召开财政部管理会计示范案例专家评审会，共邀请29名财政部管理会计咨询专家，分两轮对600多个案例进行入库评审，承担组织财政部管理会计示范案例的入库评审后续案例修改、规范化工作。2018～2019年，北国会主持财政部世界银行贷款项目的子任务之《政府部门全面预算管理研究》，为国家全面实施预算绩效管理提供了工作参考。

（四）举办“管理会计中国行”高端论坛、“国会大讲堂”系列活动，论道管理会计，助力我国管理会计应用和发展

当前，“互联网＋”行动深入推进，“创业创新”蔚然成风，无论是传统行业的全面升级，还是与互联网行业的“跨界融合”，都对管理会计在思维创新、体系建设、实践成果、人才培养上提出了新的要求，管理会计如何助力财务转型并发挥战略性的推动作用是时代向管理会计人提出的新课题。北国会作为培养高端会计人才的摇篮，携手浙江、甘肃、四川、安徽、海南等省财政厅和高等院校举办高端公益论坛活动，论坛通过主题演讲、圆桌论坛、现场答疑、直播等形式分享最前沿的管理会计思想与实践，为广大培训学员开拓新的思维并提供专业技能领域的前沿资讯。

1. 国会大讲堂第8讲：大变革时代下的财务转型升级

2017年12月10日，由北国会、江苏省会计学会主办，南京财经大学、元年科技承办的“大变革时代下的财务转型升级”国会大讲堂第8讲在南京隆重举

行，来自全国高校的专家学者、企业界实战派代表、全国会计领军人才、江苏省领军人才等济济一堂，共同探讨大变革时代下的财务变革之道。

秦荣生院长在题为《新时代、新挑战、新变革》的主题演讲中指出：当下，数字经济时代正加速到来，数字技能和专业技能成为促进变革的关键要素。经济发展格局和管理模式的重塑将对会计行业和会计人员产生深远的影响。因此，会计行业和会计人员应迎接新时代、新科技、新要求的挑战。

与会专家一致认为，未来财务共享服务将以物联网、数字化、智能化等为技术手段，将与财务有关的所有环节打通与连接，并做到自动独自拆解、分析与数字化处理。智能化、平台化、全员在线，将成为未来财务共享服务发展的主流趋势。本次活动的圆桌论坛环节还对新技术革命下的财务转型升级路径展开了深入探讨。

2. 国会大讲堂第 10 讲：管理会计助力财务转型

2018 年 1 月 22 日，由北国会、海南省财政厅主办的“管理会计助力财务转型”国会大讲堂第 10 讲在海南举行。来自高校的专家学者、企业界实战派代表、行业专业协会专家等财会同仁济济一堂，共同探讨大变革时代下的财务转型之道。

秦荣生院长在题为《数字经济时代的管理会计发展》演讲中指出：在数字经济时代，管理会计应用也将呈现出新的趋势，主要表现在以下几个方面：其一，管理会计发展应有更高的站位；其二，管理会计发展应与业财实现一体化；其三，管理会计发展应实行跨界服务；其四，管理会计发展应与财务共享融合；其五，管理会计发展应利用大数据技术；其六，管理会计发展应实现智能化。

与会嘉宾认为，数字化时代，企业财务管理再次迎来变革关口。管理会计作为现代企业经营管理的有效手段和实现内部控制的重要方法，应积极探索应用新模式、新技术和新方法，紧跟网络信息技术发展，革新现有流程，提高运用信息化技术及时发现问题、精准判断评价、即时做出反应的能力，最终助力企业财务管理顺利转型。

3. 国会大讲堂第 13 讲：共探数字化变革时代的财务转型之路

2018 年 10 月 12 日，由北国会、四川省财政厅主办的主题为“共探数字化变革时代的财务转型之路”的国会大讲堂第 13 讲在西南财经大学举办。四川省会计高端班的学员、会计各类咨询专家、高级会计师评审专家、市州财政局分管会计管理工作的局领导和科（处）长、部分大中型企事业单位的财务负责人等300余名财会同仁共同就“数字化变革时代的财务转型趋势”进行了探讨。

秦荣生院长在《数字经济时代下的财务转型》演讲中对数字经济的含义、特征、技术以及数字经济时代下，企业应如何进行财务转型做了详细介绍。四川省财政厅党组成员、总会计师黎家远，西南财经大学教授、党委书记赵德武先生分别发表致辞，对数字经济时代的财务转型、会计人才培养等方面给予高度重视与期望。

与会嘉宾认为，数字经济时代，财务转型势在必行。信息技术对于企业财务管理的影响不容小觑。财务转型趋势下，不仅是信息技术与管理手段的革新，财会人员也要从核算型向业务型、战略型财务转型，转变思维，不断适应这个技术变革的新时代。

二、上海国家会计学院管理会计年度论坛*

（一）管理会计：全球经验与中国实践

伴随2014年10月财政部《关于全面推进管理会计体系建设的指导意见》的出台，会计行业在服务现代财政制度、推进国家治理能力建设上迈出了坚实有力的一步。为此，2014年11月29日，上海国家会计学院联合上海财经大学、台湾政治大学、中国会计报、ACCA、CIMA，遍邀中国本土以及日本、英国的专家学者共同探讨管理会计的全球经验与中国实践。

1. 管理会计全球经验

（1）阿米巴经营。

2010年2月至2012年1月，稻盛和夫受命于危难之际，出任日航董事长。没有团队，只身一人，手握阿米巴和京瓷哲学，到任后424天他带领的日航就创造了公司历史上空前的1884亿日元利润。森田直行认为，在日航实施阿米巴的两大核心问题分别是，对盈利负有责任的组织在哪里，如何迅速掌握每一条航线

* 根据上海国家会计学院李扣庆、刘梅玲提供的稿件资料整理而成。

的收支数据。在成功引入并实施阿米巴经营之后，日本经济新闻有过一段生动的描述：在10个人的团队里，每个月都知道胜负的话，员工们就会切身地感受到“赢了”还是“输了”的喜怒哀乐。

（2）管理会计创造可持续价值。

伦敦政治经济学院的威姆·冯·德尔·斯蒂德（Wim Van der Stede）教授分享了一份基于4000余份问卷的调查报告。受访的会计师期望减少会计操作、外部报告的时间，期望增加管理会计、管理支持、管理信息系统方面的时间。在从会计操作转到管理会计、管理支持的过程中，东西方的步伐并不完全一样，但方向一致。全球特许管理会计师（CGMA）能力框架包括会计和财务技能、商业技能、沟通技能和领导力，这些都有助于会计师发挥更大的作用，但前提是保证客观、诚信。

2. 管理会计中国实践

（1）中航工业的管理会计实践。

中航工业是我国航空工业的主力军，在2014年《财富》500强中位居第178位，总资产达7000多亿元，拥有财务人员1万余人。中航工业副总经理顾惠忠详细阐述了公司在管理会计领域的探索与实践，包括全面预算管理、战略成本管理以及国际化并购等。

（2）通用电气的管理会计实践。

通用电气运输业务部门大中华区首席财务官黄衍智认为，管理会计贯穿整个公司的内部，是企业的战略、业务、财务一体化最有效的工具。管理会计及其指标设置，需要兼顾有效性、及时性、可比性、相关性和可持续性。实施管理会计需要各个部门的配合，大家要有共同一致的目标，然后对照同行，设置科学合理的指标。

（二）管理会计与中国制造2025

2015年5月，经李克强总理签批，国务院印发《中国制造2025》，这是我国实施制造强国战略的第一个十年行动纲领。为积极对接产业升级环境下企业对高级管理会计人才的迫切需要，2015年11月3日，上海国家会计学院举办了主题为“管理会计与中国制造2025”的高层研讨会。

1. 透视未来：制造业与会计

《中国制造 2025》的蓝图已经绘就，智能制造和按需定制已经叩响了工业 4.0 的大门，传统制造业转型升级箭在弦上。会计如何在这场变革中发挥积极作用，如何与变革共同发展、良性互动是所有会计人必须面对的话题。制造业和会计必定在未来碰撞出新的火花。

（1）中国制造 2025：转型与发展。

中国社会科学院工业经济研究所副所长黄速建认为，面对企业发展环境与条件的变化、国际的竞争，中国制造业必须转型升级。这就需要解决三个核心问题：生产效率增速和资本回报下滑，核心技术受制于人，严重的产能过剩。中国企业应对“第三次工业革命”，应完成四个战略转变：一是“成本优势”向构筑新的“综合竞争优势”转变；二是迎接新技术；三是先补“工业 2.0”的课（提倡精工细作的工匠精神）；四是模块化产品向复杂产品和一体化产品转变。

（2）从整合性报告、“互联网 +”和工业 4.0 看会计的未来。

台湾政治大学郑丁旺教授认为，“互联网 +”、工业 4.0 和智能制造的未来，将对会计人员产生巨大影响：一是会计人员不做会计工作，做会计工作的不是会计人员。会计人员来自“会计专业中 IT 最好的人”和“IT 专业中会计最好的人”，前者适合企业会计，后者适合会计师事务所。二是全公司的人都在做会计工作，交易完成后会计工作就完成，会计报表就完成，附注披露就完成。三是会计准则 IT 化（不再有借、贷观念，回到增减记账法）、会计报表模块化。四是会计工作从后台走到前台，会计功能由事后变成事前，会计报告从过去走向未来。

2. 管理会计与制造业转型

20 世纪，现代管理会计理论和实践伴随制造业的不断升级换代而逐步发展和完善。社会经济环境的不断变化、新的商业模式的不断涌现是管理会计发展的推动力。新一轮制造业的转型升级对管理会计的理论和实践必然提出新的要求。制造业的加快变革也必定催生管理会计创新实践。

（1）汉高的管理会计实践。

汉高三个比较有特色的管理会计实践是预算管理、业务转型控制和系统创新。汉高中国亚太副总裁及 CFO 王亦东认为，汉高的管理会计融会贯通到整个公司的计划、报告、合规、战略、分析和控制的各个方面。与传统的财务会计相比，管理会计最主要的目标就是要实现增值，为公司盈利添砖加瓦。

（2）中国制造业的财务转型。

TCL集团CFO黄旭斌认为，业务历经机械化、电气化、自动化，抵达工业4.0时代的智能化，财务历经核算财务、管控财务、精益财务和智能财务，抵达工业4.0时代的智能财务。工业4.0时代的智慧企业=用户零距离+产品零缺陷+服务零抱怨+存货零库存+信用零违约，而智能财务=战略财务+人本财务+生态圈财务+数智财务。

（3）全球工业4.0之智能新纪元。

台湾新汉物联网智动化事业群总经理林弘洲认为，全球泛工业4.0促生制造业的智能化发展，强调生产效率，降低来自劳工资源不稳定的冲击；强调智能生产，以对应少量多样定制化的生产趋势；强调智慧工厂，导入虚实整合（CPS，Cyber－Physical Systems，信息物理系统）的生产设备和系统；强调人机协作，导入人机协作之智慧型机器手臂；强调物联网的实时性，导入物联网智能化解决方案。他看好机器人行业的长期发展趋势，建议制造企业选择拥有自动化行业核心技术和行业应用经验的公司。

（4）管理会计与制造业转型。

制造业服务化和制造业服务创新是中国制造业升级的重要途径之一。根据信息化程度和服务创新能力，德勤研究发现，中国装备制造业服务的角色已基本由“质量弥补者”阶段进化到“差异化竞争者”阶段，但尚未到达“利润创造者”阶段。德勤会计师事务所合伙人杨颖认为，制造业转型对管理会计信息提出了更高要求，管理会计的价值贡献在于战略落地、决策支持、业绩预测、资源配置、绩效评价、业务策略、定价机制和风险监控等。

（三）管理会计：融合与创新

2016年11月19日，第四届管理会计高层论坛由上海国家会计学院、浪潮集团、中国会计报、TCL集团、ACCA、CIMA以及IMA等共同主办。诸多重量级嘉宾到场，共同助力学院建设管理会计高地。

1. 融合的基本逻辑

全球化带给人类最重要的影响，就是融合与发展。融合意味着相互渗透、相互结合、相互吸收；从经济到政治、从文化到科技、从思想到行动，融合孕育着人类社会持续的创新与进步。现代科学与信息技术革命，前所未有地强化了人类社会以及虚拟世界的连接，实体经济与虚拟经济的界限在模糊，科学与人文的相互借鉴，金融与技术的完美融合；行业的边界在消失、学科的边界在消失、企业的边界也在消失。我们正处在一个万物融合的时代。

（1）CFO 的创新性特质。

创新决定了公司为顾客创造价值的能力，而这又反过来使公司能够实现盈利和增长。IMA 研究总监基普·克拉姆威德（Kip Krumwiede）认为，鼓励创新的首席财务官（CFO）具有如下特质：一是有创新意识，理解价值是如何创造的，并且不断寻找鼓励创新的方法；二是战略思维，战略性地思考、行动和交流，将公司战略、创新投资和未来价值创造进行两两连接；三是操作知识，能够成为会计和财务部门以外的业务部门的高价值业务伙伴；四是系统知识，能够帮助评估、实施和维护新型信息技术。

（2）管理会计的融合实践。

管理会计的各类工具方法已经在企业中大量交叉运用，但管理会计并非无所不能，只有明确定位，明晰边界，才能减少实务工作中的阻力。财政部《管理会计基本指引》提出管理会计应用的四要素，我们要正确判断管理会计变革的应用环境，了解管理会计活动有效性的关键是业财融合，工具方法的导入是吸收渗透结合的过程，信息技术的发展将对信息报告产生颠覆性影响。兵器装备集团的管理会计已探索了业务、工具、人员、体系和信息五个方面的融合。

2. 融合下的管理会计变革

当前先进的创新理论与实践正呈现新的趋势，由封闭走向开放、由零散步入整合、由企业内部独立完成转为与外部伙伴协作完成、由区域运作进入全球化阶段。通过创造性的融合，使各创新要素间互补匹配，从而使创新系统的整体功能发生质的飞跃，形成更为强大的创新能力和核心竞争力。以信息为载体、以管理支持和价值创造为目标的管理会计，其发展正面临历史机遇，现代科学与信息技术的发展极大地拓展了管理会计边界，在融合创新发展的基础上管理会计将迎来新的变革。

（1）CFO 与企业战略管理。

通用电气财务的职能是运营伙伴和财务控制双重任务。CFO 与 CEO 要互补，CFO 稳健一些，CEO 激进一些。在战略制定、完善与落地过程中，中航工业集团的财务正发挥着越来越重大的作用。中航工业集团副总经理、总会计师顾惠忠认为，财务部门特别是总会计师，应当树立全局意识和战略意识，坚持掌握对战略制定的知情权、话语权和决策参与权。要立足财务、跳出财务，对企业未来的战略定位、规模速度、质量效益以及成本风险进行分析和预测，确定收入、利润、股价等经营财务目标。

（2）TCL的财务转型实践。

TCL集团CFO黄旭斌认为，财务过去是“表哥”“表姐”，现在是价值工程师，未来将成为业务合伙人和价值设计师。与集团转型同步，TCL财务转型蓝图中，将战略财务定位为“鹰眼”，负责锐利洞察、精准布局；将业务财务定位为“鹰翼”，负责业财融合、比翼齐飞；将专业财务定位为“鹰爪”，负责高效执行、快速行动；将组织、机制、人才、文化定位为“鹰巢”，负责提供基础保障。其转型方向为场景式财务、定制化财务、模型化财务、资源整合财务和生态圈财务。

（3）管理会计系统的建设。

IBM全球企业咨询服务部（IBM GBS）江浩认为，管理会计是为“管理”服务的“会计”。由于组织架构、管理实践、数据基础及信息系统的建设在不断演变，所以，领先银行的管理会计建设是个分阶段建设不断完善的过程：第一阶段是基于财务核算的盈利分析，建立成本分摊模型、多维盈利报告框架等；第二阶段是建立贴近业务的多维度盈利计量模型，对应的系统建设包括数据集市、分摊模型、数据采集等或者对核算系统提出改进建议；第三阶段开始完善全面预算和绩效管理体系，推动管理会计全面应用，比如建立数据仓库、全面预算管理系统和商业智能系统等。

（四）大数据与管理会计创新

上海国家会计学院第五届管理会计年度论坛于2017年11月11日在上海成功举行。论坛由上海国家会计学院与上海财经大学、台湾政治大学、ICAEW、CGMA、ACCA、IMA、CPA Australia、浪潮集团、TCL集团与中国会计报等共同主办，来自政府部门、学术界、企业界和国际机构的近20位专家围绕上述议题展开了广泛深入的探讨。论坛期间还举行了“管理会计创新实践奖”的评选工作。

1. 大数据与管理会计理论创新

（1）大数据和平衡计分卡。

天普大学的拉吉夫·D. 班克（Rajiv D. Banker）认为，大数据可以极大地支撑平衡计分卡的使用，创造出更有用的信息，帮助企业成功地实施战略。平衡计分卡有财务、客户、内部流程、学习和成长四个视角，企业运用时应该有所侧重：强调产品领先战略的企业，应注重学习和成长方面的大数据；强调客户亲密战略的企业，应注重客户视角的大数据，如客户细分和客户画像；强调经营卓越战略的企业，应注重内部流程方面的大数据，以提升内部流程效率。

（2）信息技术发展与会计信息有用性。

当前，新技术发展给人类带来了焦虑，所幸人类的智慧很难被取代。上海财经大学会计学院院长李增泉认为，信息技术对会计信息的影响体现在以下三个方面：一是降低了信息传递的成本，提高了及时性和完整性；二是强化了会计的治理功能，会计信息可验证，股价的信息含量提高；三是对会计报表的影响，相关性需求降低而可靠性要求提高，同时也提高了会计的契约功能，降低了会计的估值功能。总之，信息技术的发展降低了会计信息的生产成本，重新定义并提升了会计信息的有用性，这种有用性主要界定为会计的控制功能。

2. 大数据与管理会计实践创新

（1）大数据促进管理会计实践创新。

数据驱动型决策将是这个时代企业管理决策的特点。中国兵器装备集团公司副总经理、总会计师李守武认为，大数据可在以下三个方面促进管理会计实践创新：一是大数据应用推动管理会计信息的量化和集成，表现为信息范围扩大化、信息获取多元化、信息处理高效化和信息报告实时化；二是大数据促进管理会计工具方法应用创新，如滚动预算的情景模拟更加符合实际，为作业成本法的推广和应用奠定基础，使得实时订单成本核算成为可能等；三是大数据提升管理会计的价值创造能力，包括企业产品和服务的预测能力、企业决策效率、运营监控质量、企业风险预警和风险控制能力。兵器装备集团基于大数据的管理会计体系，提升了成员企业精益化管理水平、集团外部价值链协同能力、集团总部决策效率和管控水平。

（2）客户数据驱动的智造模式。

数据和信息成为这个时代经济最主要的资源，如何用数据组织这些传统资源，成为这个时代企业的核心竞争力。酷特云蓝的治理之道是，以客户需求的数据，带动技术流、资金流、人才流、物流，驱动供应商、生产商、服务商，促进全部资源配置优化，促进全要素效率提升。客户数据驱动的智造模式，在内部管理方面可取得突出成效：生产节点已没有管理人员，减少返修率 80%，提升效率20%，而管理节点人员可节省30%～90%，计划调度、沟通协调时间可减少90%。酷特智能副总裁李金柱认为，智能化电脑将替代人脑的重复性工作（白领），包括设计、研发、计划、管理，涉及教师、司机、会计、律师，而智能化终端将替代人手的重复性工作（蓝领），包括能够标准化、重复性的、有规律的劳动。

（五）管理会计报告：应用与创新

2018年11月15日迎来了2018年度管理会计学术论坛，本次论坛由上海国家会计学院、CGMA、ACCA、CPA Australia、IMA、ICAEW、浪潮集团、用友公司、TCL集团、元年科技、中国会计报联合主办，汇付天下特别支持。

1. 管理会计报告的内涵与体系

管理会计报告作为管理会计信息的直接输出方式，是对企业管理会计信息最真实、最综合的反映，是管理者可以获得的最全面、最有效的管理会计信息，与管理者的决策高度相关，理应受到理论研究的重视。

（1）从创新的角度把握管理会计体系建设。

财政部会计司司长高一斌认为，会计信息正在成为重要的公共产品和社会资源，会计行业需要围绕决策有用和受托责任目标，努力在市场的会计信息需求和报表编制成本之间寻求平衡点，管理会计系统需要不断丰富，这也是会计行业转型升级的重点所在。

（2）从管理会计到管理会计报告。

东北财经大学财务与会计研究中心主任张先治认为，明确管理会计的本质与内涵是理解管理会计报告内涵与体系的前提。他将管理会计的内涵分为两个层次：做好管理会计（基于管理的会计）与用好管理会计（基于会计的经营管理）。关于管理会计报告内涵，张先治给我们分享了以下三点：其一，管理会计报告应该包括财务会计报告；其二，管理会计报告应该在企业内部信息系统中处于中心的地位；其三，管理会计报告应当由管理会计报表（主表、附表或分析表）和附注（经营管理情况说明书等）组成。

（3）“6S+”管理体系下的管理会计实施。

中化国际CFO秦晋克分享了中化国际“6S+”的战略偏运营管理体系，着重介绍了其中管理会计的三个工具——预算管理、管理会计报告和绩效评价。以战略落地、承接“6S+”战略体系是中化国际管理会计报告体系最核心的特征。中化国际管理会计报告中更多涉及对战略执行过程的管理和落实，即战略执行报告，同时也包括创新、HSE（健康 Health、安全 Safety 和环境 Environment）、投资兼并、生产等专业报告。中化国际具体的管理报告体系分月度、季度、年度。月度主要是以“369 滚动预测”为主体的报告。季度报告对每一季度进行相对完整和外向性总结，更多关注竞争对手、市场对标。年度报告是对全年工作的总结和对未来工作的布置。

（4）建立最优的管理会计报告体系。

美国管理会计师协会（IMA）学术研究总监基普·克拉姆威德（Kip Krumwiede）认为，整个管理会计报告形式上没有放之四海而皆准的一套标准，但我们可以探索企业如何建立最适合的管理会计报告体系。共有五步：一是评估现有报告系统是否有效满足企业决策需求；二是分析所在组织机构的战略、商业环境以及决策需求是否不断地在演变；三是要考虑相关的概念，如管理目标和战略目标的关系；四是设计合适的体系，做出流程、产品、客户、市场、供应链以及相关实体的决策；五是执行这一管理会计报告体系，落实到企业的方方面面。在此过程之中，要关注因果关系、数据质量、团队管理和变革管理等事项。

2. 管理会计报告的应用与挑战

（1）成为企业的“赋能者”。

康宁显示科技 CFO 赵珮认为，管理会计人员在运用包括管理会计报告等各种管理会计工具时，需要从“支持者”转变为“赋能者”，即站在管理者角度看待财务数字，去发掘数字背后的故事。

（2）绩效导向的管理会计报告。

飞利浦公司将管理会计作为推动公司绩效管理、推动公司变革的重要工具，其管理会计报告也以绩效为导向。飞利浦大中华区高级副总裁、财务部主管刘令认为，这一体系的优势在于，数据直接来源于财务报告系统，能够生成标准化报告和分析以及简化数据结构，同时能够支持不同维度、不同角度的灵活分析，充分挖掘基础数据，追踪绩效管理。

3. 管理会计报告的创新推动发展

歌诗达游轮亚太区高级副总裁兼首席财务官韦恩·斯托克斯（Wayne Stokes）认为，管理会计创新的四个方面为：技术创新、人才创新、思想创新以及技能创新。上海财经大学潘飞教授认为，现阶段管理会计报告是个性化需求与标准化管理相结合的产物，即需要根据企业个性化发展需求进行分析，同时能够使用标准化的模型编制。中国外运长航集团公司审计部总经理诸凡认为，运用多维度成本分析，可以关注资产成本、资产结构、资产效率和成本避免。中国民生投资集团副总裁王团维认为管理会计报告同时为管理层和项目团队服务，且对每个单位提供咨询服务。科大讯飞副总裁段大为分享了科大讯飞运用“仪表盘”技术解决战略选择与聚焦的问题，具体做法是：将核心技术和业务体量作为两个维度，将业务分四个象限——战略前瞻、核心支撑、常规业务、其他业务，最终确定企业最有竞争力的业务以及进入的路径和步骤。

三、厦门国家会计学院管理会计发展综述*

在财政部的领导和各方合作伙伴的支持下，从2014年开始，厦门国家会计学院（简称学院或XNAI）经过不断的积累和优化，以财政部会计司发布的《会计改革与发展“十二五”规划纲要》《管理会计基本指引》及34项《管理会计应用指引》为指导，发挥学院高端培训的特长和两岸会计交流的纽带作用，从学术交流、学科建设等多个维度探索管理会计面向实践、面向未来的发展方向，逐步发展成为管理会计领域融合人才培养、理论研讨、实践交流、应用推广等多功能的综合性平台。

（一）学术会议与讲坛

学院充分发挥学科优势，开展了多层次、多维度、跨学科的学术活动，让理论界与实务界共同探索管理会计的未来，让大陆与台湾共同交流管理会计的应用与发展。具体包括：

1. 管理会计的两岸交流

2016年11月，中国会计报、中国会计学会、对台会计合作与交流基地、厦门市两岸会计合作与交流促进会、厦门国家会计学院共同举办了“管理会计走进

* 根据厦门国家会计学院提供稿件整理。

厦门·2015 海峡两岸会计论坛活动”。围绕“互联网思维下管理的创新与变革”的主题，两岸的学者专家展开了热烈的讨论。

（1）工业 4.0 对管理会计的冲击。

工业 4.0 即用物联网实现智能化制造，尽管 2012 年才提出来，但是两岸企业家都在尝试。智能制造对管理会计的影响有三点：一是小批量、个性化定制；二是透明化营销；三是网络化协助。这三个特点不仅会彻底颠覆制造业，而且会让管理会计的重心发生变化。

（2）差异化定价。

差异化定价将成为管理会计的一个重要功能。标准化制造的条件下，定价是对每一类产品的行为，经销商定价很简单。到了个性化的定制时代，管理会计一个很重要的功能将是以精细化的成本核算为基础，对每一个订单进行差异化的定价。

（3）商业模式对管理会计的重要影响。

新商业模式的发展与迭代，让原本的会计语言对业务的反应发生了变化。管理会计应该用会计语言去发现和描述这样的商业模式，形成专有的业绩指标，才能指引业务在符合商业模式的道路上前进，让财务服务并贡献于业务与商业模式。当然，这其中事前、事中、事后都要有基于互联网的变化。以往企业作预算更多是参考企业原始的数据和内部数据，往后要结合行业的数据、竞争对手的数据、上下游的数据来做全面预算。

2. 利用云顶讲坛、云顶沙龙的平台，构建管理会计交流平台

学院自 2014 年以来多次举办关于管理会计专题的讲坛和沙龙，邀请了许多知名的企业界专家，也邀请了很多学术界的“大咖”。他们汇聚在云顶讲坛和沙龙，分享了大量关于管理会计实践、发展、展望与启示的精彩观点。

（1）中国管理会计发展历程。

1978 年以前，中国没有管理会计的概念并不代表在中国没有管理会计的理论与实践，相反，在中国计划经济下的中国管理会计理论与实践具有一些鲜明的“中国元素”。计划经济体制下的中国管理会计是一种全面追求效率的管理会计，它解决了西方国家管理会计难以解决的问题。1978 年之后，中国逐步实施市场经济体制，出现了大量管理会计实践的“典型”案例，学术界开始介入实务界，共同总结并提炼中国管理会计实践的“典型”案例。

（2）互联网时代财会生态。

京东集团副总裁蔡磊畅谈电商行业商业模式、零售行业的本质、电子发票的

推进、“互联网+财税”等热点话题。他认为，随着互联网时代人工智能和大数据技术的兴起，“互联网+财税”建设的重要性日益凸显。他在分享中指出，中国智慧财税的产值保守估计5万亿，乐观估计10万亿。他认为通过计算机、互联网、大数据、人工智能等工具、平台可以帮助财务人员实现效率提升和成本节约，这是未来的发展愿景。胡玉明认为，互联网改变了会计工作方式，但并没有改变会计的本质，互联网背后一定是计算机在运行，运行背后的支持者是会计的思维，如果没有会计的思维，计算机是没有办法为人类进行会计工作的。

（二）研究成果展示

2014~2018年，学院在管理会计的学科建设上投入了大量的人力和资源，并且也取得了一定的成果。

1. 扎根案例，推动管理会计案例教学与科研

管理会计是个性化的学科，每个企业、每个单位执行相同的制度、工具时都要量体裁衣，做个性化的定制。这一特点决定了管理会计案例的开发与积累对学科发展、推动与普及至关重要。学院在这方面也积极组织团队进行案例建设，目前已经取得不错的成绩。

（1）参与全国案例竞赛。

大力组织学生参加全国MPAcc案例大赛，连续3年入围复赛，并在2018年取得了全国三等奖（第五名）的好成绩。经调研、整理的一手案例“财务共享体系下供应链营运优化——基于S公司案例研究”入选大赛“优秀案例”。

（2）参与案例库建设。

管理会计领域对案例、特别是中国本土案例、当代第一线案例的需求一直很大，而学院长期处于我国会计人才后续教育的第一线，在教学科研中积累了大量案例。学院组织大量人力参与了全国专业学位案例库的建设，自2016年开始每年都有案例入库，为全国的管理会计教育与学科发展贡献了大量的第一线经验。

2. 出版管理会计系列专辑

为了配合管理会计领域的教学，及时更新和总结我国企业的管理会计经验，学院组织编写了《云顶财说（第一辑）》，2018年由中国财政经济出版社出版。

浙江省财政厅推进管理会计应用实践*

浙江省财政厅

一、推进管理会计在企事业单位应用的主要做法

（一）搭好平台，建立机制

在管理会计推进初期，为有效调动各方参与的积极性，浙江省政府部门在这一进程中发挥鼓励、支持、引导作用，通过对牵头单位开展培训、研讨、评审、咨询等工作，提供了技术及专项经费等支持。浙江省财政厅联合浙江省哲学社会科学规划办公室、市县财政部门、浙江省总会计师协会和省属高校，推动建设经费资助、项目合作、咨询服务和交流学习，形成多方联动工作机制。

（二）试点先行，以点带面

按照“政府引导、单位自愿、校企合作、分类指导、共同推进”的原则，浙江省财政厅以单位内在需求为导向，组织开展浙江省管理会计试点工作，以点带面，进而促进浙江省管理会计体系构建，服务于浙江经济的转型升级。试点应用的开展主要从以下方面来组织进行：一是制定详实的试点方案；二是在单位自愿申报的基础上，研究确定试点单位；三是加强对试点单位相关人员管理会计业务

* 根据浙江省财政厅提供的稿件资料整理而成。

知识培训，明确工作内容和方向；四是建立院校与企业“一对一”的合作机制，组建专家团队，结合企业经营实际和管理特点，量身定制管理会计应用实施方案，共同研究解决试点中遇到的各种困难与问题；五是各级财政部门做好指导、协调和组织落实工作；六是建立专家评估机制，总结试点单位的做法与经验，形成典型案例，并加以推广。

（三）开展多种形式的管理会计宣传研讨交流活动

浙江省财政厅充分利用浙江省管理会计应用创新研究中心、浙江省总会计师协会等平台，举办管理会计高峰论坛 3 期，参与人员 500 余人次，在线观看 2.5 万人；举办大讲堂活动 7 次，1050 人次；通过事先征集需求的形式，有针对性地组织专家宣讲团下市县开展管理会计宣讲及咨询、案例提炼等服务活动；积极组稿到《中国会计报》《财务与会计》《浙江财税与会计》等期刊，大力宣传管理会计。组织编辑出版《浙江省管理会计案例集（第一辑）》，共收录了 18 个管理会计案例，供有关单位和人员学习借鉴。

二、主要案例及成效

自 2014 年 8 月浙江省启动管理会计应用试点工作以来，各项目组深入试点单位职能部门、生产车间第一线，开展各种现场调研、访谈和项目研讨达十几次甚至数十次，反复进行方案设计、测试和咨询，为试点单位会计人员提供理论培训和实际操作指导。综合起来看，通过 5 年的探索实践，浙江省开展了高水平的国内外学术交流和最佳实践分享，更新了知识和观念，培养了企业管理会计人员，丰富和深化了管理会计工具方法的应用，总结出了一批已取得明显成效、可用以推广运用的成功实践案例。

（一）省级单位主要案例及成效

2014 年 8 月至 2016 年 8 月，由浙江省财政厅精选 18 家试点单位从 4 个维度开展以管理精细化为核心的管理会计应用试点。

一是适应“工业 4.0”发展趋势，积极打造“财务云服务”。大华公司引进美国企业级甲骨文软件新系统，将22家分子公司、50多家办事处的财务业务全部集中在杭州总部进行核算，实现业财一体化流程管控。随着财务云服务平台的推广，财务运营效率得到提升，会计凭证全面实现自动化，企业成本及财务报告提速3天；企业绩效恢复高增长轨道，2016年1季报收入同比增长48.2%，利润同比增长108.2%。

二是适应“互联网+”业态创新，以作业成本精细化核算积极响应快速报价。浙江亚特电器公司建立基础定额数据库和对业务流程再造，设计以批次产量为约束条件的作业成本核算和控制体系，2015年企业降本增效，在销售收入下降的情况下企业效益却大幅提升，净利润从应用前2014年的1400万元，提高到2015年的5700万元，增长了3.1倍。浙江亿力清洁设备公司引入价值链成本管理，不仅为企业电商平台快速报价提供强力支持，而且精细化核算成本使公司成本下降约2%，增强了企业销售报价弹性，提升了销售竞争能力。2016年公司国际市场占有率增长4.8%，国内市场占有率增长10%。

三是打造智慧信息平台，提升企业管理决策有效性。浙江宏途交通建设公司打破时间和空间的限制，建立随时随地的办公OA系统，工作效率大幅提升。同时，还建立项目管理系统（PM），从项目到集团所有采购、合同、结算、支付、协作单位（供应商）的信用评价以及机料管理业务都在MES中进行和审批，制约、监督和防控效果明显。

四是推进全面预算管理，构建新型绩效管理体系。浙江宏途交通建设公司基于平衡计分卡对企业预算和绩效管理系统进行改进，采取矩阵式管控模式强化问题管理与过程管理。万事利集团有限公司建立基于价值创造的责任中心业绩管理体系，有效调动员工积极性，企业效益逐年好转，在2014年销售下降14.2%的基础上，2015年实现增长32.4%，2016年增长39%。金华城建控股公司建立资金战略预算管理、绩效管理与风险管理三位一体的管理系统，资产负债率从2014年的65.8%降至2016年的54.6%。

（二）市县单位应用案例及成效

2016年4月至2019年12月为浙江省市县应用试点阶段，在财政厅的统一部署下由各市财政局组织共50家单位开展试点应用。

1. 财务信息系统建设向业财深度融合的纵深方向发展

杭州裕廊腾飞科技有限公司、杭州永创智能设备股份有限公司、浙江久立特材料科技股份有限公司、浙江新和成股份有限公司等公司的实践在这一方面作了有益的尝试。其中，浙江久立特材科技股份有限公司借助 SAP 系统的实施和二次开发，业务与财务形成一种水乳交融的关系，公司从业务前端就开始计划和控制，财务人员得以从传统的事后记账的工作中解脱出来，用更多的时间进行事前计划和预算、事中控制、事后核算和分析，使管理会计不断深入。在业务与财务的共同努力下，借助 SAP 系统这一强大的管理工具，管理会计为企业的经营决策提供了更加可靠的数据，创造了更多的价值。2018 年 1 ~9 月，随着市场形势的转好和内部管理的不断深化，公司实现利润总额 2. 56 亿元，比上年同期增长 111% 。

2. 管理会计工具在医疗卫生系统的运用，有效推动了新医改工作

绍兴市妇幼保健院的做法是引进阿米巴经营管理模式，结合运用关键业绩指标法，通过责任下放、责任分解、责任考核和责任促动，使医院责任到人，促进职工积极主动发掘实际工作中的新方法、新思路，优点、亮点全面推广后，压缩了药品资源浪费，使得医院包括资金利用效率、床位利用效率、服务资源效率等在内的整体资源利用效率提升。经过两年的实践应用，取得了较为明显的成效。瑞安市人民医院通过管理会计应用工作，从简单的诊疗项目成本核算，到现在已经实现了手术项目、检验项目这些复杂性医疗项目的成本核算，具备了对病种成本核算的能力。通过管理会计实践，实现了对手术室的成本绩效管理，为政府部门的医疗服务价格调整提供了有力的成本依据。

山西省管理会计专家团队入企服务工作*

王晓静　王竹静

山西省财政立足服务山西国资国企改革，近两年组织开展了管理会计专家团队入企服务工作，通过组织管理会计专家团队与12家省属企业以“结对子”的方式开展“一对一”入企帮扶计划，帮助企业加大管理会计应用和管理会计人才队伍建设的力量，解决国企经营管理问题，为助力山西省国企管理水平的提质增效发挥积极作用。

2017年6月18日，由山西省财政厅、山西省财政税务专科学校共同主办的山西省管理会计专家团队入企服务工作对接会在太原召开，省财政厅党组书记、厅长武涛，时任财政部会计司副司长舒惠好，省国资委副主任马进，山西财经大学校长刘维奇，山西省财政税务专科学校领导出席会议，省财政厅武志远副厅长主持会议。会议聘请了北大、人大、对外经济贸易大学、北京工商大学、三大国家会计学院等全国知名管理会计专家亲临现场，与12户省属企业进行了互动交流。武涛厅长在会上分析了目前山西省管理会计应用的推进情况，对做好管理会计专家团队入企服务工作提出三点意见：一是服务大局，推进山西省管理会计的实践应用；二是积极作为，加快山西省管理会计体系建设；三是强化服务，搭建良好的交流沟通平台。

为响应山西省委省政府关于“加强决策咨询工作和政府智库建设”的号召，落实《会计改革与发展“十三五”规划纲要》《山西省全面推进管理会计工作实施方案》，经省财政厅党组批准，山西省管理会计专家工作室正式成立。工作室邀请来自全国的9名知名管理会计专家，与省内72名管理会计专家共同组成了管理会计专家团队，同6家省属国有企业签订入企服务意向书，开启了“一对一”入企帮扶计划。专家团队在入企调研的基础上，与企业共同确定研究方向、研究课题

---

* 根据山西省财政厅提供的稿件资料整理而成。

17项。经过一年多的辛勤耕耘，17项课题基本完结，初步完成既定任务。

2018年8月24日，山西省管理会计专家团队入企服务成果交流活动在太原举行。山西省管理会计专家团队、省属国有企业代表等240余人参加了本次活动。活动期间，山西省6个管理会计专家团队入企服务小组就入企服务的成果经验进行了交流，来自北京大学、对外经济贸易大学、北京工商大学、南京理工大学、北京国家会计学院、北京元年科技股份有限公司的6位管理会计专家对成果进行了点评。对外经济贸易大学汤谷良教授做了《发力业财融合，赋能管理会计深度发展》的主题演讲。两家中央企业代表介绍了管理会计实践中的成功案例。活动互动交流环节还组织开展了省内企业和与会的专家、学者进行管理会计前沿理论大讨论，为下一步管理会计专家入企服务的深入开展和管理会计在省属企业的实际应用提供思路和借鉴。

山西省财政从全省国资国企改革的需要出发，组织开展管理会计专家团队入企服务工作，在推进管理会计实践应用方面做出了重要尝试，是贯彻落实山西省委、省政府要求，对“万名干部入企服务”成果的有效延伸，是对加快发展会计行业咨询服务领域的积极响应，是推动管理会计人才队伍建设的重要实践。一是通过搭建平台，充分发挥“连接器”作用。为更好地组织管理会计专家团队入企服务，成立山西省管理会计专家工作室以建立长效机制，积极发挥桥梁纽带作用，为专家提供服务平台，组织专家团队“一对一”入企帮扶。针对企业在管理会计应用方面出现的问题，科学制定研究课题与实施方案，选择合适的管理会计工具，为企业提供管理会计咨询服务。二是加强培养，充分发挥“培育器”作用。组织专家团队入企服务，帮助企业建立现代企业管理制度，以“产学研”相结合的方式推动管理会计应用和培养管理会计人才，提升管理会计服务企业经营发展的力度，同时着力培养一批管理会计人才，推动会计人员向管理型人才转变，为管理会计的应用和人才培养奠定坚实的基础。三是服务大局，充分发挥“助推器”作用。山西经济正处于创新驱动、转型升级的发力阶段，处于全面大调整的关键时期，国企国资改革已经成为事关山西发展全局的大事，山西企业必须由粗放型管理向精细化管理转型。

山西省财政厅组织专家团队入企服务，将先进的管理理念和管理方法引入企业，实现会计职能从核算会计向管理会计的拓展，鼓励企业搭建财务和业务信息共享平台，推动大型国有企业深入开展开源节流降本工作，不断提升企业创新能力、增强核心竞争力，推动全省经济的转型升级，使推动管理会计助力地方经济实现高质量发展取得积极成效。

附　　录

中国管理会计大事记
(2014 ~2018)

1. 2014 年 1 月 24 日，财政部下发《关于征求〈财政部关于全面推进管理会计体系建设的指导意见（征求意见稿）〉的函》。

2. 2014 年 2 月 20 日，时任财政部党组书记、部长楼继伟在中国总会计师协会第五次全国会员代表大会上作题为“服务市场服务经济　全面开创行业发展新局面”的重要讲话。要求围绕管理会计发展，创新行业服务，加快培育我国管理会计人才，为打造中国经济“升级版”服务。时任财政部党组成员、部长助理余蔚平在讲话中要求中国总会计师协会要抓住管理会计改革的机遇，推动管理会计人才培养，促进管理会计全面发展。

3. 2014 年 2 月 20 日，刘红薇会长主持召开中国总会计师协会第五届理事会第一次会长办公会议，就加快协会的组织建设、信息化建设、推进管理会计标准化建设、构建中国管理会计师能力框架等项内容，确定今后一个时期的工作目标和任务。

4. 2014 年 3 月 17 日，财政部下发《关于公开选聘管理会计咨询专家的通知》，公开选聘一批管理会计咨询专家。

5. 2014 年 4 月 1 日，《中国总会计师》杂志对时任中国兵器装备集团公司副总经理、党组成员、总会计师李守武进行了专访，以《管理会计支撑企业持续快速健康发展》为题系统总结了中国兵器装备集团公司在推动中国特色管理会计体系建设中的经验。

6. 2014 年 5 月 21 日，中国总会计师协会下发《关于开展〈管理会计案例征集、评选活动〉的通知》。本次活动对于完善我国管理会计理论体系，提高企事业单位内部管理水平，推广管理会计实践应用起到积极的促进作用。

7. 2014 年 5 月 29 日，上海市会计学会为认真贯彻财政部要求实施的《企业产品成本制度》，配合上海仪电控股集团落实关于提高企业获利能力的工作重点，以《加强成本管理，提高企业获利能力的探索》为题开展学术研讨活动。

8. 2014年6月19日，中国总会计师协会在北京组织召开“管理会计能力框架专题研讨会”。来自清华大学、中央财经大学、北京工商大学、上海国家会计学院、中国铁路总公司、中国兵器装备集团等9个单位的专家学者参会。

9. 2014年7月16日，中国会计学会管理会计专业委员会2014年专题会在北京艾维克酒店成功召开。会议明确了管理会计专业委员会2014～2018年的工作重点，在配合财政部推动管理会计体系建设方面，需要从事的管理会计理论、实务的研究与推广工作。

10. 2014年7月31日，由中国总会计师协会组织的“中国管理会计系列讲座”在北京国家会计学院举行。时任财政部党组书记、部长楼继伟应邀做题为《加快发展中国特色管理会计，促进我国经济转型升级》的首场讲座。在京参加《全国财政厅（局）长座谈会》的厅（局）长，各地方总会计师协会会员和财政系统干部近9000人在分会场聆听了讲座。

11. 2014年10月11日，由中国总会计师协会与中欧国际工商学院主办，中国资产评估协会、中国财经出版传媒集团、中国财经报社、中国财政杂志社、《中国总会计师》杂志社协办的“2014中国管理会计论坛”在北京成功举办，论坛的主题是“当代管理会计：趋势与挑战”。时任财政部党组成员、副部长胡静林出席论坛并作题为《管理会计在中国：回顾与展望》的主题演讲，他指出，发展管理会计是大势所趋，要加快构建中国特色的管理会计体系，推动管理会计在企业和行政事业单位的运用发展。

12. 2014年10月17日，由国家外国专家局培训中心与北京国家会计学院主办、IMA协办的第三届中国管理会计国际化人才建设大会在京举行。财政部会计司负责人在会上明确表示：“要推动经济转型升级，推动企业加强管理，必须大力培养管理会计人才”。

13. 2014年10月27日，财政部发布了《财政部关于全面推进管理会计体系建设的指导意见》，该意见根据《会计改革与发展“十二五”规划纲要》，在总结我国管理会计理论发展与实践经验的基础上制定，旨在全面推进管理会计体系建设，提升会计工作总体水平，推动经济更有效率、更加公平、更可持续发展。

14. 2014年11月15日至16日，中国会计学会管理会计专业委员会2014年年会在中国人民大学成功召开。本次年会以“经营模式转变与管理会计研究”为主题，共收到来自学术界和实务界的应征论文70篇。论文涉及成本管理、绩效评价、信息决策、市值管理、预算管理、盈余管理、战略管理、融资约束、研发投资、价值创造、应用实践、热点解析、教学思路、文献述评等多个领域主题。

15. 2014 年 11 月 27 日，厦门大学管理学院会计系、厦门大学会计发展研究中心与 CIMA 联合合作发布了《全球管理会计原则》（中文版），有助于中国的管理会计理论与实务工作者系统、全面地解读《全球管理会计原则》，进而推动中国特色管理会计体系建设与发展。

16. 2014 年 12 月 1 日，山西省财政厅安排从管理会计角度出发，开展了《山西省国库现金管理研究》和《山西省省直行政事业单位资产确认和计量分析》两个方面的调研。在财政预算管理中发挥管理会计作用，使管理会计既有利于企业微观部门，也有利于政府宏观决策。

17. 2014 年 12 月 24 日，2014 年 12 月，为全面推进管理会计体系建设、完善企业会计准则体系，中国石油天然气集团有限公司受财政部委托牵头起草《企业产品成本核算制度——石油石化行业》。中国总会计师协会石油分会，对公司在产品成本核算和成本管理方面的经验和做法，协助进行整理、总结和提升。该制度由财政部正式下发，成为第一个行业产品成本核算制度。

18. 2014 年 12 月 29 日，中国总会计师协会与财政部会计司签订课题协议书，采用单一来源政府采购方式承担“研究构建中国企业管理会计能力框架”“研究构建中国行政事业单位管理会计能力框架”“中国企业管理会计人才评价体系”“中国行政事业单位管理会计人才评价体系”四个管理会计研究项目。

19. 2015 年 2 月 12 日，浙江省财政厅按照“政府引导、单位自愿、校企合作、分类指导、共同推进”的原则，以企业内在需求为导向，采取产学研相结合的手段，选择 18 个企业率先开展管理会计应用试点。

20. 2015 年 6 月 2 日，经过前期严格审查及政府招标采购程序，中国总会计师协会成为财政部管理会计人才培养体系建设研究项目采购成交单位。落实课题项目责任主体，分别由协会常务副会长李林池、副会长蔡润、夏大慰、于增彪承担管理会计人才培养体系 8 个课题。

21. 2015 年 6 月 5 日，经财政部批准，中国总会计师协会成立管理会计分会。管理会计分会召开成立大会，审议通过了《中国总会计师协会管理会计分会组织办法》《中国总会计师协会管理会计分会会费办法》《中国总会计师协会管理会计分会第一次会员代表大会选举办法》。

22. 2015 年 7 月 14 日，广西财政厅高度重视管理会计体系建设，并自觉将管理会计人才培养作为推进管理会计体系建设的有力抓手，在地方率先开展管理会计类领军人才培养工程，举办了广西“十百千”拔尖会计人才管理会计班。

23. 2015年10月15日，中国注册会计师协会携手英国皇家特许管理会计师公会在北京国家会计学院举办了《CGMA管理会计基本工具手册》（中文版）发布仪式。《CGMA管理会计基本工具手册》（中文版）能够帮助会计师和业务经理识别正确的工具，以帮助企业推行管理会计实践，为企业创造可持续价值。

24. 2015年11月13日，借上海市社联开展“第九届（2015）学术活动月”活动之际，上海市总会计师工作研究会邀请宝钢金属有限公司财务总监、全国会计领军人才范松林同志作《阿米巴攻略》专题学术报告。

25. 2015年11月19日，中国总会计师协会推出管理会计师专业能力培训项目。

26. 2015年11月27日至28日，中国会计学会管理会计专业委员会2015年年会暨首届中国管理会计高层论坛在南京理工大学隆重召开。本次年会暨首届高层论坛围绕“互联网+”、大数据与管理会计变革等诸多议题展开了全面、深入的讨论，共收到应征论文120余篇。

27. 2016年1月26日，财政部下发《关于开展管理会计案例征集活动的通知》，决定在全国范围开展管理会计案例征集活动。

28. 2016年1月27日，由中国总会计师协会与CIMA联合编撰的《CGMA管理会计能力框架》（中文版）隆重发布。《CGMA管理会计能力框架》（中文版）的发布对于积极借鉴国际上其他国家的经验，为建立适合中国国情的管理会计制度体系，推动管理会计在中国进一步发展做出了积极贡献。

29. 2016年3月1日，中国总会计师协会管理会计分会编辑《行政事业单位管理会计案例》（第一辑），由经济科学出版社出版。本书填补了行政事业单位管理会计案例的空白，收到了较好的社会效益和行政事业单位财务人员的好评。

30. 2016年3月29日，中国总会计师协会常务副会长李林池主持召开《管理会计基本指引（征求意见稿）》座谈会，围绕《管理会计基本指引（征求意见稿）》讨论相关内容，向会计司呈报《中国总会计师协会管理会计基本指引座谈会代表提出修改意见》的报告。

31. 2016年6月8日，中欧国际工商学院与CIMA共同主办“2016北亚管理会计领袖峰会”，与会专家与代表对管理会计的相关国家政策解读、行业准则分析、最新学术研究成果普及以及管理会计在公共领域和企业界的应用实践等议题进行了深入探讨。

32. 2016年6月22日，财政部《关于印发〈管理会计基本指引〉的通知》，发布了管理会计基本指引，旨在促进单位（包括企业和行政事业单位）加强管理会计工作，提升内部管理水平，促进经济转型升级。

33. 2016 年 7 月 7 日，河南省会计学会在焦作市召开开展管理会计案例征集工作研讨会，参加会议的有焦煤集团、多氟多、风神股份、河南理工大学等重点企事业单位的财务负责人和河南理工大学财经学院十多名骨干教师，会议主题是财政主导，校企合作，研讨开展管理会计案例征集工作。

34. 2016 年 7 月 13 日，绍兴市财政局确定绍兴市妇幼保健院等 6 家单位为开展管理会计应用试点。

35. 2016 年 7 月 15 日，中国政府采购网发布公告，对 2016 年财政部管理会计专项课题研究进行公开招标，包括 7 个课题：（1）中外管理会计发展史研究；（2）行政事业单位管理会计应用研究；（3）集团企业管理会计体系研究（集团企业管理会计、跨国企业管理会计、内部市场与转移定价等）；（4）金融企业管理会计应用研究；（5）中国企业管理会计应用水平评价体系研究；（6）中国行政事业单位管理会计应用水平评价体系研究；（7）案例库的开发与构建研究。

36. 2016 年 7 月 22 日，中国会计学会管理会计专业委员会主办，兰州财经大学会计学院承办的中国会计学会管理会计专业委员会 2016 年专题会在兰州成功召开。本次专题会以“中国特色管理会计——理论与实践”为主题，共收到应征论文 70 余篇，论文涉及管理会计创新、供给侧改革与成本管控、业绩评价等多个管理会计主题。

37. 2016 年 9 月 19 日，“甘肃省管理会计案例研讨会”在兰州财经大学召开。研讨会由甘肃省财政厅、甘肃省会计与珠算学会主办，兰州财经大学会计学院承办。研讨会邀请省内管理会计理论与实务界 7 名知名专家及 8 个案例编写试点单位参加。

38. 2016 年 10 月 1 日，中国总会计师协会将从全国会员单位及会员征集的管理会计案例进行比较、筛选、评审后，选出 17 篇企业案例，由经济科学出版社以《中国管理会计案例选辑》出版，案例将管理会计从理论探讨、学术研究与企业实践紧密结合，具有很强的示范效应。

39. 2016 年 10 月 8 日，财政部《关于印发〈会计改革与发展“十三五”规划纲要〉的通知》要求，加强管理会计指引体系建设，推进管理会计广泛应用，提升会计工作管理效能。

40. 2016 年 10 月 21 日，中国政府采购网发布公告，对 2016 年财政部第二批管理会计专项课题研究进行公开招标，包括 11 个课题：（1）中外管理会计发展史研究；（2）研发支出成本管理及绩效评价研究；（3）企业财务共享研究；

(4) 企业营运管理中的典型管理会计工具应用研究；(5) 企业风险管理相关管理会计应用工具研究；(6) 中国医疗单位管理会计应用水平评价研究；(7) 中国教育单位管理会计应用水平评价研究；(8) 中国科研单位管理会计应用水平评价研究；(9) 中国企业管理会计人才能力框架研究；(10) 中国行政事业单位管理会计人才能力框架研究；(11) 中国管理会计人才评价体系研究。

41. 2016 年 11 月 3 日，中国总会计师协会在北京举办“2016 中国管理会计论坛”，主题为：投资战略与价值创造。时任财政部党组成员、部长助理赵鸣骥在致辞中指出，广大会计人员要立足业务岗位，不断学习管理会计新理论、新知识，在实务中进行创新应用，提升管理会计专业技术水平。

42. 2016 年 11 月 4 日，中国总会计师协会信息化分会在北京举办“2016 中国管理会计信息化论坛”，本次论坛为国内首个管理会计信息化领域的专业会议，主题为“开启管理会计信息化新时代”。

43. 2016 年 11 月 4 日至 5 日，中国会计学会管理会计专业委员会主办，上海师范大学承办的中国会计学会管理会计专业委员会 2016 年年会在上海师范大学成功召开。本次年会以“管理会计与中国企业的市场化、智能化、多元化和国际化”为主题，共收到应征论文 120 余篇。

44. 2016 年 12 月 28 日，厦门大学管理会计研究中心携手 CIMA 推出《CGMA 管理会计实践案例集》，有助于推进和发展国内管理会计的实践应用和创新。

45. 2017 年 1 月 11 日，为适应中国管理会计发展要求，中国总会计师协会决定建设“中国管理会计实践创新平台”。通过发掘并培育中国原创性管理会计案例，系统总结具有中国特色的管理会计理论与实务，为企业与行政事业单位管理会计应用提供较全面的、规范的、系统的实践指导。

46. 2017 年 2 月 17 日，中国总会计师协会下发《关于开展“管理会计师（初级）专业能力培训项目”试点工作的通知》。

47. 2017 年 3 月 23 日，中国政府采购网发布公告，对 2017 年财政部管理会计专项课题研究进行公开招标，包括 15 个课题：(1) 管理会计的内涵及边界研究；(2) 不同商业模式、组织模式、管控模式下的管理会计应用研究；(3) 跨组织管理会计应用研究；(4) 价值链管理研究；(5) 公益性企业管理会计应用研究；(6) 阿米巴经营模式应用研究；(7) 基于商业智能（BI）的管理会计信息系统研究；(8) 中国管理会计职业发展与教育体系研究；(9) 研发支出管理与绩效评价研究；(10) 中国科研单位管理会计应用水平评价研究；(11) 中国管理会计人才评价体系研究；(12) 面向管理会计应用的数据标准化技术规范研究；（13）面向管理会计应用的业财融合数据标准架构研究；（14）面向管理会计的底层数据标记技术规范研究；（15）面向管理会计应用的大数据分析方法研究。

48. 2017年3月25日，由中国总会计师协会主办、中国总会计师协会管理会计分会承办，中国兵器装备集团公司作为特别支持单位的“中国管理会计沙龙”系列活动的首期沙龙在对外经贸大学国际商学院成功举办，主题为“全面预算的整合与创新”。

49. 2017年4月12日，陕西省总会计师（财务总监）协会在陕西省财政厅、陕西省卫生与计划生育委员会的支持下，联合西安市中医医院组织召开了“全省卫生计生系统管理会计优秀案例交流分享会”，向全省卫生计生系统展示他们研究与实践管理会计的成果。

50. 2017年4月13日，中国总会计师协会信息化分会作为合作方，参与并组织会员参加了工信部组织的业财融合沙龙，对业务财务一体化的系统工具、标准和体系建设进行了专题研讨。

51. 2017年4月26日，江苏省管理会计案例研讨会在南理工大学召开，江苏管理会计研究中心常务副主任、南京理工大学经济管理学院副院长温素彬教授、东南大学人文社科处处长、财政部管理会计咨询专家陈志斌教授以及江苏省30项管理会计案例的负责人应邀参加了会议。

52. 2017年4月27日，由高顿财税学院主办、天津市会计学会协办的“引领财务转型2017年管理会计实践中国行——天津站”活动在津举行，天津市会计学会组织了个人会员、单位会员代表、会计领军人才、管理会计咨询专家共100余人到场参与活动。

53. 2017年5月8日至30日，中国总会计师杂志社调研考察了西北油田全业务链成本管控模式、中国石油贵州销售分公司资金管理模式、九恒星资金共享解决方案和福建省肿瘤医院作业成本法应用等案例并予以刊发。

54. 2017年5月17日，中国总会计师协会下发《关于开展“管理会计师专业能力认证项目”的通知》，自6月1日起将管理会计师专业能力培训项目提升为管理会计师专业能力认证项目。

55. 2017年5月21日，中国总会计师协会第二期“中国管理会计沙龙”在中央财经大学成功举办，沙龙主题是“基于‘报告’的管理会计信息化探索”。

56. 2017年5月23日，为推动管理会计在行政事业单位的推广应用，中国总会计师协会管理会计分会组织教育部、卫计委、财政部、国土资源部、国家气象局、科技部、中直管理局、中国计量科学研究院、高校、医院等近30个行政事业单位的财务专家座谈讨论“行政事业单位管理会计信息系统业务流程设计”。

57. 2017年6月12日，国家电网江苏省电力公司和中国兵器装备集团公司成为首批“中国管理会计实践创新平台”试点单位，南京大学会计与财务管理研究院和对外经贸大学成为平台科研支持单位。

58. 2017年7月22日，中国总会计师协会第三期“中国管理会计沙龙”在北京金龙潭酒店成功举办，本期沙龙的主题是“标准成本的应用与创新”。

59. 2017年7月28日，时任财政部党组书记、部长肖捷亲自为《中国管理会计》杂志创刊号题序《加快构建中国特色管理会计体系》，提出要进一步提高对管理会计重要性的认识，不断加强管理会计工作，激发管理活力，增强企业价值创造力，推进行政事业单位加强预算绩效管理、决算分析和评价，发挥好财政在国家治理中的基础和重要支柱作用。要求中国总会计师协会充分利用组织体系、人才资源、社会认同等方面的优势，为提高中国管理会计总体水平和国际影响力发挥积极作用。

60. 2017年7月30日，经财政部、国家新闻出版总署批准，中国总会计师协会创办《中国管理会计》杂志，《中国管理会计》杂志创刊发布会在北京举办。时任财政部党组成员、部长助理许宏才，中国总会计师协会会长刘红薇，国家新闻出版广电总局新闻报刊司司长李军，国务院国有资产监督管理委员会总会计师沈莹，财政部会计司副司长舒惠好等领导和嘉宾出席发布会并致辞。

61. 2017年8月2日，中国总会计师协会依据《管理会计基本指引》，在调查研究、吸取国内管理会计研究和实践成果及国外经验并听取各方面专家意见的基础上，起草《中国管理会计职业能力框架》（讨论稿），完成后将在国家标准委员会平台以团体标准公开发布。

62. 2017年8月25日，中国会计学会管理会计专业委员会主办，东北财经大学会计学院承办的中国会计学会管理会计专业委员会2017年专题会在大连成功召开。本次专题会围绕“财务共享、供应链管理与业财融合”的主题展开了深入讨论，专题会包括3场业界报告、3场学界报告和1场产学研论坛，共有91位专家学者代表参会。

63. 2017年9月7日，山西省会计学会与省财政厅联合举办“管理会计之中国实践”走进山西暨“供给侧结构性改革下的管理会计创新”研讨会，活动邀请了来自财政部会计司、中国会计学会、山西省财政厅等相关领导、山西省大中型企业总会计师或财务负责人、学术、企业和会计服务业的专家一百余人进行经验分享与交流，旨在共同提升企事业单位及社会对管理会计理念的认识。

64. 2017年9月23日，中国总会计师协会第四期“中国管理会计沙龙”在中央财经大学成功举办，沙龙主题为“医院管理会计的应用与创新”。

65. 2017年9月29日，财政部《关于印发〈管理会计应用指引第100号——战略管理〉等22项管理会计应用指引的通知》，发布首批22项管理会计应用指引。

66. 2017年10月27日至28日，中国会计学会管理会计专业委员会主办，厦门大学管理学院承办的中国会计学会管理会计专业委员会2017年年会暨纪念余绪缨教授诞辰95周年学术研讨会在厦门大学成功召开。本次年会围绕“管理会计发展的新动能—创新、协同和效益”的主题深入讨论，共收到应征论文119篇。

67. 2017年11月11日，上海国家会计学院、上海财经大学与ICAEW、CGMA、ACCA、IMA、CPA Australia联合主办“大数据与管理会计创新”论坛，探讨了大数据趋势下的管理会计理论创新与实践应用。论坛发布了上海国家会计学院、浪潮集团与ICAEW联合研究推出的“中国企业大数据应用”报告（中文版），该报告从财务领域的视角观察大数据时代下中国企业经营与管理实践创新。

68. 2017年11月20日，吉林省会计学会成功举办“吉林会计领军人才学术论坛暨管理会计论坛”，吉林省财政厅党组成员、周仁杰总会计师及会计处侯克兴处长等领导亲临论坛现场。财政部会计司制度二处负责人向与会人员做了《管理会计体系建设解读》的报告。

69. 2017年11月24日，《中国管理会计》杂志首次举办研讨会，研讨会主题是“推动管理会计发展服务经济转型——漫谈管理会计‘学术与实践’”。

70. 2017年11月26日，中国总会计师协会第五期“中国管理会计沙龙”在北京世纪金源大饭店成功举办，沙龙的主题是“管理会计应用指引：新起点、新挑战”。

71. 2017年12月26日，为切实落实青海省政府办公厅《关于进一步加强全省会计管理工作的意见》有关精神，推进会计改革工作，青海省总会计师协会暨会计学会举办了“内部控制与管理会计”专题学术论坛。

72. 2018年1月1日，由中国总会计师协会管理会计分会副会长兼秘书长邹平牵头组织专家编写的《管理会计都干啥》——漫画解读财政部管理会计系列文件一书由中国财政经济出版社出版。

73. 2018年1月28日，上海国家会计学院、浪潮集团与ICAEW联合研究推出的“中国企业大数据应用”报告（英文版）在英国伦敦金融城市长官邸发布，中国企业大数据创新实践成为世界样板。

74. 2018年3月16日，中国总会计师协会第六期“中国管理会计沙龙”活动在中国工商银行总行大楼学术交流中心举行，沙龙的主题是“金融风险与管理会计”。

75. 2018年5月12日，湖北省总会计师协会组织会员单位在中铁大桥局集团召开了财务共享中心观摩会。中铁大桥局财务部负责人向会议介绍了中国中铁华中区域财务共享服务中心的组建过程、财务共享的业务实质和服务对象、“业财资税”一体化平台的作用等。会议代表参观了中铁大桥局工程技术部信息中心专门打造的信息化系统——“大桥云”平台。

76. 2018年5月24日，为了在纺织行业推动管理会计和管理会计信息化工作，中国总会计师协会纺织分会在古都西安召开“纺织行业管理会计研讨会”，研讨会的主题是“管理会计的信息化建设”。中国总会计师协会、中国纺织工业联合会的领导以及来自全国部分高校、社团和纺织企业的总会计师及财务主管人员参加会议。

77. 2018年6月14日，山西省召开管理会计专家团队入企服务阶段性工作推进交流会，本次会议由山西省财政厅主办，山西省财政税务专科学校承办，山西省国有资产监督管理委员会、山西财经大学、山西省会计学会协办。各大中型企业负责人和财务负责人、各大会计师事务所负责人、全省会计领军人才约150人参加会议。

78. 2018年6月26日，山西省会计学会在山西焦煤双创基地召开了山西焦煤管理会计课题评审会议，针对管理会计专家提出的管理会计课题进行了座谈。山西焦煤总会计师栗兴仁主持会议，财政厅会计处邢绪生处长参加会议，会议特邀专家北京大学王立彦教授从管理会计的发展态势结合课题的实例案例进行了深入浅出的点评并提出改进意见。

79. 2018年6月27日至29日，为了将财政部管理会计指引体系在全国水利水电基层单位尽快得以贯彻落实，中国总会计师协会水利水电分会在呼和浩特市举办了《全国水利水电管理会计指引》培训班。来自全国水利水电战线的各省市水利厅局、水利部直属单位的130人参加了培训。

80. 2018年7月8日，中国总会计师协会第七期“中国管理会计沙龙”活动在浪潮科技园举行，沙龙的主题是“财务智能化背景下管理会计实践探索”。

81. 2018年7月20日，中国总会计师协会管理会计项目培训已成为会计人才培养的重要途径。财政部会计司根据党组书记、部长刘昆对中国总会计师协会工作继续积极支持的批示通知中国总会计师协会，根据《会计专业技术人员继续教育规定》规定，中国总会计师协会是会计行业组织，可以作为会计继续教育机构，承办会计人员继续教育工作，有关学分在符合上述规定的情况下，可以作为继续教育学分。

82. 2018 年 7 月 21 日，中国会计学会管理会计专业委员会主办、哈尔滨商业大学会计学院承办的中国会计学会管理会计专业委员会 2018 年专题会在哈尔滨报业大厦成功召开。本次专题会围绕“国际合作项目中业财融合的应用与探索”“新经济与管理会计”“区域经济发展中的管理会计”“管理会计学术研究的现实思考”“管理会计工具整合与企业价值创造”“管理会计推动企业可持续发展，践行企业社会责任”“管理会计在银行中的角色”等主题进行了深入研讨。

83. 2018 年 8 月 1 日，中国总会计师协会管理会计分会和教育部联合编辑的《行政事业单位管理会计案例》（第二辑）由经济科学出版社出版。本书为教育部直管高校管理会计案例的专辑，对全国高校学习、掌握和运用管理会计工具方法具有重要参考示范作用。

84. 2018 年 8 月 17 日，财政部颁发《关于印发〈管理会计应用指引第 202 号——零基预算〉等 7 项管理会计应用指引的通知》，发布第二批 7 项管理会计应用指引。

85. 2018 年 8 月 25 日，由河南省工程局集团有限公司主办、河南省交通会计学会协办的“2018 年校企管理会计面对面”交流活动在郑州举行，河南省交通会计学会会员单位、省内外十多家高校学术界专家、十多家企业实务界专家及工程局集团有限公司全体财务人员共 180 多人参加了此次交流活动。

86. 2018 年 9 月 4 日，中国总会计师协会以通讯方式召开 2018 年第二次常务理事会会议。审议通过关于中国总会计师协会开展特级管理会计师评选工作的议案。

87. 2018 年 9 月 8 日，举行“商业巅峰 · 社会担当”为主题的中国企业思想家 2018 求索论坛——暨中国企业家管理会计（特级）研习项目启动仪式。该论坛由中国总会计师协会学术指导，中国总会计师协会民营企业分会主办，上海管会教育承办。

88. 2018 年 9 月 20 日，中国总会计师协会第八期“中国管理会计沙龙”在京东总部举办，沙龙的主题是“管理会计在新销售中的应用创新”。

89. 2018 年 9 月 21 日，中国总会计师协会举办“2018 中国管理会计论坛”。

本次论坛主题为“大智移云”中的管理会计。论坛期间，举行了特级管理会计师评审项目的启动仪式。时任财政部部长助理、党组成员许宏才在致辞中提出要构建管理会计发展生态圈，助力数字经济强国战略。

90. 2018 年 10 月 19 日，由中国总会计师协会主办、中国总会计师协会民营企业分会、管会教育协办的中国企业思想家求索大学堂暨中国企业家管理会计（特级）研习课程开学典礼在上海举办。

91. 2018 年 11 月 1 日，北京国家会计学院到新疆举办管理会计公益论坛。新疆维吾尔自治区会计学会组织会计领军人才、大中型企事业单位总会计师、财务总监、高级会计师、财务经理等新疆高端财务管理人员参加论坛。

92. 2018 年 11 月 2 日至 3 日，中国会计学会管理会计专业委员会主办，中山大学新华学院会计学院和中山大学现代会计与财务研究中心、中山大学成本与管理会计研究中心联合承办的中国会计学会管理会计专业委员会 2018 年年会在广州隆重举行。本次年会围绕“中国管理会计新时代、新机遇、新挑战”主题，来自全国管理会计领域的 160 多家单位的 300 余位业界同仁与会代表，共同见证和探讨中国管理会计的改革与发展。

93. 2018 年 11 月 18 日浙江省总会计师协会组织了《扎实推进中国式管理会计在浙江的创新应用暨省社科联第四届学术年会分论坛》，参加本次论坛的协会多位常务理事和理事、工委负责人及协会会员，省内规模以上有关大中型企事业单位财务总监、财务负责人等 140 余人，参会代表反映收获颇丰。

94. 2018 年 11 月 20 日、22 日，中国总会计师协会决定开展 2018 年度特级管理会计师评审工作，先后下发《关于下发特级管理会计师评审办法（暂行）的通知》《关于开展 2018 年度特级管理会计师评审工作的通知》。

95. 2018 年 11 月 24 日，中国总会计师协会第九期“中国管理会计沙龙”在中央财经大学举办，沙龙的主题是“管理会计在医院的应用创新”。

96. 2018 年 11 月 24 日，安徽省总会计师协会紧跟财政部的战略部署在安徽金寨县召开了“2018 会计工作改革转型与管理会计融合发展专题研讨会”，全省各地总会计师、财务总监代表 200 余人参加了大会。

97. 2018 年 12 月 15 日，由南京理工大学、江苏省会计学会管理会计专业委员会、江苏管理会计研究中心和《管理会计研究》杂志联合举办的第四届“管理会计高层论坛暨首届经济管理产业教授论坛”在南京理工大学举行。本届论坛聚焦“智能制造与管理会计智能化”，进一步探讨当前中国管理会计理论发展和实际应用存在的问题，发掘管理会计智能化实践成果，促进会计学科向更高层次发展。

98. 2018年12月27日，财政部《关于印发〈管理会计应用指引第204号——作业预算〉等5项管理会计应用指引的通知》，发布第三批5项管理会计应用指引。

99. 2018年12月27日，中国总会计师协会召开专家会议，对“中国总会计师（CFO）能力框架”进行了论证，认为总会计师履职应具备道德遵从能力、专业能力、组织能力和商业能力，把价值创造、管理风险作为总会计师履职的最终目标。

100. 2018年12月27日，财政部党组书记、部长刘昆在全国财政工作会议工作报告中要求，全面实施预算绩效管理，加快建成全方位、全过程、全覆盖的预算绩效管理体系，建立中国特色社会主义现代财政体系。

中国总会计师（CFO）能力框架

中国总会计师协会

当前，我国经济已由高速增长阶段转向高质量发展阶段，正处在转变发展方式、优化经济结构、转换增长动力的攻关期，建设现代化经济体系是跨越关口的迫切要求和我国发展的战略目标。中国总会计师（CFO）处于推动经济转型、社会变革、改革发展的关键位置。单位领导者、利益相关者对总会计师的能力素质要求，财务会计及相关从业人员职业成长的目标要求，教学、科研、培训机构对总会计师的培训培养要求，促进了中国总会计师（CFO）能力框架的研究，构成了发布中国总会计师（CFO）能力框架的客观需要。另外，中国总会计师（CFO）制度的设立、沿革、发展，以及近年丰富的实践积累，亟须全面改革完善相关法规制度。

总会计师（CFO）是各行政事业单位、企业单位治理体系中的关键因素之一，建设与我国经济实力和综合国力相匹配的，具有全球视野的高素质专业化总会计师队伍刻不容缓。中国总会计师队伍建设需要坚持德才兼备、以德为先，需要坚持事业为上、公道正派，需要培养专业精神与专业能力，需要认同与尊崇中国传统文化、传统思想价值体系，需要不断增强总会计师适应新时代中国特色社会主义发展要求的能力，切实提高竞争软实力。

一、能力框架研究过程

中国总会计师协会是以中国总会计师为主要成员的唯一全国性社团组织，发布中国总会计师（CFO）能力框架是职责所在，也更具有权威性。中国总会计师协会于 2017 年 12 月成立研究项目组，由理论界实务界专家组成产学研结合型团队，历时 1 年半左右时间，经过前期策划及资料收集、具体工作方案确定、收集研究资料、拟订能力框架初稿、召开能力框架研讨会、问卷调查及结果梳理等工作。

中国总会计师（CFO）能力框架项目组全面收集国内外相关研究文献和研究报告，充分考虑信息技术革命正推动着组织形态、商业模式、管理方式的重大变革，中国总会计师正面临应用场景巨变带来的挑战，在系统性梳理各项总会计师（CFO）能力要素基础上，采用归纳分类和实证研究相结合的方式，研究和发布的总会计师能力框架。

二、能力框架的主要框架和核心内容

中国总会计师履职应具备的能力归纳为四大类：道德遵从能力、专业能力、组织能力、商业能力等，其中道德遵从能力包括诚信操守、合规管理、受托责任、道德遵从前提下的价值创造、相关利益平衡等5个能力要素，专业能力包括预算管理能力、成本管理能力、绩效管理能力、投融资管理能力、风险管理能力、数据治理能力、信息披露能力、纳税筹划能力等8个能力要素，组织能力包括沟通协调能力、团队管理能力、机制设计创新能力、学习能力、冲突管理与自我控制能力等5个能力要素，商业能力包括环境洞察能力、战略管理能力、商业模式构建能力、跨组织价值创造能力、信息系统构建能力等5个能力要素，共计四大类能力23个能力要素。

中国总会计师（CFO）能力框架

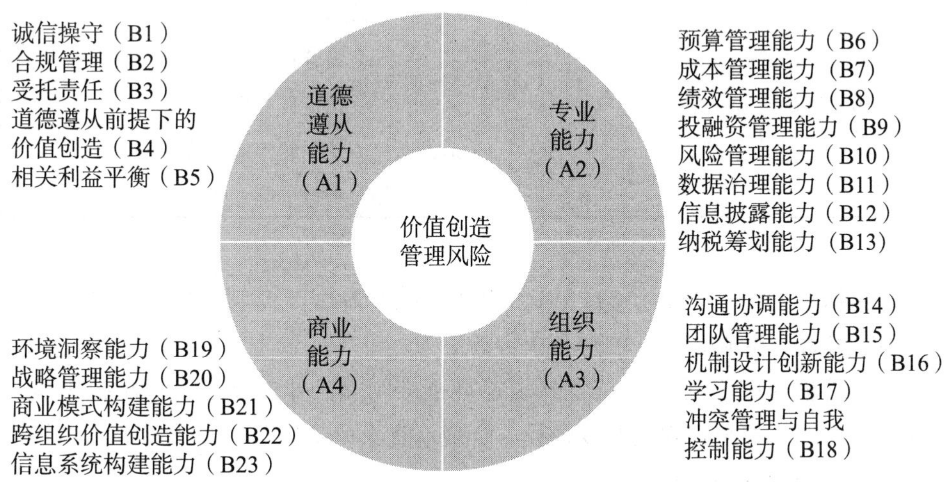

1. 价值创造、管理风险是总会计师履职的最终目标

总会计师履职应具备的道德遵从能力、专业能力、组织能力、商业能力，都是为“价值创造、管理风险”目标服务的。总会计师作为单位的价值工程师和价值整合者，最终目标是实现单位可持续的价值创造，通过管理风险，降低价值损失，也是保护价值创造。因此，价值创造、管理风险置于本能力框架的核心位置。

2. 道德遵从能力是根本能力

职业道德是指总会计师履职必须遵从的道德规范准则，道德遵从能力是指总会计师切实遵从这些道德规范准则并将其贯穿于单位实践中的能力。道德遵从能力包括坚持诚信操守、推进合规管理、履行受托责任、道德遵从前提下的价值创造和平衡利益相关者利益等内容。

道德遵从能力（Moral Compliance Capability）是中国总会计师履职的根本保障，诚信操守是中国总会计师立身和单位立足的根本，合规管理是中国总会计师遵从道德规范和法律法规要求的重要手段，履行受托责任是中国总会计师的根本要求，道德遵从前提下的价值创造是中国总会计师的行为准则，协调利益相关方的利益需要中国总会计师遵从道德作为保障，因此道德遵从能力是中国总会计师履职的根基，也是中国总会计师履职的根本能力。

能力分类（A）	能力要素（B）
道德遵从能力（A1）	诚信操守（B1）
	合规管理（B2）
	受托责任（B3）
	道德遵从前提下的价值创造（B4）
	相关利益平衡（B5）

诚信操守（B1）是指坚持“诚信为本，操守为重”原则，按照准则要求提供客观、全面、准确、可靠的财务报告的能力。

合规管理（B2）是指坚持遵从道德规范准则和法律法规，有效防控单位合规风险，组织或参与合规性制度建设、合规审查、风险应对、责任追究、考核评价、合规培训等管理活动的能力。

受托责任（B3）是指总会计师处于单位治理的重要环节，需公允反映单位绩效，以依法合规的方式有效履行受托责任，协调委托代理关系。

道德遵从前提下的价值创造（B4）是指遵从道德规范准则前提下，兼顾经济、政治和社会责任，统筹单位中长期和短期价值创造的关系。

相关利益平衡（B5）是指协调和平衡股东、债权人、员工、客户、政府、社区、监管部门和上下游产业链等各种相关者的利益。

3. 专业能力是基础能力

专业能力（Professional Capability）是指总会计师本身应具备的专业背景和素质，可通过知识学习、专业实践和管理活动获得的能力。专业能力要求总会计师本身是财会专业的综合型实践专家，还要求总会计师具备相应的管理协调能力和专业决策能力。

专业能力是基础能力。中国总会计师应具备预算管理、成本管理、绩效管理、投融资管理、风险管理、数据治理、信息披露、纳税筹划等专业能力要素。专业能力要求精通本专业的核心工作任务，有战略性眼光，关注重大的、核心的经营管理问题，提出建设性的方案，为单位发展提供专业性意见。专业能力是中国总会计师履职的基础，是中国总会计师的基础能力。

能力分类（A）	能力要素（B）
专业能力（A2）	预算管理能力（B6）
	成本管理能力（B7）
	绩效管理能力（B8）
	投融资管理能力（B9）
	风险管理能力（B10）
	数据治理能力（B11）
	信息披露能力（B12）
	纳税筹划能力（B13）

预算管理能力（B6）是指组织全面预算管理工作，促进战略执行，全局性策划预算编制、执行、监控和评价等管理活动的能力。

成本管理能力（B7）是指关注战略性成本动因，运用价值链分析方法，建立单位长期性成本竞争优势的能力。

绩效管理能力（B8）是指参与策划单位绩效和员工绩效的目标制定和实施过程，激发和调动工作积极性，助力实现单位目标的能力。

投融资管理能力（B9）是指建立健全投融资科学决策机制，降低投融资成本，有效管理投融资风险，维持合理的资本结构和资产结构，优化资本资产配置的能力。

风险管理能力（B10）是指组织制定执行风险管理流程，培育良好的风险管理文化，建立健全风险管理体系，为实现风险管理的总体目标提供合理保证的能力。

数据治理能力（B11）是指组织分析各项会计数据与业务数据（非会计数据），方便、安全、快捷、可靠、敏锐地利用数据进行决策支持的能力。

信息披露能力（B12）是指组织编制财务报告、管理会计报告和各种经营报告，全局性审核和把握内外部报告的内容和结果，履行受托责任、报告单位绩效的能力。

纳税筹划能力（B13）是指以税收法律政策为依据，对涉税业务进行全局性策划的能力。

沟通协调能力（B14）是指与单位主要负责人以及管理团队、业务人员和财务团队进行高效的沟通交流，使其减少摩擦、提高效率、完成任务，调动各方面工作积极性的能力。

团队管理能力（B15）是指通过合理授权和有效激励，领导团队成员高效完成工作任务的能力。

机制设计创新能力（B16）是指推进管理体制机制和组织创新，促进个人利益和单位利益的有效协同，激发单位活力，达到既定目标的能力。

学习能力（B17）是指多专业、跨学科知识的学习、更新和应用能力。

冲突管理与自我控制能力（B18）是指有效转化冲突，妥善处理突发事件，合理控制妨碍履职的感性行为的能力。

4. 组织能力是必要能力

组织能力（Leadership Capability，英译为“领导力”）是指能胜任总会计师岗位的管理能力以及作为领导者的个人性格特征。

能力分类（A）	能力要素（B）
组织能力（A3）	沟通协调能力（B14）
	团队管理能力（B15）
	机制设计创新能力（B16）
	学习能力（B17）
	冲突管理与自我控制能力（B18）

组织能力是必要能力。中国总会计师需要协调不同利益相关方的利益，履行价值创造、管理风险的最终目标。需要具备强有力的执行力，领导团队将单位战略通过全面预算等管理手段落地执行。需要具备机制设计创新能力，不断推动管理体制机制和组织创新，促进个人利益和单位利益的有效协同，激发单位活力。需要具备持续学习能力，以应对知识的快速更新和管理需求的迫切变化。需要具备很强的冲突管理和自我控制能力，进行有效的理性管理和决策。组织能力是中国总会计师履职的必要能力。

5. 商业能力是前瞻能力

商业能力（Business Partner Capability，英译为"商业合作伙伴能力"）是指总会计师作为单位主要负责人商业合作伙伴应当具备的更丰富的商业能力，包括对宏观环境、行业趋势、自身业务洞察，以及与单位主要负责人及领导团队、业务团队的协作。

商业能力是前瞻能力。作为单位主要负责人的商业合作伙伴，深入参与业务决策，是当前中国总会计师与西方发达国家 CFO 的定位和作用的差异所在，也是中国总会计师转型的方向。总会计师需要首先洞察单位的内外部环境，全面掌握单位业务情况，适应性地制定工作策略，通过商业模式构建和跨组织价值创造，寻找新的形成核心能力的模式和机会。在此过程中，对信息系统的构建，整合数据信息资源，提升财务效率是重要的基础保障，最终总会计师通过洞察业务，提升财务效率成为单位的价值整合者。因此，商业能力是对中国总会计师提出的更高要求，是转型方向，属于前瞻能力。

能力分类（A）	能力要素（B）
商业能力（A4）	环境洞察能力（B19）
	战略管理能力（B20）
	商业模式构建能力（B21）
	跨组织价值创造能力（B22）
	信息系统构建能力（B23）

环境洞察能力（B19）是指深入研判单位面临的宏观形势和行业趋势，深刻观察和认识单位内部环境，注重本质规律的把握，适应性、创造性开展工作的能力。

战略管理能力（B20）是指参与战略分析和规划，监控和评估战略执行情况的能力。

商业模式构建能力（B21）是指感知和预测客户行为的商业敏锐度，创造顾客价值，优化资源配置，提高单位可持续性价值创造的能力。

跨组织价值创造能力（B22）是指通过跨组织的资源整合，在全产业链上寻找价值创造的空间和机会的能力。

信息系统构建能力（B23）是指推进业务流程重组和信息系统互联互通，提升信息整合应用、提高单位工作效率和顾客满意度的能力。

三、能力框架的预期作用

中国总会计师能力框架的发布，为有效提升中国总会计师的履职能力提出了方向和路径，具有重要的现实意义、前瞻意义和政策建议意义。预计能力框架将在辅助总会计师系统性提升能力、推动国家总会计师相关制度修订、指导财会专业人员职业成长、满足教学科研培训需求等方面发挥价值。后续中国总会计师协会将在进一步完善能力框架的基础上，开展与中国总会计师能力框架相适应的知识大纲研究，以及和中国总会计师能力提升相关的参考书目推荐遴选工作，并及时发布。

中国管理会计职业能力框架

中国总会计师协会

当前，我国经济已经由高速增长阶段转向高质量发展阶段，正处于转变发展方式，优化经济结构，转换增长动力的关键期。在这样的经济发展阶段，应以习近平新时代中国特色社会主义思想为指导开展各项工作。大力推进和加强管理会计工作是与新经济发展阶段相适应的，对于实现建立现代化经济体系战略，完善现代企业制度、增强核心竞争力和价值创造力，促进经济转型升级，提高经济发展质量以及推动行政事业单位增强成本意识，防范内部风险，提高财政资金使用效益，都有着十分重要的意义。为推进管理会计工作，财政部先后印发了《关于全面推进管理会计体系建设的指导意见》《管理会计基本指引》《管理会计应用指引第 100 号——战略管理》等 34 项管理会计应用指引系列文件。

与此同时，一些国外在华机构发布了管理会计能力框架。例如，英国皇家特许管理会计师公会（CIMA）于 2014 年发布了与美国注册会计师协会（AICPA）共同编制的《全球特许管理会计师 CGMA 能力框架》，美国管理会计师协会（IMA）于 2016 年发布了《管理会计能力素质框架》，于 2018 年发布《加强版管理会计能力素质框架》（征求意见稿）。

为使企业、行政事业单位培养、衡量管理会计人才时能有一套符合我国国情，具有中国特色的人才标准作为参照，为培养管理会计人才和部分财会人员转岗提供帮助，同时也为了促进落实财政部发布的关于管理会计体系建设的系列制度并作为系列制度的有益补充，中国总会计师协会依据《管理会计基本指引》和“管理会计应用指引”等系列文件，在深入调查研究，广泛吸取国内管理会计研究和实践成果、国外经验并听取各方面专家意见的基础上，编制了《中国管理会计职业能力框架》。《中国管理会计职业能力框架》是对不同等级管理会计职业能力水平的描述，适应于培养相关人才，资质水平及职称的评定仍按有关政策执行。

根据管理会计的职能和特点，管理会计的目标是通过运用管理会计工具方法，参与单位规划、决策、控制、评价活动并为之提供有用信息，推动单位实现战略规划，以持续创造价值为核心，促进单位可持续发展。管理会计职业能力分为专业能力和综合能力两大类。专业能力包括财务会计能力和管理控制能力，综合能力包括创新能力和领导力。管理会计的职业能力应该建立在职业道德与行为规范基础之上。

财务会计能力是管理会计的基础职业能力，管理会计开展工作所依托相关信息的基础来自财务会计。管理筹划能力是管理会计的根本能力，是管理会计职业能力最重要的部分，综合考虑管理会计工具方法的应用领域和实践，我们将管理筹划能力具体分为战略管理能力、预算管理能力、成本管理能力、营运管理能力、绩效管理能力、投融资管理能力、风险防控能力、管理会计报告能力 8 个方面。

管理会计与财务会计相比是开放型的，其所涉及的领域也大大超出财务会计，最终应用效果是达到单位的业财融合。因此，做好管理会计工作，仅有专业技术能力是远远不够的，还要具有综合能力。一是需要强调开拓创新能力，包括技术上善于依托信息等新技术手段、思维上勇于创新开拓。二是管理会计工作是面向全单位经营管理的各个环节，管理会计人员沟通、协调能力以及高级管理会计人员的领导能力，成为管理会计职业能力不可或缺的组成部分。

根据以上考虑，管理会计职业能力分类如下：

<table>
<tr><th colspan="3">管理会计职业能力分类</th></tr>
<tr><td rowspan="9">专业能力</td><td colspan="2">财务会计能力</td></tr>
<tr><td rowspan="8">管理筹划能力</td><td>战略管理能力</td></tr>
<tr><td>预算管理能力</td></tr>
<tr><td>成本管理能力</td></tr>
<tr><td>营运管理能力</td></tr>
<tr><td>绩效管理能力</td></tr>
<tr><td>投融资管理能力</td></tr>
<tr><td>风险防控能力</td></tr>
<tr><td>管理会计报告能力</td></tr>
</table>

续表

<table>
<tr><td colspan="3">管理会计职业能力分类</td></tr>
<tr><td rowspan="6">综合能力</td><td rowspan="3">创新能力</td><td>思维创新能力</td></tr>
<tr><td>信息技术应用能力</td></tr>
<tr><td>管理会计工具创新能力</td></tr>
<tr><td rowspan="3">领导力</td><td>沟通协调能力</td></tr>
<tr><td>团队建设能力</td></tr>
<tr><td>组织能力</td></tr>
<tr><td colspan="3">职业道德与行为规范</td></tr>
</table>

目前，我国会计师职称序列分为初级（助理会计师）、中级（会计师）、副高级、正高级 4 个等级。其中，初级、中级、副高级职称是通过参加全国会计专业技术资格统一考试合格后获得，正高级职称采用评审办法产生。根据会计师职称序列，管理会计职业能力序列分为初级、中级、高级、特级 4 个等级。

依据以上分级并结合实际工作对管理会计工作的要求，对管理会计人员应具备的各种职业能力，按照初级、中级、高级、特级 4 个等级做了划分。对初级、中级、高级提出了具体的职业能力要求。根据在调查研究中了解到的情况和部分专家学者的意见，特级的职业能力应高于高级，但更强调对宏观经济形势的分析、判断能力，政策掌控能力并注重工作经历及工作业绩，因此，只做总体性描述，不再列出具体职业能力要求。

一般来讲，管理会计初级职业能力侧重于了解和掌握具体管理会计工具方法；中级职业能力侧重于理解和熟练操作管理会计各种工具方法以及具有一定的组织协调能力；高级和特级职业能力则侧重于制定和指导、组织实施与管理会计相关的各项工作的能力。

中国总会计师协会根据《中华人民共和国标准化法》第七条“国家鼓励企业、社会团体和教育科研机构等开展或者参与标准化工作”，并响应国务院《关于印发〈深化标准化工作改革方案〉的通知》提出的“鼓励具备相应能力的学会、协会、商会、联合会等社会组织和产业技术联盟，协调相关市场主体共同制定满足市场和创新需要的标准，增加标准的有效供给”的要求，依据《团体标准管理规定（试行）》的有关规定，经中国总会计师协会 2018 年第一次理事会（常务理事会）会议审议同意，决定将《中国管理会计职业能力框架》作为团体标准发布并启动《中国管理会计职业能力框架》社团标准制定程序。中国总会计师协会按规定程序开展立项、调研、召开专家座谈会等团标制定活动，在广泛听取意见的基础上，对起草的《中国管理会计职业能力框架》进行修改、完善，并按照团体标准规范文本进行调整，最终形成团体标准。

后　　记

本书由财政部、国务院国资委共同指导，中国总会计师协会组织编写。协助完成单位包括：中国会计学会、北京国家会计学院、上海国家会计学院、厦门国家会计学院、工信部工业文化发展中心、浙江省财政厅、中国兵器装备集团、国家电网江苏省电力有限公司、湖北省、陕西省等地方总会计师协会等单位。

在一年多时间的编纂工作过程中，中国总会计师协会始终得到财政部、国资委等有关部门的关心和指导。中国总会计师协会多次召集指导委员会、编辑委员会会议，组织国内理论界、实务界专家、学者进行深入研讨，结合2014~2018年我国管理会计工作的实际情况，集思广益，凝聚共识，确立了全书的核心架构。主编和副主编团队在各单位提供稿件资料的基础上，对全书进行了系统的汇编整理，并经指导委员会审定后，最终完成本书。

沿着"政府主导、'政、产、学、研'协同发力、企业管理会计创新实践百花齐放、管理会计学术研究成果斐然"这一清晰脉络，本书力求全方位、全视角、全过程地展示2014年以来中国特色管理会计的发展历程和成就。内容既包含我国政府层面对管理会计体系建设的顶层规划和制度发布，也包含各行业协会、各高校等机构对管理会计的交流推广；既有基于中国情境的本土化管理会计理论创新成果，又有吸收借鉴国际经验，加强管理会计人才建设的具体做法；既有学术界对管理会计基本理论和应用领域的系统化解读，又有各具特色立足实践土壤的单位实战案例。

本书力求在"实"字上全面展现出2014年以来我国管理会计的各项重大事件，有助于企事业单位高管层、经营层、业务和财务人员了解2014~2018年5来中国管理会计的发展路径，理解管理会计实践逻辑和典型案例，更好地服务单位价值创造和高质量发展。同时，通过完整解读财政部发布的《管理会计应用指引》，系统梳理相关理论文献，认真遴选各应用领域和典型行业的管理会计实践，形成典型实践案例，并分门别类汇总，有利于广大研究机构、行业协会、高校等机构团体全面掌握近5年来我国管理会计事业整体发展情况，以及为开展研究、教学、培训等工作提供大量高价值的素材。

全书总体编纂工作和分工安排如下：

第一篇“引领构建”，北京大学王立彦教授负责；

第二篇“指引应用”，东北财经大学王满教授负责；

第三篇“创新探索”，上海财经大学潘飞教授负责；

第四篇“研究交流”，对外经济贸易大学汤谷良教授负责。

十一届全国政协副主席、中国总会计师协会名誉会长李金华欣然为本书作序；中国总会计师协会总顾问楼继伟担任本书总顾问；指导委员会主任刘红薇、各位副主任和所有委员为本书的编纂工作提供悉心指导并提出极具价值的修改意见。在此，对他们以及参与本书撰写、审稿及出版的有关人员，一并致以衷心的感谢！

本书作为我国第一部以管理会计为主题的蓝皮书，由于组稿及资料整理时间有限、经验不足等因素，难免存在不足之处，敬请读者见谅，并欢迎对本书的内容和编辑工作提出宝贵意见，以便我们在今后的管理会计蓝皮书编纂工作中不断改进和完善。

《中国管理会计蓝皮书（2014～2018）》编委会